KB001630

'흙수저 공돌이'의
참 아름다운 성공

'흙수저 공돌이'의
참 아름다운 성공

초판 1쇄 발행 2023년 3월 22일
초판 2쇄 발행 2023년 3월 27일
초판 3쇄 발행 2023년 4월 5일
초판 4쇄 발행 2023년 5월 10일
초판 5쇄 발행 2023년 7월 17일
초판 6쇄 발행 2023년 10월 5일

지은이   허남선
펴낸이   서요왕
펴낸곳   트라이온
편집   김별아 홍양순
디자인   공간디자인 이용석
제작처   미래피앤피

출판등록 제385-2022-000033
주소   경기도 안양시 동안구 엘에스로 142 SK V1 center 1011호
팩스   031 624 1607
대표메일 trion1129@naver.com
블로그   https://blog.naver.com/mymaya30

ISBN   979-11-979388-7-0

* 이 책의 판매 수익금 전액은 평산장학재단에 귀속됩니다.
* 이 책은 저작권법에 따라 보호받는 저작물이므로 무단 전재와 무단 복제를 금합니다.
* 책값은 뒤표지에 있습니다. 파본은 구입하신 서점에서 바꾸어 드립니다.

허남선 인생 이야기

'흙수저 공돌이'의

참 아름다운 성공

트라이온

흙수저 기능한국인

내 나이 열한 살, 초등학교 4학년 때로 기억합니다. 승지골 막다른 산등성 아래 작은 오두막집에 살고 있을 때였지요. 그날도 겨울 땔감을 준비하기 위해 작은 지게를 메고 낫을 들고 뒷산에 올랐습니다. 죽은 솔가지와 갈나무 따위를 닥치는 대로 베어 나뭇단을 만들고 칡넝쿨의 줄기를 끊어 묶었습니다. 그런데 어린 손으로 낫질을 하던 도중 그만 손을 베고 말았습니다. 벌어진 상처로 붉은 피가 줄줄 흐르는데 운다고 달래 줄 사람이 없는 나는 울지도 못했습니다. 소나무에서 송진을 걷어다 바르고 소나무 속껍질을 벗겨 상처를 칭칭 동여맸습니다. 나에게는 아직 할 일이 남아 있었습니다. 다시 나뭇단 두 개를 더 만들어 작은 지게에 단단히 묶고 어깨에 걸머졌습니다.

한 발자국 한 발자국 나뭇짐을 지고 산등성을 내려왔습니다.

숨소리가 거칠어지고 다리에 뻐근한 통증을 느낄 무렵 잠시 쉬기 위해 발걸음을 멈췄습니다. 지게막대기로 나뭇짐을 받쳐 놓고 길섶에 주저앉아 다리쉼을 하노라니 문득 아득한 기분이 들었습니다.

'나는 누구인가?'

'나는 왜 매일 이렇게 살아야 하는가?'

이 시간 친구들은 구슬치기와 자치기 따위를 하며 노느라 동네 어귀가 시끌벅적할 터였습니다. 나도 그 친구들과 어울려 놀고 싶어서 부리나케 나뭇짐을 집에 부리고 1킬로미터 남짓한 동네까지 정신없이 달려갔습니다. 신나게 구슬치기를 하는 친구들 사이에서 나도 그날은 구경만 하지 않고 친구 남석이에게 구슬 몇 개를 빌려 끼어들었습니다. 어느새 낮에 벤 상처의 피는 멎어 있었고 나는 몇 십 개를 거뜬히 따서 남석이에게 빌린 구슬을 갚고도 주머니가 두둑해졌습니다.

"이 구슬들은 누구한테 받은 거냐?"

어머니의 추궁에 남석이한테 빌려서 구슬을 땄고 빌린 구슬을 갚고 남은 것이라고 사실대로 말씀드렸지만 어머니는 믿어 주지 않으셨습니다. 네 것이 아니라 친구 것이니 돌려주라는 말씀을 순순히 듣지 않자 급기야 싸리나무 회초리가 몇 개씩이나 부러지도록 종아리를 때리셨습니다. 너무 서럽고 억울해서 펑펑 울다 잠들었는데 한밤중에 악몽을 꾸고 크게 소리를 지르며 깨어났습니다. 어머니가 나를 꼭 안아 주시며 말씀하셨습니다.

"비록 우리가 가난하지만 남의 것을 탐내지 말아야 한다. 아무리 힘들어도 누구에게도 아쉬운 소리를 하지 말고, 굽히지 말고 반듯하게 살아야 한다."

나는 그때 들은 어머님의 말씀을 인생의 교과서로 여기며 60평생을 살아왔습니다. 엄청난 성공까지는 아닐지라도 '흙수저'로 태어난 내가 아들과 손주들에게 흙수저를 물려주지 않게 되었습니다. 무엇보다 파란만장했던 삶의 갈피갈피에서 어머니의 말씀을 지키며 노력으로 일군 성과이기에 부끄러움이 없고 보람을 느낍니다.

'흙수저'라는 표현을 쓰기는 했지만 흙수저도 다 같은 흙수저일 수 없다는 것을 알고 있습니다. 노력하면 잘살 수 있는 사람조차 정해져 있고, 이미 도태되어 가는 사람들은 도시의 변두리에서 소리도 냄새도 지워져 버린다는 젊은 흙수저의 글을 읽고 가슴이 몹시 아팠던 적이 있습니다. 나는 부모님께 돈은 물려받지 못했지만 아버님의 선한 성품과 어머님의 독립심이라는 정신적인 유산을 받은 행복한 흙수저였습니다. 가족은 무거운 짐이기도 했지만 가족을 책임져야 한다는 강한 신념을 심어 준 원동력이기도 했습니다. 어려서부터 가난에서 벗어날 수 있는 방법을 고민하고 또 궁리했고, 아프거나 고픈 배를 움켜잡고 잠자리에

'흙수저 공돌이'의 참 아름다운 성공

들면 그림같이 멋진 집을 지어 어머니를 모시고 우리 오남매가 행복하게 사는 꿈을 꾸었습니다.

물론 꿈은 꿈, 현실은 현실이라는 것도 생생히 겪어 알고 있습니다. 그럼에도 불구하고 젊은 날의 나와 같은 흙수저 후배들에게 삶을 통해 제가 배운 것을 조심스럽게 전합니다. 직원 3명에서 시작해 250여 명의 중견기업을 경영하기까지 수많은 직원들이 입사를 하고 퇴사를 했습니다. 그중 나와 함께 20년을 함께해 온 임직원이 20여 명, 10년 이상 함께해 온 직원들이 30여 명쯤 됩니다. 그들에게 한결같이 이야기합니다. 어쩌면 식상한 말일지도 모르지만 그럼에도 불구하고 꿈을 가지고 도전하라고, 그 꿈을 이루기 위해 지금의 생활에 최선을 다하고 급여의 70퍼센트는 무조건 저축하라고 당부합니다. 성실하게 일하고 저축을 생활화한 직원들은 대부분 집과 차를 장만하고 가족들을 부양하며 평범하지만 특별한 삶을 꾸리게 되었습니다.

누구나 가난하면 쉽게 포기하게 되고, 포기하면 절대 일어설 수 없는 것이 흙수저의 전형적인 모습이라는 것을 알고 있습니다. 성장 과정에서 부모형제나 스승, 친구들의 조언과 누군가의 격려 없이는 홀로 일어서기가 힘든 것이지요. 하지만 그 조언과 격려 나머지 부분은 흙수저 본인의 몫입니다. 우리 회사에 입사해 얼마간 근무한 후 퇴직금을 타서 나간 사람들 중에 성공한 모습으로 다시 나타난 사람은 거의 없습니다. 어렵고 힘든 난관을 함께 건디고 넘은 직원들만이 회사와 나의 도움과 격려를 뒷배 삼아 흙수저에서 탈출했습니다.

　나의 이야기는 자랑도 자만도 아닙니다. 다만 나의 처절한 사연을 통해 누구 하나라도 꿈을 가지고 다시 일어설 힘을 얻기를 바랄 뿐입니다. 가난은 죄가 아닙니다. 태어날 때부터 금수저는 그리 흔치 않습니다. 대부분이 흙수저로 태어나 살아가면서 본인의 노력과 재능을 개발하고 발휘하느냐, 주변의 조언을 바르게 받아들이느냐에 따라 결과가 달라지는 게 아닐까 합니다.

　화장품 업계에 관심을 가진 후배들을 만나 이야기할 기회가 생기면 말하곤 합니다. 어디에도 화장품 용기를 만드는 대학 학과 같은 것은 없다, 다만 어떤 분야든 화장품 용기를 만드는 업계에 들어온다면 처음에는 눈 딱 감고 묻지도 따지지도 말고 5년 동안 무조건 한 길을 가 보라. 그렇게 해서 안 되면 그때 진로를 바꾸더라도 일단 자신에게 시간과 노력을 투자하라. 남이 도와주기를 바라지만 말고 나 자신을 믿고 최소한 일정 기간은 노력을 해 보고 안 되면 그때 바꿔도 늦지 않다고. 그것이 흙수저의 삶이 내게 가르쳐 준 단순하지만 명확한 진실입니다.

　나는 소나무를 좋아합니다. 소나무는 한 번 베어 버리면 다시 움이 나지 않는, 구차하게 살려고 하지 않는 나무입니다. 옛사람들은 솔바람 소리가 마음속에 남아 있을지도 모르는 시기·중오·

미움·원한 따위를 모두 씻어 주기에 건강한 아기를 낳아 기르기 위한 태교에 이용했다고 합니다. 나는 내 평생을 바쳐 일군 사업을 후진에게 물려준 뒤에는 소나무를 기르는 마음으로 장학 사업을 하며 여생을 평화롭게 살고자 합니다. 인생의 한 페이지를 접고 새로운 한 페이지를 시작하며, 지금의 나를 있게 한 모든 분들께 감사와 사랑을 전합니다.

선천적 장애를 가지고 태어난 나의 라훌라 갑영이, 비록 장애를 가졌지만 아내와 나 그리고 형아 근영이의 사랑을 받으며 가족들과 함께 웃을 수 있어 고맙습니다. 장애를 가진 동생 때문에 어려서부터 늘 혼자라는 생각으로 힘들었겠지만 말없이 잘 자라서 아빠의 뒤를 이어 갈 재목으로 성장해 준 근영이에게도 고맙습니다. 스무 살의 앳된 나이에 철없이 결혼 생활을 시작하여 40년 가까이 자신의 인생은 없고 오로지 맏며느리이자 장애를 가진 아이의 엄마로 살아온 아내, 갑영이가 지금 이만큼 좋아진 것은 아내의 열정과 헌신 없이는 이루어질 수 없는 일입니다. 일에 취해 버린 남편을 변함없이 믿고 따라와 준 아내에게 무한한 감사와 사랑을 전합니다.

모두에게 고맙습니다. 그리고 사랑합니다.

2023년 봄 김포에서
우성플라테크 명예회장 허남선

차례

C O N T E N T S

국민학교 3학년, 내 기억 속 최초의 사진. 오남매 중 큰누이만 빠져 있다.

머리 위로 삶이 우르르 쏟아졌다

"조금만, 조금만 더!"

까치발을 딛고 선 발끝이 저렸다. 하지만 이대로 주저앉을 수는 없었다.

"엉아, 엉아!"

덜 여문 발음으로 나를 응원하는 동생을 위해서라도, 나는 반드시 그곳에 닿아야 했다.

"형이 빵 꺼내 줄게. 조금만 기다려!"

세상의 첫 기억 속에서 나는 까치발을 세우고 팔을 한껏 뻗치고 있다. 월세로 살던 남의 집 사랑채에서 태어나, 부모님이 남의 땅에 '토막집'이라 불리던 오두막을 지어 나온 무렵이니 네다섯 살 때쯤이었을 것이다. 내가 딛고 선 곳은 토막집 부엌의 부뚜막이고 손끝이 닿을락 말락하는 시렁에는 베 보자기로 덮어 놓은 식은 빵이 있다. 구호물자로 배급받은 미제 밀가루에 막걸리를 넣어서 부풀려 찐 술빵이었다. 태평양을 건너 먼 길을 온 구호물자의 품질은 밀가루 많이 먹으면 탈 난다는 근거 없는 속설을 남길 정도로 좋지 않았지만, 멀건 수제비든 술빵이든 배를 채울 수 있다면 무엇이라도 좋았다. 우리는 배가 고팠다. 아침이든 낮이든 밤이든 언제나 배가 고팠다.

"나머지는 엄니가 일 다녀와서 줄게."

어머니는 딱 한 덩이씩 허기를 면할 만큼만 빵을 잘라 주고 나머지를 시렁에 올려 둔 채 집을 나섰다. 오늘은 또 어디로 가셨을까? 어머니가 어디에 있는지 무엇을 하는지 우리는 모른다. 어머니가 하루 종일 어디서 무엇을 했는지 알려 주는 것은 저녁 무렵 집에 돌아오는 어머니의 손에 들려진 그 무엇뿐이다.

감자 자루를 메고 오면 감자밭에서 일한 거였다. 옥수수를 안고 오면 옥수수 밭에서 일한 거였다. 간혹 지짐이나 떡 같은 것이 들려 있으면 남의 잔치나 제사에 불려 갔다 온 것이었다. 모내기, 김매기, 초벌매기, 벼 베기, 잔칫집과 상갓집 요리와 설거지……어머니는 무엇이든 했다. 어디서든 불러 주는 대로 가서 품을 팔았다. 작은 몸이 부서져라 온종일 일해서 얼마간의 먹을거리를 얻어 왔다. 아귀 같은 자식들은 어머니의 고단한 하루는 까맣게 모른 채 어머니의 손에 무엇이 들렸는지에만 쌍심지를 켰다. 어디 다녀오셨나, 얼마나 고단하신가 묻지도 않고 달려들어 허겁

지겹 입안에 무언가를 욱여넣기 바빴다.

하지만 그런 우리를 보면서도 어머니는 역정을 내기는커녕 웃었다. 단 한 뙈기조차 없는 내 논에 물 대기는 못할지라도 새끼들 입에 먹을 것 들어가는 모양을 볼 수 있어 행복하다는 듯, 그렇게 활짝 웃으셨다.

세상 처음의 기억 속에서, 나는 어머니와의 약속 따윈 잊었다. 이제 막 걸음마를 시작한 동생 남춘이는 배고프다고 칭얼거리기에도 지쳐 축 늘어졌다. 퀭한 눈과 움푹한 뺨에 눈물과 콧물이 허옇게 말라붙어 있었다. 나도 그 옆에 맥없이 늘어져 있다가 문득 어머니가 시렁 위에 올려놓고 간 빵이 생각났다. 먹을거리가 떠오르는 순간 허기는 더욱 맹렬해졌다. 작고 어린 내 머리 위에 시렁은 까마득히 높았지만 발돋움을 포기할 수 없었다.

"조금만, 조금만 더!"

내 머리에 남아 있는 가장 오랜 기억 속에서, 나는 발가락 끝으로 곧추선 채 손을 한껏 위로 뻗치고 있다. 양푼이 닿을락 말락 아슬아슬한 순간 손끝에 베 보자기가 걸렸고, 나는 베 보자기를 움켜쥔 채로 엉덩방아를 찧으며 주저앉고 말았다.

우르르, 쿵쾅!

시렁 위에 가지런히 정리되었던 것들이 모두 무너졌다. 포개 놓은 그릇과 소쿠리와 양푼이 하늘이 무너진 듯 쏟아져 내렸다. 몇 개쯤은 덜 여문 내 머리통에 맞았다. 불을 때기 위해 쌓아 두었던 나무 장작더미도 우르르 무너졌다. 놀란 동생이 왕 울음을 터뜨렸다. 베 보자기를 당겨 벌어진 사달이니 술빵을 담은 양푼도 쏟아져 내렸을 테지만, 정작 빵을 먹었는지 못 먹었는지는 기억나지 않는다. 그저 들썩이며 피어오르는 뽀얀 먼지 속으로 세상 모두가 쏟아진 듯 아득한 감각만이 남아 있을 뿐이다. 그것이 나의 최초의 기억이다.

남의 땅에 임시로 지었던 토막집에서 이사 나와 방개골이라는 골짜기 마을에 잠시 살 때였다. 그해 여름 장마와 태풍이 겹쳐 큰 홍수가 났다. 기록을 찾아보니 1925년 대홍수 이래 최대 홍수로 전국에서 570여 명이 사망한 해인 1965년이었던 것 같다.

"빨리 나와! 빨리!"

평소 인생살이에 급할 거라곤 하나 없는 아버지가 처음 들어보는 다급한 목소리로 외쳤다.

"모조리 나오라고! 꾸물거리지 말고!"

아버지의 목소리에는 공포가 묻어 있었다. 허둥지둥 집을 빠져나와 보니 저녁 무렵부터 내린 비로 골짜기의 물이 불어 쏟아져 내리고 있었다. 검은 아가리를 쩍 벌리고 콸콸 쏟아지는 물은 난생 처음 본 괴물처럼 무시무시했다. 물가에 있는 우리 집은 곧이라도 휩쓸려 떠내려 갈 듯 위태로웠다. 막냇동생 병태가 아직 태어나기 전이었다. 아버지와 어머니는 누이들과 나와 남동생

4남매를 이끌고 캄캄한 산을 오르기 시작했다. 나뭇가지에 찔리고 바위에 긁히는 것도 아랑곳없었다. 물기둥 괴물에게 잡아먹히지 않기 위해서는 필사적으로 산을 오르는 수밖에 없었다. 아주 높은 산은 아니었지만 어린 자식들을 끌고 어둠을 헤치며 오르기에는 만만치 않았을 것이다. 그래도 어느 하나 놓치지 않고 온 가족이 마침내 정상에 올랐다. 정상에서 헐떡이는 숨을 고르며 산등성을 타고 건너편의 아랫마을로 내려가려는 순간, 우리는 보았다.

"산, 산이 무너진다!"

큰물에 밀려 가파른 비탈이 허물어지고 있었다. 물과 흙과 돌이 뒤섞여 쏟아졌다. 우르릉 쾅쾅, 산사태는 삽시간에 우리 집을 덮치고 빠른 속도로 흘러내렸다.

"단 오 분만 늦었어도 식구들 전부가 산사태에 묻혔을 거야."

삶과 죽음 사이가 그토록 가까움에 치를 떨며, 부모님은 두고두고 말씀하셨다.

그 무서운 밤의 기억은 지금도 선명하게 남아 있다. 흔적도 없이 사라진 집을 뒤로하고 산등성을 따라 아랫마을로 내려가니 우리처럼 집을 잃은 사람들이 모여서 농목(농가에서 농사지을 동안 땔나무)을 일부 빼내어 움막 같은 공간을 만들고 있었다. 아이들만 그곳에서 비를 피하고 어른들은 노숙을 하다시피 하였다. 꼼짝없이 이틀을 그렇게 지내고 나니 비로소 비가 그쳤다. 집에 돌아왔지만 집은 없었다. 집이 있던 자리에 어머니가 털썩 주저앉았고 아버지는 애꿎은 담배만 빡빡 피웠다. 귀중품은커녕 변변한 가재도구도 없었지만 그래도 우리 여섯 식구가 밥을 먹고 잠을 자고 부대껴 살았던 삶터였다. 그것이 그야말로 찰나의 순간에 흔적도 없이 사라져 버린 모습은 어린 내 눈에도 허망하고 참담했다.

동네 사람들에게 도움을 받아 간신히 부서진 집 자리에 간이 움막을 만들었다. 그곳에서 겨울을 보내고 이듬해 승지골로 다시 이사했다. 유난스레 추웠던 그해 겨울에 얄팍한 벽 너머로 웅웅 바람 소리가 들릴 때면, 나는 허물어져 내리던 흙더미와 감쪽같이 사라져 버린 우리 집을 떠올리며 여윈 몸을 떨었다.

시렁 위에서만이 아니라 산 위에서도, 어쩌면 어린 내게 삶은 다정하게 다가오기보다 그렇게 우르르 무너져 쏟아져 내린 것이었다.

'흙수저 공돌이'의 참 아름다운 성공

고향, 가족, 그리고 아버지

1960년 10월 10일, 강원도 홍천 내촌 답풍리 셋집 사랑채에서 태어난 나는 토막집과 방개골을 거쳐 승지골에서 살았다. 승지 골이라는 이름은 옛날 옛적 그 동네에서 승지 벼슬을 하는 사람이 나왔다 하여 붙여진 것이었다. 승지골 집은 산속에 있었다. 그 시절 시골에는 살림살이가 좀 괜찮은 사람들이 자기 조상들의 묘를 돌보고 시제를 지낼 때 음식을 장만해 주는 조건으로 땅을 남에게 빌려주는 풍습이 있었다. 그때 대여해 주는 소작지를 '시제답'이라고 불렀는데, 부모님이 승지골에 시제답을 얻으면서 그리로 이사해 살게 된 것이었다.

승지골 집에서 한참을 나가면 신작로가 펼쳐지고, 신작로를 건너면 그 앞에 깨끗한 강이 흘렀다. 강줄기를 따라 십 리 정도를 가면 내촌국민학교가, 거기서 좀 더 올라가서 좌측으로 내촌중학교가 있었다. 산속에 길이 따로 있을 리 없었다. 비가 오면 비가 오는 대로 눈이 오면 눈이 오는 대로 고무신을 신고 무릎까지 쌓인 눈길을 푹푹 빠져 가며 십 리를 걸어 학교에 다녔다.

1926년생인 아버지는 어머니와 결혼하기 전 남의 집 머슴살이를 했다. 아버지의 아버지, 나의 할아버지는 정식 교육을 받은 의사는 아니었지만 만주에서 의술을 배워서 환자를 보는 속칭 '야매' 의사였다고 한다. 어쨌거나 의사 노릇을 했다면 그렇게 살림살이가 어렵지는 않았을 텐데, 할아버지가 본부인의 자식인 아버지와 고모를 고향에 남겨 둔 채 작은집을 얻어 나가 살면서 아버지의 힘겨운 삶이 시작되었다. 아버지는 할아버지와 소식이 끊긴 채로 살다가 전쟁이 끝나고 작은집의 아들인 이복동생이 물어물어 홍천으로 찾아온 후에야 할아버지의 죽음을 알았다. 만주에서 살던 할아버지는 6·25전쟁이 터지자 남으로 내려오다가 서울에서 돌아가셨다고 했다. 내가 작은아버지라고 부르는 아버지의 이복동생은 전쟁 중이라 할아버지의 장례를 치를 수 없어서 서울 홍릉에 임시로 가묘를 썼다. 그런데 전쟁이 끝나고 찾아가 보니 홍릉 전체가 통제된 채 군인들이 지키고 있어서 시신도 못 찾고 돌아왔다는 것이다. 얼굴 한 번 본 적 없는 할아버지, 그는 지금도 홍릉 숲 어딘가에 묻혀 계시다.

의지가지없는 아버지는 어릴 때부터 머슴살이에 품팔이로 극심한 고생을 했다. 그래도 허우대가 멀쩡한 데다 언변이 좋아서 외할머니를 찾아가 대뜸 딸을 달라고 요구하고 설득하는 데 성공했다. 1934년생인 어머니는 조선 시대부터 식민지 시절까지 내촌 답풍리에서 서당을 했던 학자 집안의 여식이었다. 일찍이 돌아가신 외할아버지도 서당 훈장이라 비교적 살림살이가 안정된 편이었다. 어머니의 남자 형제는 두 분이었는데 그중 한 분은 해군으로 6·25전쟁 때 전사하시고 남은 한 분이 농사를 지으며 외할머니를 모시고 있었다.

어두운 시절이었다. 결혼을 허락할 당시 외할머니는 아버지의 집안이나 내력 등을 잘 알지 못하셨던 것 같다. 멀쩡해 보이는 젊은이가 찾아와서 씩씩하게 딸을 달라고 하니 집안 차이 같은 건 따지지 않고 그냥 믿고 맡겼던 것이다. 작은 동네라지만 당시는 다들 먹고살기가 힘든 시절이라 젊어서 가진 게 없는 것은 큰 흉이 되지 않았다. 그렇게 결혼시킨 외동딸은 두고두고 외할머니의 아픈 손가락이 되었다.

여기서 떠오르는 기억 하나.

외할머니는 나를 사랑했다. 외할머니는 나를 미워했다. 외할머니는 나를 사랑하면서 미워했다.

"저놈의 새끼는 어떻게 걸음걸이까지 자기 애비를 홀락 뒤집어썼누?"

외할머니는 나를 바라볼 때마다 혀를 끌끌 찼다. 하나밖에 없는 딸이 낳은 손자를 아끼는 마음은 분명했음에도 딸을 고생시키는 사위에 대한 원망과 미움이 손자에게 덧씌워진 것이다. 외할머니에게 욕을 먹으면서도 나는 그 욕이 진짜가 아니라는 것을 알고 있었다. 왜냐하면 거친 말과는 전혀 다른 외할머니의 행동 때문이었다.

우리 집에서 고개를 하나 넘으면 외갓집이 있었다. 외할머니를 모시고 사는 외삼촌과 외숙모는 성실한 농부들이었다. 화전을 일구어 농사를 지어서 아주 넉넉하지는 않아도 쌀이 떨어지지 않고 먹고살 만했다. 매일 끼니를 잇기 힘든 우리 집과는 천지 차이였다.

"할매 집 가자."

동생들은 아침에 눈만 뜨면 나를 졸랐다. 고개 넘어 외갓집에 가면 외할머니가 넉넉히 지어 둔 밥과 맛있는 반찬에 떡과 빵과 고구마 등등을 먹을 수 있고, 또 집에 돌아올 때도 먹을거리를 얻어올 수 있다는 것을 알았기 때문이다.

"엉아, 빨리 할매 집에 갔다 오자!"

동생들이 간절한 눈빛으로 칭얼거렸다. 우리는 언제나 배가 고팠기에 따뜻한 밥과 맛난 반찬이 기다리는 외갓집에 가고 싶은 유혹을 뿌리치기 쉽지 않았다. 그래도 나는 어린 동생들보다는 눈치가 있어서 외갓집에 가고 싶은 마음을 꾹 누르기도 했다.

"오늘은 안 돼! 어제도 갔다 왔잖아. 쓸데없이 자꾸 드나들지 말라고 엄니한테 혼도 났잖아?"

외할머니가 싸 준 곡식이며 음식을 가지고 돌아오면 어머니는 짜증을 내며 우리를 야단쳤다. 왜 그런 걸 얻어 오냐고, 자꾸 이러면 외삼촌과 외숙모에게 부끄럽다는 것이었다. 나이가 들어서야 아무리 형편이 어려워도 염치없이 오빠와 올케에게 손을 벌리고 싶지 않은 어머니의 자존심을 이해하게 되었지만, 어린 우리에게는 염치나 체면보다 밥때마다 사납게 울려 대는 배꼽시계를 끄는 일이 우선이었다.

농사일을 나간 외삼촌과 외숙모를 대신해 집안 살림을 돌보던 외할머니는 마음 같아서야 불쌍한 외손주들을 데려다 매끼 배불리 먹이고 싶었을 것이다. 하지만 우리가 밥을 먹는 중에 볼일이 있어 집에 왔던 외삼촌이나 외숙모와 마주치는 일이 잦아지니 아무래도 눈치가 보였나 보다.

"남선아, 내일부터는 동생들 데리고 외갓집에 오지 마라."

외할머니는 궁리 끝에 신박한 방법 하나를 찾아냈다. 다음 날 우리는 다시 외갓집으로 가는 고갯마루에 올랐다. 평소 그쯤에 다다르면 배고픈 동생들은 와다닥거리며 내리받이로 달려갈 터였다. 하지만 그날 나는 달려 내려가려는 동생들을 막아 세웠다.

"엉아, 왜?"

동생들이 의아한 눈으로 나를 바라보았다.

"이 바위 아래, 여기 파 보자."

"여기? 여기 뭐 있어? 보물이라도 있어?"

"그래, 있지. 보물이 묻혀 있지!"

보물이라는 말에 동생들은 신이 나서 바위 밑을 파기 시작했다. 두텁게 덮인 나뭇잎을 걷어 내고 흙을 얼마쯤 파내고 나니 내가 찾던 '보물'이 보였다. 어떤 때는 콩이 들고 어떤 때는 쌀이 들어 있는 신기한 자루였다. 외삼촌과 외숙모의 눈치가 보였던 외할머니가 큰 바위 아래 묻어 둘 테니 찾아가라고 몰래 귀띔했던 바로 그것이었다. 외삼촌네 아들인 외사촌 형이 외할머니의 지시를 받아 바위 밑에 자루를 숨겨 두는 중계 역할을 했다.

그때부터 우리가 외갓집에 가는 일은 눈에 띄게 줄었다. 대신 중간 지점 고갯마루의 큰 바위 아래에서 '보물'을 캐내어 집으로 돌아왔다. '보물'을 찾기 위해 낙엽을 걷고 흙을 팔 때면 허기진 배를 채울 수 있다는 기대로 가슴이 콩닥콩닥 뛰었다. 손톱 밑에 흙이 끼어 시커메지는 것도 아랑곳없이 눈을 빛내며 바위틈을 뒤지던 어린 삼형제, 우리의 '보물찾기'는 신나면서도 처절한 생존의 몸부림이었다.

머리가 좀 더 커서야 알았다. 외할머니가 아픈 손가락인 외동딸의 자식들을 위해 짜냈던 묘수를 외삼촌과 외숙모도 모르지 않았다. 쌀독이 움푹움푹 비는 것만 보아도 충분히 눈치챌 수 있는 하수의 꾀였다. 하지만 외할머니의 마음을 헤아렸던 외삼촌과 외숙모는 알면서도 모른 척 집 안의 도둑괭이들에게 눈을 감

'흙수저 공돌이'의 참 아름다운 성공

아 주었던 것이다.

우리 형제는 모두 오남매였다. 1956년에 맏딸 석자가, 1958년에 둘째딸 남순이, 1960년에 맏아들인 내가, 1963년에 둘째 아들 남춘이, 1968년에 막내아들 병태가 줄줄이 태어났다. 지금은 오남매라면 대가족 같지만 그때만 해도 자식 많은 집은 열 명, 보통이 예닐곱 명 정도였다. '베이비붐 세대'라고 부르는 1956년부터 1964년생 중에 형제가 네다섯 명이면 적은 편에 속했다. 거기에도 사연이라면 나름의 사연이 있었다.

1971년 내가 내촌국민학교 3학년이 되던 해, 아버지와 어머니가 헤어져 살기 시작했다. 그 당시 시골에는 아무리 노력을 해도 가난에서 벗어날 수 없기에 자포자기하고 하루하루 목적 없이 살아 내는 분들이 많았다. 매일 술을 먹고, 때로 아내를 비롯한 가족들에게 폭력을 행사하고, 힘든 노동으로 얼마간의 돈을 벌어도 도박으로 일순간에 날려 버리는. 어쩌면 그것은 짙은 패배감과 무기력감에 찌든 전후 세대의 특징이기도 했다. 아무것도 없이 시작해서 이걸 해도 안 되고 저걸 해도 안 되니 끝내는 스스로 망가져 버리는 것이다. 우리 아버지도 그런 사람들 가운데 하나였다.

남들은 아버지를 법 없이도 살 사람이라고 불렀다. 게으르지 않았고 성질이 사납지도 않았다. 하지만 성실하고 착한 아버지에게는 가족을 책임질 수 있을 만큼의 능력과 의지가 없었다. 어렸을 때부터 아버지가 집안일을 돌보거나 우리와 놀아 준 기억은 거의 없다시피 하다. 아버지는 봄에 돈을 벌어오겠다며 집을 떠나서 양구나 인제 등지의 산판에서 나무를 벴다. 힘들고 위험한 육체노동이었지만 가을까지 일하면 목돈을 꽤 만질 수 있었다. 하지만 번 돈을 가지고 집으로 돌아오는 대신 아버지는 그곳에서 벌어진 노름판에 주저앉았다. 처음에는 재미로 나중에는 잃은 것을 벌충할 생각으로, 아버지는 결국 힘들게 노동해서 번 돈 전부를 노름판에서 탈탈 털려 버렸다.

겨울이면 아버지가 집으로 돌아왔다. 언제나 그런 것처럼 빈손이었다. 그리고 봄이 오면 다시 돈을 벌어 오겠다며 집을 떠났다. 그 허무한 쳇바퀴가 해를 거듭하며 돌아갔다. 그나마 집에는 노름 밑천으로 가져갈 것조차 없으니 다행이라고 해야 할까, 어머니는 울며 싸우다 때로 쥐어박히는 일의 반복에 지칠 대로 지쳤던 게다.

"아버지는 이제 우리와 따로 살 거다."

어머니가 초등학생인 우리를 앉혀 두고 말씀하셨다.

"아버지하고 같이 살아 봤자 희망도 없고 그러니까…… 어른들끼리 이야기를 마쳤으니 너희들은 그런 줄 알아라."

"……."

우리는 아무 대답도 할 수 없었다. 아버지와 어머니가 자주 다투고 때로 어머니가 아버지에게 손찌검을 당하는 모습을 보면서 아버지가 없는 게 낫겠다는 생각을 한 적이 있었다. 하지만 이렇게 살 바에야 차라리 아버지가 작은집을 얻어서 따로 사는 게 낫다는 데 동의하고 우리 오남매를 홀로 책임지기로 한 어머니의 마음을 다 헤아릴 수는 없었다. 아무리 무능력하고 허울뿐인 남편이라도 남자의 그늘 아래 있기를 바랐던 그 시절 여자들과는 다르게 어머니는 아버지와의 별거가 합리적인 결정이자 최선의 선택이라고 생각하셨던 것 같다. 행여나 아버지 때문에 우리에게 피해가 올지도 모른다는 걱정 때문이었다. 어머니의 자식 사랑은 보통의 상식을 뛰어넘을 만큼 남달랐다.

아버지는 타지에서 온 젊은 여자를 만나 함께 살기 시작했다. 다른 곳에서 만나 먼 데서 살면 좋으련만 좁은 동네에서 만나 승지골 집에 살림을 차렸다. 나중에라도 형편이 나아지면 아이들 용돈이나 보태 주면 좋겠다는 어머니의 바람과 다르게 시제답 소작농을 하는 아버지와 작은집의 살림살이는 내내 궁핍했다. 나보다 스무 살이나 겨우 많았을까, 아버지와 처음 살림을 차렸던 젊은 여자는 입에 풀칠하기도 어려운 형편에 십 년가량을 함께 살다가 남도의 고향으로 돌아가고 아버지는 다른 분을 다시 만나 살았다.

아버지는 어린 시절 나의 콤플렉스이기도 했다. 작은 마을에서 아버지가 작은집을 얻어서 산다는 것을 모르는 사람이 없었기에 어쩌면 가난보다도 그것이 더 창피하고 괴로웠다. 11살 그때 이후로 나는 다시 아버지와 함께 살지 못했다. 서류 정리를 하지 않은 채로 별거하면서 명절에 차례를 지낼 때를 빼고는 연락도 잘 닿지 않았다. 명절에 집에 와도 술 잡숫고 동네에서 왔다 갔다 하니 불안하여 어머니와 다툼이 생기기 일쑤였다. 어머니는 아버지가 잘한 일이라곤 다른 데서 자식을 낳지 않아서 우리에게 이복형제를 만들어 주지 않은 것뿐이라고 하셨다.

그럼에도 불구하고 나는 아버지를 원망하지 않았다. 콤플렉스와는 별개로 원망과 그리움이 뒤엉켜 있었기 때문일 게다. 아니, 나도 어머니만큼이나 지쳐 있었던 것인지도 모른다. 아버지에 대한 마음을 툭 내려놓으니 그저 우리에게 피해를 주지 않고 잘 사셨으면 좋겠다는 생각뿐이었다.

집도 동반자도 자식도 없이 떠돌던 아버지는 1995년, 내가 서른일곱이던 해에 다시 고향으로 돌아왔다. 어머니가 홀로 오남매를 키우는 동안 집안 살림에 하나도 도움을 주지 못했던 아버지는 처음이자 마지막으로 어머니 앞에 돈을 내놓았다. 혈혈단신의 일흔 노인이 되어 세상을 떠돌면서도 허리춤에 차고 끝까지 풀지 않았던 1만 원짜리 100장이었다.

아버지가 고향에 돌아온 지 일 년이 지나 다시 맞은 설 명절이었다. 일찌감치 홍천에 내려가서 거동이 불편한 아버지를 모시고 이발관에 다녀왔다. 그리고 내가 직접 면도기를 들고 거품을 내어 아버지의 면도를 해 드렸다. 이발과 면도를 말끔히 하고 나니 기분이 좋으셨던지 얼마간 치매 초기 증상을 보이던 아버지가 전에 하지 않던 이야기를 하기 시작했다.

"남선아. 내가 죄가 많다."

11살 아들에게 태산처럼 커 보이던 아버지는 어느새 흰 수염에 백발의 노인이 되어 있었다.

"옛날에 수희(가명), 그 여자 말이다."

아버지의 입에서 낯설고도 익숙한 그 이름이 나오는 순간 나는 마른침을 꿀꺽 삼켰다. 어느새 젖어든 아버지의 눈가가 불그죽죽했다.

"……그 여자 때문에 내가 너희 엄마한테 큰 죄를 지었다. 그 여자한테도 마찬가지로 편하게 해 주지 못해서 죄를 지었다. 젊어서부터 병을 앓았으니 십중팔구 죽었을 테지만, 혹시라도 살아 있다면 나중에 네가 형편이 좀 좋아졌을 때 한번 찾아봐 줬으면 좋겠다."

전라도 끝자락 섬에서 강원도 산골까지 흘러온 젊은 여자에게도 말 못할 사연은 있었을 것이다. 아버지의 작은집으로 십여 년을 살았던 그녀는 당시에 '지랄병'이라고 부르던 뇌전증을 지병으로 가지고 있었다. 그래서 아버지에게는 더 미안하고 안타까운 기억으로 남아 있는 사람이었던가 보다.

"걱정 마세요, 아버지. 제가 꼭 찾아볼게요."

고향, 가족, 그리고 아버지

평소와 다른 아버지의 말투에 나는 알겠다고 고개를 크게 끄덕거렸다. 아버지가 그리 간절하게 원하시니 한번 알아보기는 해야겠다고 생각했다. 하지만 그때까지도 까맣게 몰랐다. 그것이 아버지의 유언이 될 줄은. 1996년 2월, 나의 아버지 허승문(1926~1996)이 고단한 세상을 등지고 떠났다.

평생토록 당신의 땅 한 평이 없었던 아버지는 묏자리도 없어서 외갓집 산에 묻혔다. 외삼촌이 나중에 어머니와 같이 쓰라고 내어 준 묏자리는 풍수지리를 몰라도 한눈에 명당이라 할 만한 곳이었다.

"영감쟁이야! 아무튼 당신 큰아들이 당신 대신해서 이렇게 고생을 했으니 앞으로 우리 아들 잘되게 해 줘야 해. 만약에 눈곱만큼이라도 우리 큰아들이 잘못되면 내가 나중에 저승 가서 영감쟁이를 용서하지 않을 거야!"

어머니가 으름장을 놓았기 때문일까, 실제로 아버지가 돌아가신 후 나는 회사에서 승진하고 사업을 시작하는 등 승승장구했다. 아버지가 어머니의 협박 어린 간청을 들어줬으니 나도 아버지와의 약속을 지켜야 했다. 내가 비용을 댈 테니 큰누이에게 전라도 어느 섬 어디어디로 찾아가 봐 달라고 부탁했다. 아버지가 유언처럼 일러 주신 주소를 또렷하게 기억하고 있었던 것이다. 그로부터 일주일 만에 전라도 끝자락의 등대섬을 찾아간 큰누이에게서 연락이 왔다. 수희 씨를 찾았다고 했다.

'부평초 신세'라는 옛 노래의 제목이 꼭 그분의 인생 같았다. 멀고 먼 강원도 산골까지 흘러와서 나이 차이가 많이 나는 아버지와 살았던 그녀는 그 후로도 몇 번을 거듭해 비슷한 인연을 맺었다가 헤어지고 지금은 혼자 산다고 했다. 전라도 섬에 사는 그분과 강원도에 계신 어머니를 김포로 모셔 만나게 해 드렸다. 지난 세월에 미움도 원망도 씻어 버린 어머니가 먼저 그분의 손을 잡았다. 그때부터 나는 그분을 '작은어머님'이라고 부르기 시작했다.

"보소, 영감쟁이! 당신이 그렇게 보고 싶어 하던 수희가 왔으니까 실컷 보소!"

아버지의 산소 앞에서 두 어머님은 울다가 웃다가 다시 울었다. 저 세상의 아버지도 그 화해의 장면을 보면서 함께 울고 웃으셨을 것이다.

2022년 봄에 우리 어머니가 돌아가시기 전까지 두 어머님은 수시로 왕래를 하고 절에도 같이 다니셨다. 내가 작은어머님께 때마다 용돈을 챙겨 보내 드리면 작은어머님은 내가 좋아하는 남도의 특산품 죽순을 직접 거두어 보내 주셨다.

법정 스님은 함부로 인연을 맺지 말라고 말씀하셨지만, 진정한 인연과 스쳐가는 인연을 구분하는 것이 어렵기도 하거니와 때로 그조차 덧없다. 진심은 진실한 사람에게 쏟아야 가치 있는 것이기도 하지만, 누군가를 진심으로 대하다 보면 그 상대가 진실한 사람으로 변화하기 때문이다.

어머니

흑백 사진 속의 어머니는 참 예쁘다. 남아 있는 것은 고작 몇 장뿐이지만, 어린 내 기억과는 다르게 사진 속 어머니는 여전히 젊고 예쁘다. 우리 가족과 아버지가 헤어지던 때 어머니는 서른 일곱 살이었고 막내 병태는 네 살이었다. 다른 무엇도 아닌 생계 와 생존을 위해 그토록 잔인한 이별을 선택하기에 어머니는 너 무 젊고 자식들은 너무 어렸다.

어린 내가 기억하는 어머니는 언제나 노동을 하고 있었다. 막 내 병태를 임신해서 만삭이 될 때까지도 어머니는 남의 일을 다 니고 있었다. 155센티미터의 키와 깡마른 몸에 배만 커다랗게 부 푼 채로 몸을 풀기 직전까지 품팔이를 하던 어머니의 모습이 지 금도 생생하다.

지금의 젊은 세대는 '희생'이라는 말 자체를 싫어하고 이해하

1971년 무렵, 35세 즈음의 어머니

지 못한다는 이야기를 들었다. 그런데 나의 어머니를 포함해 우리 세대의 어머니는 '희생'이라는 말이 아니고는 삶 자체를 설명하기 어려운 분들이 있다.

학교 문턱에도 가 보지 못한 아버지와 달리 어머니는 일제 강점기에 보통학교를 다니다가 중퇴했다. 외갓집 친척들에게 듣기로 어머니는 보통학교에 다닐 때 꽤나 똑똑한 학생이었다. 하지만 교내에서 일본어를 가장 잘함에도 불구하고 일본인 선생들 앞에서는 보란 듯이 한국말을 썼다고 한다. 그러다가 붙잡혀서 혼이 나고 화장실 청소를 벌로 받아 똥바가지를 치우면서도 한국어 쓰기를 포기하지 않을 만큼 '깡'도 있으셨다고 한다. 실제로 어머니는 돌아가시기 전까지도 일본어를 아주 유창하게 하셨다. 그러나 애 다섯을 주렁주렁 매달고 생활 전선에 뛰어들었을 때 재능과 미모는 아무런 의미가 없었다. 어머니는 오로지 자식들을 먹이고 가르치기 위해 험한 일, 힘든 일, 남자의 일과 여자의 일을 가리지 않고 닥치는 대로 했다. 어머니가 남의 집에 김매기며 품팔이를 가면 누이들이 집안 살림을 하고 어린 동생을 돌보았다. 우리는 젖먹이 동생이 젖을 먹을 때가 되면 동생을 들쳐 업고 어머니가 김매기를 하는 밭으로 갔다. 마침 점심때라 일꾼들을 위한 밥이 나오면 어머니는 당신 몫의 밥을 먹지 않고 우리에게 다 내주었다. 그렇게 밥을 굶은 채로 온종일 힘든 일을 하고 집에 돌아올 때면 어머니의 눈은 움펑 들어간 우물눈이 되어 있었다.

　아버지가 승지골에 작은집과 살림을 차리자 어머니는 우리를 데리고 답풍리에서 상대적으로 번화한 용포로 내려왔다. 용포에는 규모가 크지 않은 공병 부대가 하나 있었는데 우리는 부대 뒤에 무허가로 지은 집 단칸방을 월세로 얻어 들어갔다. 내가 초등학교 4학년이 될 무렵부터 어머니는 그곳에서 공병대 군인들을 상대로 찐빵 장사를 시작했다.

　"아이고, 이제야 숨을 좀 쉬겠구나!"

　학교에 갔다가 돌아오면 방에 가방만 던져 놓고 나는 곧장 팔을 걷어붙였다. 혼자 반죽을 하고 빚고 찌기에 몸이 열두 개라도 모자랐던 어머니는 내가 하교를 해서야 비로소 한숨을 돌렸다. 내가 일을 해야 어머니가 쉴 수 있었다. 나는 어머니를 조금이라도 더 쉬게 하려고 기를 쓰고 빵 만들기에 매달렸다.

　나는 빵을 참 잘 만들었다. 밀가루에 베이킹파우더를 섞어 적절한 질기로 빵 반죽을 해서 아랫목에 두고 조금 기다리면 밀가루 반죽이 부풀어 올랐다. 그러면 다시 한 번 반죽을 치대서 조금씩 잘라 그 속에 앙꼬를 집어넣고 빚어서 쟁반에 하나씩 올려놓았다. 그걸 어머니에게 갖다 드리면 어머니가 솥에 넣어서 한 번 찌고 보관해 놓았다가 손님이 오면 다시 따끈하게 쪄서 파는 것이었다.

내가 빵 만들기를 특별히 잘했다고 자신하는 까닭은 빵의 크기가 언제나 일정하게 유지되었기 때문이다. 계량 저울도 없이 눈대중으로 어림하여 반죽을 떼어 내는 것이 초등학교 4학년짜리에게 쉬운 일은 아니었다. 그런데 나는 이미 어머니의 식품 사업(?)을 돕는 데는 경력이 있었다. 승지골 시제답에서 농사짓는 주작물은 옥수수였다. 아버지가 산판으로 일하러 간 사이 어머니는 그 넓은 밭에 혼자 옥수수를 심어 길러 수확했다. 겨울이면 말린 옥수수를 방 안 가득 펼쳐 놓고 송곳으로 알알이 까서 맷돌에 갈고 가마솥에 삶아 옥수수엿을 고았다. 내가 초등학교에 들어가기 전부터 어머니는 엿을 만들어 내촌 오일장에 내다 팔았다. 방 안에 산더미처럼 쌓인 옥수수를 어머니 혼자 다 깔 수는 없었다. 나는 고사리손으로 송곳을 잡고 달려들었다. 까도 까도 옥수수는 줄어들지 않았다. 겨울밤은 길고 손은 아팠다. 어느새 졸음이 밀려와서 나는 옥수수 대궁을 붙든 채로 꾸벅꾸벅 졸았다.

"옛날 옛날에 어느 선비가 과거를 보러 한양에 가는데, 까치들이 하도 시끄럽게 울어 대기에 나무 위를 쳐다보니 시뻘건 혓바닥을 날름날름하는 뱀이……!"

그러면 어머니는 나의 졸음을 깨우기 위해 옛날이야기를 해주셨다. 치악산의 은혜 갚은 까치며 설악산의 울산 바위 전설 같이 알려진 것도 있고 어머니가 즉석에서 지어낸 것도 있었다. 어머니의 입담에 홀려서 이야기에 빠지면 어느새 졸음이 가시고 또 옥수수를 깔 힘을 얻었다. 겨울바람에 군힌 엿은 크기에 따라 5원짜리 10원짜리로 분류해 콩고물을 묻혔다. 그렇게 만든 옥수수엿을 어머니가 장날에 이고 나가 팔아서 쌀도 사오고 학용품도 사다 주시는 것이었다.

엿 만들기든 빵 만들기든 어린아이가 마냥 즐겁게 할 일은 아니었다. 놀기를 포기하고 잠을 줄여 가며 오로지 어머니의 일손을 돕기 위해 자청한 것이었다. 갓 쪄 내어 모락모락 김을 올리는 빵을 보면 허기진 배에서 꼬르륵 소리가 들렸다. 어머니는 한 개씩 맛을 보게 해 주었지만 더 달라고는 하지 못했다. 빵 하나의 값은 5원이었다. 특별한 군것질거리가 없던 시절이라 겨울이면 군인들만이 아니라 이 집 저 집에서 300원어치 500원어치씩 간식으로 빵을 사 가곤 했다. 내 배를 채우기보다는 한 개라도 더 빵을 팔아야 했다.

아버지를 빼닮아 자유로운 영혼이었던 큰누이는 집을 나가 어디론가 가 버린 후였다. 초등학교를 졸업한 작은누이는 당시 시골의 여자아이들이 흔히 그랬듯 서울의 공장으로 돈을 벌러 떠났다. 동생들은 아직 어렸고 아버지는 작은집에 있었다. 산에서 겨울에 땔나무를 해 오는 것은 남자의 일이었지만 아버지가 없으니 그 무렵부터 내가 자진하여 나무 지게를 졌다. 내가 하지 않으면 어머니가 해야 했다. 어머니를 도울 수 있는 사람은 오직 나

하나뿐이었다.

그렇게 애어른처럼 굴기도 했지만 초등학교 4학년이니 아무래도 아이는 아이였다. 처음에 찐빵만 팔다 보니까 부대에서 외출 나온 군인들이 막걸리도 먹고 싶다고 하여 막걸리도 갖다 팔게 되었다. 그러던 어느 날 부지런히 빵을 빚고 있는데 내가 다니던 내촌국민학교 선생님들이 가게 문을 열고 들어왔다. 초등학교는 내촌 면소재지에서 약 3킬로미터 떨어져 있었는데, 퇴근한 선생님들이 강에 물고기를 잡으러 왔다가 빵과 막걸리를 사 먹기 위해 들른 것이었다.

왜 그랬는지 모른다. 빵을 빚고 있는 모습을 선생님에게 들켰다는 사실이 너무도 창피했다. 돌이켜 보면 아무것도 아닌 것을, 지금도 잊히지 않을 만큼 그때는 너무나 창피하고 부끄러웠다.

어머니는 살아생전 마지막 날들을 그 시절 빵집을 하던 월세방 집터에서 보내셨다. 내가 사업을 시작하고 여유가 생기면서 가장 먼저 빵 가게 자리부터 사고 점차 그 주변을 사서 전체 1,200평에 어머니를 위해 작은 이층집을 지어 드렸다. 어머니가 돌아가신 후 그 집은 막냇동생이 맡아 관리를 하고 있다. 뒤뜰 장독대에는 어머니가 담가 놓으신 된장과 고추장이 아직도 남아 있다. 3년이면 그마저 다 먹어 버릴 분량이지만 한 사발씩은 남기고 다시 빚어 오래오래 먹으려 한다. 그 누구도 그 무엇으로도 대체할 수 없는 어머니의 손맛을 조금이라도 더 기억하기 위해.

'흙수저 공돌이'의 참 아름다운 성공

가족은 함께 밥을 나눠 먹기에 '식구(食口)'다. 함께 나눠 먹을 밥이 없는 가족은 위태롭기 마련이다. 5원짜리 빵을 만들어 팔아 버는 걸로는 턱없이 부족했다. 우리는 여전히 하루 세 끼를 온전히 먹을 수 없었다. 보리밥이나 콩밥조차 감지덕지였다. 지금도 감자와 옥수수라면 진력이 날 정도로 하루에 한두 끼는 반드시 그런 것들로 때웠다. 누이들이 먼저 외지로 떠나고 내 바로 밑의 동생 남춘이는 작은집과 함께 사는 아버지 집에 들어가 살았다 돌아왔다 하였다. 서너 살밖에 되지 않았던 막내 병태는 정신없이 바쁜 어머니를 대신해 공병대에서 나온 군인들이 업어 주고 안아 주곤 했다. 그러다 특별히 병태를 귀여워한 고참들을 따라 부대에 들어가서 며칠씩 급식도 얻어먹고 PX 과자도 얻어먹고 내무반에서 자고 나오기도 했다.

위태로운 난파선 같은 가족을 어떻게든 지키기 위해 어머니는 자신을 세상의 거센 파도에 내던졌다. 내가 초등학교 3학년이 되었을 때였다. 일제 강점기에 나무로 지었던 내촌국민학교를 절반씩 헐고 콘크리트로 새로 짓는 공사가 있었다. 어느 날 수업 중에 무심코 유리창 밖을 내다본 순간 나는 그만 황급히 고개를 돌려 버리고 말았다.

거기 어머니가 있었다. 어머니가 흙투성이 작업복 차림에 수건으로 머리를 싸매고 물지게를 진 채 공사장에서 일하고 있었다. 지금이야 레미콘 차가 있지만 예전에 시멘트를 개어 쓰기 위해서는 사람이 물지게를 질 수밖에 없었다. 쉬는 시간이 되어 아이들 모두가 환호성을 지르며 운동장으로 뛰어나가는데 나는 화장실에조차 갈 수 없었다. 수업이 끝나기만을 기다려 종이 울리자마자 책보를 둘러멘 채 뒤도 돌아보지 않고 집을 향해 뛰었다. 창피했다. 어린 마음에 그저 창피하다는 생각뿐이었다.

"어머니께 고맙다고 말씀 전해라."

공사가 끝날 무렵 담임 선생님이 교무실로 나를 불렀다. 어머니가 물지게를 져서 번 돈으로 담임 선생님께 소주와 과자 한 봉지를 사 드리고 갔다는 것이었다. 자식을 맡겨 두고도 그동안 한 번 찾아뵙지 못해 죄송하다고 어머니는 연신 머리를 조아렸다고 했다. 그 말을 듣는 순간 눈물이 왈칵 쏟아졌다. 창피함과 부끄러움 대신 미안함과 죄책감이 물밀었기 때문이다.

"울지 마라, 남선아. 괜찮다, 괜찮아."

담임 선생님의 위로를 받으며 나는 한참 동안 울었다. 이승에서 저승으로 어머니를 보내 드릴 때에 그 시절의 그 장면이 선명하게 떠올랐다.

"제가 잘못했어요, 어머니. 어리석은 아들을 용서해 주세요……."

열한 살의 아들이 서른일곱 살의 어머니에게 저질렀던 불효에 대해, 예순세 살의 아들은 아흔 살 어머니의 마지막 옷자락을 붙잡고 용서를 구하고 또 구했다.

세상 어느 누가 알아주든 말든 어머니는 자식들을 위해 몸이 부서져라 일했다. 어머니의 임종을 지키는 동안 되살아난 또 하나의 아픈 기억.

몸이 아파 학교에 가지 못하고 집에서 앓고 있던 중학교 1학년 가을 무렵이었다. 어머니는 여름부터 내촌강에서 자갈을 줍는 인부로 일했다. 건축 자재로 쓰이는 자갈을 요즘은 기계로 바위를 깨서 만들지만 옛날에는 사람들이 일일이 손으로 자갈을 주워서 썼다. 인부들은 싸리나무로 만든 채를 하나씩 등에 지고 강가에서 자갈을 주워서 큰 돌과 모래를 거르고 쓸 만한 크기의 자갈만 모아 자기만의 돌무더기를 만들었다. 트럭 한 차를 채울 만한 자갈이 모아지면 직접 삽으로 실어 주고 차의 대수만큼 돈을 계산해 받는 방식이었다. 트럭이 와서 자갈을 싣고 가는 날이면 작업을 멈추고 인부들끼리 모여서 그동안의 고생을 위로하며 막걸리를 한 잔씩 나누는 것이 나름의 문화였던 모양이다.

"남선아! 얼른 나와 봐라!"

다급한 목소리에 나가 보니 평소 우리 집안과 가깝게 지내던 희복이라는 동네 형님이 어머니를 경운기에 태워 모셔 온 것이었다. 그런데 어머니의 상태가 심상치 않았다. 어머니는 술에 취해 인사불성이 된 채로 목 놓아 엉엉 울고 있었다.

"어머니, 정신 좀 차려 보세요!"

흔들어 깨워 보고 찬물을 드시게 하고 이불을 펴서 눕게 하여

도 어머니는 울음을 그치지 않았다. 오히려 달래면 달랠수록 울음소리는 더 커졌다.

"아이고야, 안 되겠다. 어머니를 일단 경운기에 태워서 술이 좀 깨도록 해야겠다."

그때만 해도 경운기는 귀한 농기계라 우리 동네에서는 박희복 형님네만 갖고 있었다. 희복 형님은 경운기를 운전하고 나는 경운기 짐칸에 어머니와 함께 탔다.

"어쩌자고 이기지도 못할 술을 이리 억병으로 드셨누?"

희복 형님이 경운기를 몰고 내촌을 향했다. 타다다…… 경운기 모터 소리와 엉엉엉…… 어머니의 울음소리가 뒤엉켰다.

"어머니, 어머니……!"

어머니를 흔들어 부르며 달래기에 지쳐 내 목에서도 피 맛이 났다. 어머니는 본디 술을 안 드시고 못 드시는 분이었다. 내촌강에서 자갈을 실어 보낸 그 날이 평생을 통틀어 어머니가 만취한 처음이자 마지막 날이었다. 못 이기는 술에 취해 대성통곡하는 어머니의 울음소리는 사람의 그것이라기보다 상처받은 짐승의 그것 같았다. 오장육부를 헤집고 그보다 더 밑바닥에서 울려 나오는 서러운 울음이었다.

"아직도 안 되겠다. 한 번 더 갔다 오자."

어머니의 술이 깰 때까지, 어머니가 울음을 그칠 때까지, 경운기는 집과 내촌 사이를 몇 번이고 왔다 갔다 왕복했다. 자갈 채취는 남자들도 하기 힘든 노동이었다. 그래서 인부들은 대부분 남자들이고 여자는 어머니를 포함해 한 손에 꼽았다. 남자들 사이에 끼어서 조금이라도 더 자갈을 줍기 위해 이를 악물었지만 결국 술 한 잔에 팽팽했던 긴장의 끈이 툭 끊어진 것이었다. 그리고 폐부 깊숙한 데부터 켜켜이 쌓였던 한(恨)이라고밖에 표현할 수 없는 설움과 원통함과 억울함과 슬픔이 통곡으로 터져 나온 것이었다.

울다가 지쳐 나중에는 눈물도 나오지 않았다. 어머니는 물기조차 없는 텅 빈 눈으로 어둠이 내린 하늘을 바라보며 신음했다. 그리도 고통스러워하는 어머니를 위해 아무것도 할 수 없는 나의 가슴도 찢어졌다.

어머니, 열다섯 살의 내가 대체 무엇을 할 수 있을까요?

삶을 상대로 한 어머니의 악전고투는 그 후로도 계속되었다. 쓰러질 듯 쓰러지지 않고 무너질 듯 무너지지 않았다. 어머니는 오뚝이였다. 하지만 오뚝이의 운명은 위태롭게 중심을 잡고 쓰러지지 않기 위해 끊임없이 버텨야 한다는 것이었다. 어쩌면 오뚝이도 때로는 쓰러지고 싶지 않았을까? 더 이상 버티기 위해 안간힘을 쓰지 않고 그냥 푹 무너져 버리고 싶지 않았을까?

내가 중학교에 들어가면서 찐빵 장사로는 커 가는 자식들을 건사하기 힘들어지자 어머니는 돼지를 기르기 시작했다. 당시 많은 사람들이 그러했듯 농협에서 대출을 받아 축사를 짓고 돼지를 길렀다. 사료를 먹이고 군부대에서 나오는 짬밥도 받아 먹여서 처음에 20~30마리를 키우다가 나중에는 100마리 가까이 키우게 되었다. 돼지들이 무럭무럭 크고 새끼를 낳으면서 그걸로 근근이 밥을 먹고살 수 있는가 하였다. 그런데 어느 해 농부들이 배추 농사를 너무 많이 지으면 김장철에 과잉 공급으로 배추밭을 엎듯이 돼지도 마찬가지였다. 1970년대 중반 이른바 '돼지 파동'이 벌어지면서 우리 집도 직격탄을 맞았다. 공급 과잉으로 돼지값이 뚝 떨어지면서 배추밭을 엎듯이 돼지를 살처분해야 하는 지경에 이른 것이었다. 사료값 때문에 돼지를 키우면 키울수록 손해를 보는 상황에서 돈이 있는 사람이야 버틸 수 있지만 그렇지 못한 사람들은 나가떨어질 수밖에 없었다.

그때 생긴 농협 빚이 몇백만 원이었다. 우리 집 형편에 그 몇백만 원의 빚은 도저히 감당할 수 없는 태산 같았다. 원금 변제는 언감생심 생각도 못 하고 이자만 가까스로 갚으며 버텼지만 빚은 눈덩이처럼 불어났다. 그나마 대출을 연장하려면 동네 사람 몇이 보증을 서 줘야 하는데 우리처럼 갚을 가능성이 보이지 않는 집에 보증을 서겠다고 나서는 사람은 없었다. 어머니는 혼이 나간 사람처럼 여기저기 사정하고 하소연하며 뛰어다녔다.

하지만 아무도 없었다. 우리를 보증서겠다는 사람은 없었다. 오뚝이는 허깨비가 되어 비틀거리며 집에 돌아왔다. 그리고,

"어머니! 아이고, 어머니! 정신 차리세요!"

서울에서 공장을 다니다가 고향에 돌아와 뒤늦게 재건중학교를 다니던 작은누이가 거품을 물고 쓰러진 어머니를 발견했다. 어머니의 머리맡에는 붉은 박스에 해골 표지가 무섭게 그려진 쥐약이 뒹굴고 있었다.

"어머니, 이러지 마세요. 제발, 제발요……."

불행 중 다행이랄까, 약을 토하게 하고 응급 처치를 하니 그나마 치사량을 드시지 않아서 어머니의 정신은 돌아왔다. 하지만 어머니의 눈동자에는 여전히 절망의 빛이 어려 있었다. 나는 어머니를 부둥켜안고 울면서 제발 이러지 말라고 설득했다.

"알았다. 그래, 알았어."

우리가 하도 울며불며 매달리니 어머니는 마지못해 고개를 끄덕였다. 하지만 가까스로 버티다가 쓰러진 오뚝이는 너무도 위태롭고 불안해서 다시는 일어날 수 없을 것만 같았다. 밤이 되어 잠자리에 들어서도 나는 잠들 수 없었다. 내가 잠드는 순간 어머니가 살그머니 집을 빠져나가서 목을 매거나 약을 먹을 것만 같았다. 나는 어머니 옆에 바싹 붙어 누워서 어머니를 꼭 껴안았다. 이렇게라도 어머니를 옴짝달싹 못 하게 해야 어머니가 우리 곁을 떠나지 않으실 것 같았다.

그 밤은 아주 길었다. 세상에서 가장 무거운 것이라는 눈꺼풀을 밀어 올리기 위해 나는 내 뺨을 때리기도 하고 손등을 꼬집기도 했다. 내 사지를 사슬 삼아 옭아맨 어머니의 몸은 작고 여위었지만 따뜻하고 부드러웠다. 어머니를 이대로 잃어버릴 수는 없었다. 어떻게든 어머니를 지켜야 했다.

"어머니, 가지 마세요……!"

밤이 이울어 어머니의 숨결이 고르고 낮아지면서 나도 모르게 까무룩 잠들었었나 보다. 퍼뜩 깨어나 보니 어느새 창호지 문 저편이 새벽빛으로 훤했다. 꿈속에서도 가지 말라고 울며 매달렸던지 눈가에 눈물이 말라 버석거렸다. 그리고 내 품에 가두었던 어머니가 어디론가 사라지고 없었다. 가슴이 쿵, 내려앉았다.

"어머니! 어머니!"

악을 쓰며 방문을 박차고 달려 나갔다.

"……우리 아들 깼니?"

꿈일까 생시일까, 볼을 꼬집어 봐야 할 것 같았다. 어머니가 그곳에 있었다. 평소 아침과 전혀 다를 바 없이 부엌에서 아궁이에 불을 때고 계셨다. 마치 아무 일도 없었던 듯 평온한 어머니의 모습을 보자 온몸이 녹아내릴 듯 긴장이 풀렸다. 괜찮다. 어머니는 살아 있다. 그제야 밤을 꼬박 지새운 여파로 맹렬하게 잠이 쏟아지기 시작했다. 괜찮다. 어쨌든, 어머니는 다시 살아 내려 하신다.

'흙수저 공돌이'의 참 아름다운 성공

군 생활 중 휴가를 나와 시골 언덕에서

고1 여름 방학에 병영 훈련을 마치고 집에 다녀가면서 어머니와 4남매가 함께.
맨 왼쪽은 이웃에 살던 작은누이의 친구

속 앓는 아이

나를 어른으로 만든 건 시간이 아니라 망각이다.

김기택 시인의 시 「어린 시절이 기억나지 않는다」의 한 대목이
다.

친구들 사이에서 기억력이 남다르다고 정평이 난 나지만 왠지
어린 시절은 잘 기억나지 않는다. 아주 어렸을 때는 동네 친구들
과 발가벗은 채로 내촌강에서 물장구를 치기도 했지만, 초등학
교에 들어간 순간부터 생각 없이 신나게 놀아 젖히는 천진난만
한 유년은 망각 속으로 사라져 버렸다.

소풍날의 보물찾기, 운동회의 계주, 하다못해 친구들과 몰려
다니며 놀던 기억까지도…… 초등학교 시절의 에피소드는 기억
에 거의 남아 있지 않다. 내 작은 머리통에는 오로지 한 가지 생

'흙수저 공돌이'의 참 아름다운 성공

각이 꽉 차 있었기 때문이다. 학교가 끝나면 얼른 집에 가서 어머니를 도와 일해야겠다는 생각, 그뿐이었다. 방과 후 학교 운동장에서 친구들과 공을 차거나 산과 들을 누비며 재미있게 노는 시간조차 아까웠다. 나는 마음의 여유라곤 전혀 없는, 어린아이 같지도 않고 어린아이일 수 없는 어린아이였다.

우리 집은 가난했다. 나는 그것을 잘 알고 있었다. 아버지는 없는 존재나 마찬가지였다. 우리 어머니가 아닌 작은집과 살고 있는 아버지는 숨기고 싶지만 숨길 수 없는 비밀처럼 내 마음 깊은 곳에서 따끔거렸다. 누구를 만나든 우리 집안 이야기와 아버지에 대한 이야기가 나올까 봐 조마조마했다. 어머니는, 너무도 소중한 어머니는 생계의 짐을 홀로 걸머지고 죽도록 고생을 하고 있었다. 나는 나의 유년을 망각하는 대신 어머니의 희생을 빈틈없이 기억했다. 품팔이를 하고, 농사를 짓고, 엿을 고고, 찐빵을 찌고, 물지게를 지고, 자갈을 줍고, 돼지를 치는…… 언제나 등이 휘어라 일하던 어머니.

누군가 나에게 물었다. 똑같은 상황 속에서 다르게 성장한 자식도 있지 않느냐고, 왜 그리도 어머니와 나를 동일시하며 가족에 대해 강한 책임감을 가지고 있었냐고. 물론 나는 외할머니가 혀를 차며 말씀하신 것처럼 외양부터 아버지를 홀락 뒤집어쓰고 혈액형까지 같은 아들이었다. 하지만 나는 아버지처럼 낙천적인 한량이 될 수 없었다. 누군가 장남이라는 부담을 주지 않았어도 장남이라는 무게를 온몸으로 느끼고 있었다.

아버지가 사라진 초등학교 3학년 때부터 나는 집안에서 '남자의 일'을 했다. 지게를 지고 산에 올라 땔감을 하는 것은 기본이었고 낫질과 호미질 등을 포함해 힘쓰는 일이라면 도맡아 했다. 어머니가 돼지를 칠 때는 어미 돼지가 낳는 핏덩이 새끼도 직접 받아 보았다. 부대에서 나오는 짬밥을 받아다 양념을 씻어 내고 다시 끓여서 퍼 나르는 일도 내 몫이었다. 사람이 먹던 음식이라 염분이 많아서 돼지가 먹으면 죽기 때문이었다. 앞서 말한 것처럼 옥수수엿도 만들고 찐빵도 빚고, 별의별 일을 다 했다. 어떻게든 어머니를 도와야 했다. 어머니를 도와 동생들을 먹이고 가르쳐야 했다. 나는 아버지 대신 집안의 가장이 되어 버린 어머니의 고통스러운 삶과 그것을 견뎌 내는 어머니의 마음을 누구보다 잘 알고 있었기 때문이다.

아버지의 부재와 어머니의 희생. 그것은 결국 '가난'으로 귀결되었다.

제때 육성회비를 못 낸다고 학교에서 종아리를 맞는 것은 일상다반사였다. 하루 세 끼를 제대로 먹기 힘든 형편에 도시락을 챙겨 간 적도 별로 없었다. 어쩌다 도시락을 싸 가도 꽁보리밥이 아니면 옥수수를 갈아 까불러서 만든 싸라기밥을 싸 갔다. 싸라기밥은 얼핏 보기에 쌀밥 같았지만 식으면 굳어서 툭 치면 알알

'흙수저 공돌이'의 참 아름다운 성공

이 부서져 버렸다. 겨울이면 양은 도시락에 싸라기밥과 김치를 싸 가서 교실 가운데 피우는 난로에 데워 먹었다. 그거라도 먹을 수 있으면 감지덕지였다.

"야, 이게 쌀밥이냐 옥수수밥이냐?"

어느 날인가 같은 반 아이 하나가 싸라기밥이 담긴 내 도시락을 툭툭 치며 놀려 댔다. 그 아이네 집은 동네에서 담뱃가게를 하고 있었는데 시골에서 장사를 할 정도면 형편이 괜찮은 편이었다. 그때부터 나는 다시 난로 위에 양은 도시락을 올려 싸라기밥을 덥혀 먹을 수 없었다.

점심시간을 알리는 종이 울리자마자 교실에서 나와 버렸다. 운동장에서 슬슬 노는 척 배고픔을 달래고 있으면 우리 집에서 신작로 쪽으로 500미터쯤 내려와 있는 추 씨네 아들 재호가 때때로 따라 나와서 같이 놀았다. 그리고 하교하여 집에 같이 오다가 길 중간쯤에서 아까 먹지 않은 도시락을 까먹자고 청했다. 재호네는 그럭저럭 형편이 괜찮아서 이따금 쌀가루에 콩을 넣어 빚어 찐 반대기나 보리개떡을 점심으로 싸 오곤 했다. 아까 노느라 먹지 못했고 혼자 먹기에 양이 많다니 나도 식은 떡을 부담 없이 얻어먹을 수 있었다. 말수가 없고 무뚝뚝한 사내아이들끼리라 많은 이야기를 나누지는 못했지만, 나중에 알고 보니 재호 어머니가 개떡을 싸 주는 날이면 재호가 남선이와 나눠 먹겠다고 평소보다 도시락 양을 늘려 가져왔다는 것이었다.

거의 비어 있다시피 한 유년의 기억 창고에 지금까지 남아 있는 것이라곤 이런 에피소드들이다. 그만큼 가난과 가정사에 짓눌렸던 어린 시절의 나는 창피함이나 모욕에 매우 민감했다. 아이들이 장난으로 던진 돌에 개구리가 맞아 죽는다는 말처럼 짓궂은 아이들이 무심코 던진 말이나 의미 없는 행동에 나는 상처받았다.

　사업이 조금 자리를 잡아 갈 무렵에야 초등학교 동창회에 나갔다. 이전까지는 나오라는 연락을 수없이 받아도 알았다고만 하고 나가지 않았다. 어린 시절의 나를 아버지가 작은집을 얻어 사는 비리비리하고 영양가 없는 아이로 기억하는 동창들을 만나고 싶지 않았다. 나이 육십이 넘은 지금은 그들 또한 어렸으니 생각 없이 한 행동이라고 이해하지만, 그때는 무시를 당할 때마다 내가 나중에 어른이 되어 성공을 하더라도 내촌 땅은 결코 밟지 않겠다고 다짐했던 것이다.

　어쩌면 자격지심일 수도 있었다. 하지만 사실은 지금까지도 어린 시절의 상심은 좀처럼 쉽게 지워지지 않는다. 어머니가 마지막 순간까지 사시던 고향집, 빵 가게 자리에 내가 지어 드린 이층집은 여전히 그곳에 그대로 있다. 아픈 기억과 좋은 기억이 모두 묻혀 있는 곳이니 팔지 않고 유지했던 것이다. 어머니는 내가 돈을 벌어서 땅을 사고 집을 지었으니 당연히 장남인 내게 물려주기를 원하셨다. 하지만 나는 그것을 내 명의로 하고 싶지 않아서 큰아들 근영이 이름으로 증여했다가 어머니가 돌아가시고 난 후 다시 막내 병태의 명의로 바꾸어 관리하고 있다.

세상은 좁고 인생은 알 수 없는 것이었다. 친척 고모뻘 되는 초등학교 동창이 무조건 나오라고 채근하기에 마지못해 동창회에 나갔다. 그런데 막상 동창회에서 친구들을 만나니 반갑기도 하고 여러 생각이 들었다. 나의 싸라기밥을 놀리던 친구는 직업 군인이 되어 금오공고 동창인 이건완 장군의 휘하에 있었다. 내가 이건완 장군과 절친한 사이라는 것을 알고부터는 그의 태도가 사뭇 달라졌다. 물론 그는 자신이 했던 행동이 내게 얼마나 상처를 줬는지를 전혀 기억하지 못하고 있었다. 도시락을 싸 가지 못한 친구에게 개떡을 나눠 줬던 재호 역시 내가 기억하는 그때의 순진한 아이는 아니었다. 세월의 강물에 휩쓸려 우리 모두는 예전과 다른 곳에 다다라 예전과 다른 모습으로 만난 것이다.

시간이 아무리 흘러도 그때 그 시절이 행복했다고는 말할 수 없다. 나는 내촌국민학교를 졸업하고 곧바로 중학교에 진학하지 못했다. 어머니는 어떻게든 학비를 마련할 테니 중학교에 가라고 했지만 나는 가지 않겠다고 했다. 내게는 중학교 졸업장이나 공부보다 더 중요한 게 있었기 때문이다.

어머니는 찐빵 장사를 하는 한편 남의 땅을 조금 얻어서 소작농을 하기 시작했다. 찐빵 장사도 소작농도 어머니 혼자 하기에는 힘이 부쳤다. 나는 중학교에 가는 대신 어머니의 일을 도우면서 매일 오전에 한 짐, 오후에 한 짐 땔나무를 했다. 겨울이면 난방을 위해 나무가 더 많이 필요해서 이웃집에서 지게를 빌려 초등학교 5학년이 된 남춘이까지 데리고 숫고개라는 큰 산으로 갔다. 어린아이 둘로는 힘이 부쳐 큰 나무를 벨 수가 없으니 잡목과 물거리를 주워 내 것 한 짐을 만들고 남춘이의 것도 조그맣게 한 짐 만들었다. 그렇게 지게를 지고 조심조심 고개를 내려오는데, 동생이 그만 비탈길에서 발을 헛디뎌 지게를 진 채로 굴러 버렸다.

"남춘아! 남춘아!"

나뭇짐과 지게와 함께 데굴데굴 구른 남춘이는 엉엉 목 놓아 울고 있었다. 지게를 벗어젖히고 뛰어 내려가 살펴보니 다행히 살갗만 긁히고 뼈가 부러진 것 같지는 않았다.

"괜찮아. 형이 다시 나뭇짐을 고쳐 줄게. 조심해서 내려가 보자."

조심조심 발끝에 힘을 주었지만 나뭇짐을 진 채 얼어서 미끄러운 땅을 디뎌 가자니 그로부터 두어 번을 더 넘어질 수밖에 없었다. 길은 멀고 막막했지만 그래도 어떻게든 가야 했다. 어둑해질 무렵 집에 다다랐을 때 한겨울이었음에도 내 몸은 온통 땀으로 범벅이 되어 있었다.

"이제 다시는 형이 나무하러 가는 데 따라오지 마!"

긁히고 쓸린 남춘이의 상처에 빨간약을 발라 주며 호되게 야단쳤다. 내가 힘든 것도 힘든 것이었지만 어린 동생이 나뭇짐을 지고 넘어지는 모습을 바라보는 것이 너무 가슴 아팠다. 고작 세 살 차이라 나 또한 어린 나이였음에도 그랬다.

가난이 원망스러웠다. 우리보다 형편이 나은 집들이 부러웠다. 배고픔도 싫고 죽도록 일만 하는 어머니와 나뭇짐을 진 채로 비탈을 굴러가는 동생을 보는 것도 싫었다. 누이들과 동생들과 우리 오남매가 어머니와 함께 편안히 살기 위해서는 반드시 가난에서 벗어나야 했다. 오직 그 생각밖에는 아무것도 할 수 없었다.

속이 아프기 시작했다.

1년 동안 집안일을 도우며 야학과 비슷한 재건중학교를 다니던 끝에 어머니가 도저히 안 되겠다며 나를 설득했다. 아무리 그래도 오남매의 장남인데 초등학교만 나와서는 곤란하지 않느냐는 것이었다. 처음에 나는 싫다고 했다. 나는 중학교에 가기 싫고 서울에 가서 공장에 취직해 돈을 벌겠다고 했다. 하지만 어머니는 동네 이장을 보증인으로 세우고 농협에서 2만5천 원인가 3만 원을 대출받아서 학비와 교복을 마련했다. 그렇게 나는 나보다 한 살 어린 후배들과 함께 내촌중학교에 입학하게 되었다.

어머니의 간곡한 설득으로 중학교에 들어가기는 했지만 공부가 손에 잡힐 리 없었다. 나에게 중학교 3년이라는 시간은 그저 허송세월일 것만 같았다. 빨리 서울에 가서 돈을 벌어야 하는데, 아니면 어머니를 도와 일이라도 해야 하는데 대체 여기서 무엇을 하고 있는지 알 수 없었다. 1년 어린 후배들과 같이 학교를 다니다 보니 친한 친구라곤 없이 서먹서먹했다. 함께 어울리고 싶다는 생각조차 들지 않았다. 마음속에는 오로지 어떻게든 돈을 벌어서 집안을 돌보아야 한다는 생각뿐이었다.

중학교 1학년생 허남선, 그 아이에게 자신을 탐색하고 세계를 이해하기 위해 방황하는 사춘기는 찾아오지 않았다. 현실에 대한 한없는 막막함과 미래에 대한 절망감뿐이었다. 한 치 앞도 보이지 않았다. 평생 이렇게 살 것만 같았다. 요즘 식으로 말하면 흙수저 중의 흙수저, 아니 흙으로 만든 그 수저조차 없는 무(無)수저의 맨손 같았다.

속이 아프기 시작했다.

위장은 가장 예민한 장기(臟器)다. 마음을 앓으며 괴로워하는 것이 고스란히 몸의 병으로 나타났다. 1학년 2학기 시월 어느 날 갑자기 쓰리고 아픈 증세와 함께 극심한 복통이 시작되었다. 단순히 소화가 안 되거나 배탈이 났을 때와 다르게 배 전체가 쓰라리면서 윗배와 아랫배가 송곳으로 찌르는 듯 아팠다. 어머니와 함께 홍천에 있는 병원을 찾았더니 진찰을 끝낸 의사 선생님이 고개를 갸웃거리며 말했다.

"아무래도, 신경성 위십이지장궤양 같습니다."

중학교 1학년짜리 남학생에게는 흔치 않다는 병명이었다. 위와 십이지장의 상피 세포가 손상을 입어 갈라지면서 주변의 세포가 파괴되거나 괴사를 일으켜 일으키는 염증 반응이 위십이지장궤양이었다. 여러 가지 원인이 있을 수 있지만 가장 큰 원인은 스트레스. 그래서 '신경성'이라는 말이 앞에 붙었다. 위궤양의 경우 스트레스가 자율 신경계에 해당하는 교감 신경의 활성을 유도하고, 교감 신경이 활성화되면 위산 분비가 촉진된다. 위산이 필요 이상으로 과다해지면 위에서 궤양이 발생하기 좋은 환경이 만들어지므로 스트레스는 위궤양의 원인이 된다. 스트레스는 위궤양과 다른 경로로 십이지장궤양을 일으키기도 하는데, 십이지장 점막이 염증에 의해 부분적으로 손상되어 움푹하게 패여 버리는 것이다.

"어린 학생이 무슨 고민이 그리 많은지 모르겠지만, 우선은 약 먹고 마음 편히 푹 쉬도록 해요."

도저히 학교에 갈 수 없을 정도로 위십이지장궤양이 악화된 상태였다. 나는 병원에서 지어 준 약을 먹으며 한 달 반 정도를 집에 누워 병마와 싸웠다. 당시는 어머니가 앞서 말한 내촌 강가에서 자갈을 채취하면서 가족의 생계를 책임지고 있을 때였다. 어머니는 아침 일찍 일을 나가기 전에 내가 먹을 죽을 끓여 놓고, 점심 때 당신의 끼니는 거른 채 달려와 점심 죽을 데워 주고 갔다. 한 수저씩 한 수저씩 아주 천천히 어머니가 끓여 준 뽀얀 죽을 떠먹었다. 그리고 병원에서 지어 온 약을 먹고 다시 이불을 들쓰고 누웠다.

"엄마 다녀올게, 한잠 푹 자라."

타박타박 어머니의 발걸음 소리가 멀어졌다. 어머니는 한잠 푹 자고 아무 생각 없이 푹 쉬라고 했지만 어머니의 발걸음 소리에 귀를 기울이는 동안 잠기운은 말끔히 가서 버렸다. 어머니를 위해서라면 내가 지금 이렇게 누워 있으면 안 되었다. 학교도 다니면 안 되는 것이었다. 당장이라도 학교를 때려치우고 싶었다. 서울로 가서 공장에 취직하여 돈을, 돈을 벌고 싶었다. 아픈 채로 누워 있으면서도 수많은 생각이 밀물처럼 밀려왔다 썰물처럼 빠져나가곤 했다.

하지만 어머니는 변함없이 완강했다. 어떻게든 중학교를 마치고 졸업장을 따야 한다고 했다. 그렇다면 중학교 졸업장을 받고 서울로 가서 돈을 벌기까지는 앞으로 꼬박 2년이 남았는데, 그 2년 동안은 아침에 등교하여 오후 네다섯 시에 하교하면 집안일을 도울 수 있는 시간이 거의 없었다. 남은 시간이라곤 기껏해야 토요일 오후와 일요일밖에 없으니 일손을 보태는 것도 한계가 있었다.

'그렇다면 그 나머지 시간에 무얼 해야 할까? 어머니를 좀 웃게 만들 방법이 없을까?'

쓰린 배를 움켜쥔 채 이불을 들쓰고 누워서 나는 궁리하고 또 궁리했다. 가엾고 불쌍한 어머니를 기쁘게 해 드릴 방법을, 단 한 순간이라도 어머니를 활짝 웃게 만들 방법을.

　그때까지 나는 공부에 별다른 흥미가 없었다. 아니, 흥미가 없었다기보다 다른 데 온통 정신이 팔려 있었다. 어떻게 빨리 집에 가서 집안일을 도울까? 어떻게 빨리 서울에 가서 돈벌이를 할 수 있을까? 그러니 결석도 밥 먹듯이 하고 공부를 잘할 수가 없었다. 제대로 해 본 적도 없으니 공부에 소질이 있는지 없는지조차 알 수 없었다.

　그런데 한 달 반 동안 집에서 요양하며 곰곰 궁리를 하던 중에, 문득 동생 남춘이 학교에서 우등상을 받아 올 때 활짝 웃으시던 어머니의 모습이 스쳐 지나갔다.

　'그래, 이거다!'

　동생 남춘이는 공부를 잘해서 초등학교 내내 우등상을 받았다. 남춘이가 학교에서 우등상을 타 오면 어머니는 평소에 보이지 않던 표정을 지었다. 늘 삶에 찌들어 어두웠던 어머니의 얼굴이 활짝 펴지면서 근심 걱정이 말끔히 사라진 듯 환하게 웃으셨던 것이다. 그것이 내가 본 가장 밝은 어머니의 낯빛이었다.

　어차피 졸업까지는 2년이 남아 있었다. 이러나저러나 집안일을 돕는 데는 한계가 있고 돈벌이를 할 수도 없는 시간이었다. 그렇다면 차라리 공부를 해서 어머니를 기쁘게 해 드리면 어떨까?

시월에 아프기 시작해서 학교에 가지 못하고 앓다가 곧바로 겨울방학이 지나고 2학년이 되었다. 2학년 새 학기가 시작되면서 다시 학교에 가게 된 나는 문방구에서 당시 학생들 사이에 유행했던 암기장을 구매했다. 영어 단어와 수학 공식, 국사와 한문 등에서 암기해야 할 대목을 요약한 작은 카드식 학습 교재였다. 집에서 학교까지, 학교에서 집까지는 꼬박 4킬로미터씩 왕복 8킬로미터였다. 그 등하굣길을 걸어서 오가는 동안 나는 암기장을 한 장 한 장 암기하고 곧바로 뜯어서 입에 넣고 씹어 뱉었다. 그렇게 씹어 뱉으며 암기를 되새김하면 그 내용이 고스란히 내 것이 되는 것 같았다.

내촌중학교는 한 학년에 2개 반이 있었는데 한 반 학생 수가 55명 정도였다. 1학년 때 내 성적은 반에서 35등이나 45등으로 뒤에서 세는 것이 더 빨랐다. 그런데 공부를 해야겠다고 마음먹은 뒤 한 학기가 지나고 2학년 1학기 기말고사를 보았을 때 놀라운 일이 일어났다.

"허남선!"

"네!"

내가 가장 좋아하는 과목은 '국사'였다. 태종태세문단세 예성연중인명선…… 암기장에서도 국사 과목은 신이 나서 줄줄 외었다. 그런데 국사 선생님이 느닷없이 내 이름을 부르니 깜짝 놀라 일어났다.

'흙수저 공돌이'의 참 아름다운 성공

"허남선이 웬일이지?"

"……?"

"허남선이 웬일로 백점을 맞았어?"

국사 과목만 백점을 맞은 게 아니었다. 2학년 1학기 기말고사 전체 성적이 나왔을 때 나는 반에서도 아니고 전교에서 3등으로 단번에 뛰어올랐다. 한방에 역전을 하니 선생님도 놀라고 아이들도 놀라고 무엇보다 나 자신이 놀랐다.

"아이고, 우리 아들 잘했구나!"

그리고 내가 공부를 해야겠다고 마음먹게 한 그 사람, 어머니가 정말 기뻐하시며 활짝 웃었다. 그때까지 받은 상이라곤 초등학교 때 딱 한 번, 전보다 성적이 올랐다고 받은 '향상상'밖에 없는데 갑자기 우등상을 받아 오니 생각보다 더 좋아하시는 것이었다. 이전까지 어머니는 한 번도 내게 공부를 해라 말라 말한 적이 없었다. 공부 잘하는 동생 남춘이와 비교한 적도 없었고 그저 중학교 졸업장은 있어야 된다는 말씀뿐이었다. 그렇지만 정작 내 성적이 올랐을 때 누구보다 기뻐하는 어머니를 보면서 나는 공부하기로 결심하길 참 잘했다고 생각했다.

그때부터 중학교를 졸업할 때까지 전교 5등 밖으로 벗어난 적이 한 번도 없었다. 매일 밤 12시나 1시까지 공부를 하고 어머니가 새벽 5시에 일어나실 때 깨워 달라고 부탁해서 일찍 일어나 공부했다. 사실은 그때도 공부를 해서 무엇이 되겠다거나 무엇을 얻겠다는 작심 같은 건 없었다. 단지 그 상황에서 어머니를 기쁘게 해 드릴 수 있는 유일한 방법이 공부를 잘하는 것이었기에 최선을 다했던 것뿐이었다.

그런데 그 소박한 목표와 결심이 결국에는 내 인생을 바꾸는 계기가 되었다. 중학교를 졸업하는 즉시 서울로 가서 공장에 취직해 돈벌이를 하겠다는 계획이 수정된 것이었다. 좋은 성적 덕분에 동양 최대의 기능인 양성을 목표로 박정희 대통령이 설립한 금오공고에 입학하게 되었고, 그것이 내 인생을 결정적으로 변화시킨 전환점이었다.

시인은 다시 말한다.

기억은 끝내 내 어린 시절을 보여주지 못한다.
지독한 망각은 내게 이렇게 귀띔해준다.
너는 태어났을 때부터 이 얼굴이었을 거라고.

물론 극빈의 상황이고 어려운 시절이었다. 하지만 돌이켜 생각해 보면 어린 중학생이 신경성 위장병을 앓을 정도로까지 집안 형편에 대해 마음에 부담감을 가져야 했나 싶기도 하다. 사실 가난은 그다지도 창피할 일이 아니었다. 집안일도 어머니가 시키면 하고 안 시키면 그냥 친구들과 어울려 놀아도 상관없었다.

그런데도 왜 나는 그토록 불안하고 고통스럽게 어린 시절을 보냈는지, 때로는 후회도 되고 한편으로 참담하기도 하다.

앞서 자격지심, 자기 자신에 대해 스스로 부족하게 여기는 마음 때문이었을지도 모른다고 밝혔다. 자격지심은 사춘기 시절 첫사랑이라고 말하기조차 미흡한 풋사랑 앞에서마저도 나를 뒷걸음질하게 만들었다. 내촌중학교에서 나와 전교 1, 2등을 다투던 여학생 K가 있었다. 선생님들이 공부 잘하는 아이들을 불러 시키는 심부름을 자주 함께하면서 내 마음에, 어쩌면 K에게도 조금은 분홍빛 마음이 자라났던 것 같다. 하지만 승지골에서 작은집과 살던 아버지가 문현동이라는 곳으로 이사를 했는데 마침 그 동네에 K가 살고 있었다. 동네 사람 모두가 우리 가족사를 알고 있다는 생각 때문에 언감생심 어떠한 마음도 표현할 수 없었다. 후일 군대에서 휴가를 나왔을 때에도 몇 번 마주치는 기회가 있었지만 단순한 만남에조차 예민하게 반응하는 K의 집안 어른들 때문에 인연 아닌 인연은 거기서 끝나고 말았다. 아쉬울 건 없었다. 나 자신도 콤플렉스로 인하여 어차피 K의 상대가 될 수 없다고 생각하고 있었기 때문이다.

시인의 말처럼 어쩌면 나는 태어났을 때부터 지금의 이 얼굴이었을지 모른다. 어린 시절을 잊어버리거나 잃어버린 어린아이였기에 홀로 꿍꿍 속을 앓게 되었는지 모른다. 세상이 나를 그렇게 만들었다. 환경이 나를 그렇게 만들었다. 내가 살아온 세월이 나를 이렇게 만들었다. 한없이 예리하고 민감하게, 하지만 다른 한편으로는 어떤 일에도 쓰러지지 않도록 강하게 만들었다.

고2 때 금오탑을 배경으로

고1 가을, 체육 대회 겸 교내 축제 때 처음으로 학교를 방문한 어머님과 함께

1976년 11월 12일 자 서울신문

나는 장래 희망이라는 것이 없었다. 그런 건 나와 상관없는 일이었다. 밤잠을 설쳐 가며 열심히 공부를 하면서도 사실은 공부하는 목적이 없었다. 중학교까지는 어떻게든 빚을 내어 다녔지만 고등학교는 도저히 갈 형편이 아니었기 때문이다.

어떤 이들은 한국이 전쟁의 잿더미 속에서 일어날 수 있었던 원인으로 우리나라 부모들의 교육열을 꼽는다. 하지만 1970년대 시골에는 까막눈만 면하면 도시에 가서 공장에 취직해 돈이나 버는 게 더 낫다는 생각이 팽배해 있었다. 그런 지경이라 형편이 꽤 괜찮은 집들도 자식을 가르치지 않는 경우가 왕왕 있었다. 중학교에 진학하는 대신 서울의 공장으로 떠난 아이들이 명절에 좋은 옷을 빼입고 선물을 싸 들고 오면 꽤나 부럽고 멋져 보였다. 게다가 번 돈을 가져와 부모님께 드리는 것을 보면 서울만 가면

'흙수저 공돌이'의 참 아름다운 성공

무조건 큰돈을 벌 수 있는 줄 알았다.

　우리 집보다 잘사는 집 자식들도 그랬으니 가난한 우리야 말할 나위가 없었다. 오로지 가족을 위해 돈을 벌 생각밖에 없었던 나는 열심히 공부하면서도 고등학교 진학은 꿈도 꾸지 않았다. 그런데 중학교 3학년 2학기 어느 날, 담임 선생님이 교무실로 나를 불렀다. 그때 담임 선생님은 국어를 가르치시던 이대영 선생님이었다.

　"조금 있으면 고등학교 원서를 쓰는 기간인데, 남선이 너는 성적이 좋으니 춘천고등학교 시험을 쳤으면 좋겠다."

　담임 선생님의 말씀에 나는 놀라고 당황했다. 비평준화 시절 춘천고등학교는 강원도 영서 지방의 최고 명문이어서 내촌중학교에서 춘천고등학교에 가는 사람이 한 해에 몇 명 손에 꼽을 정도였다.

　"저, 저는 고등학교에 갈 생각이 없는데요."

　"왜? 네 성적이면 충분히 춘천고등학교에 도전해 볼 만하다. 춘고에 가서 잘하면 서울대도 갈 수 있어."

　사실은 갈 생각이 없는 게 아니라 갈 생각을 하지 못한 것이지만 담임 선생님의 말씀에 잠시 가슴이 뛰었다. 만약에 내가 집안 형편이 괜찮았다면, 만약에 내가 춘천고등학교에 갈 수 있다면, 만약에 내가 고등학교를 졸업하고 대학에 갈 수 있다면……?

　우연히 흑백텔레비전 드라마에서 멋진 배우를 보았는데 그의 직업이 '검사'였다. 나쁜 죄인들에게 벌을 주는 정의로운 모습이 아주 멋있어 보였다. 만약에 내가 나의 미래를 결정할 수 있다면 나는 검사가 되고 싶었다. 하지만 나는 꿈보다 현실을 알았다. 나는 무조건 중학교를 빨리 졸업해야 했다. 졸업하자마자 도시로 나가서 공장에 취직해 돈을 벌어야 했다. 돈을 벌어 불쌍한 어머니의 짐을 덜고 동생들을 가르쳐야 했다.

"집안 형편상 고등학교 진학은 못 할 것 같습니다."

"아니, 그래도 일단 원서를 쓰자. 시험만 처 놓고 가지 않아도 되니까."

담임 선생님은 설득하고 나는 사양하고 옥신각신하며 며칠이 지났다. 수업이 끝난 후 교무실로 오라는 연락이 왔다. 교무실에 가 보니 담임 선생님과 교장 선생님이 함께 나를 기다리고 계셨다.

"특별히 이 학교에 너를 추천해 주고 싶어서 불렀다."

내 눈에 '금오공고'라는 낯선 이름이 들어왔다. 교장 선생님과 담임 선생님은 나를 그 학교에 추천하려 한다고 했다.

"1972년에 박정희 대통령이 대한민국을 공업 입국으로 만들기 위해 만든 학교다. 전국 중학교에서 1등만 가는 학교이고, 진학하게 되면 1학년부터 졸업할 때까지 전액 장학금에 기숙사 생활을 한다. 학교에서 다 먹여 주고 재워 주고 하니까 학비며 생활비는 전혀 걱정할 필요 없어."

그렇게 좋은 제안을 받고도 나는 당장에 "예, 가겠습니다!"라고 대답할 수 없었다. 내 학비와 생활비가 문제가 아니었다. 이제 곧 남춘이가 중학생이 되고 병태가 초등학교에 들어가니 집에 돈벌이를 할 사람이 필요했다. 게다가 돼지 파동으로 집안에 몇백만 원이라는 엄청난 농협 빚이 있으니 다른 생각은 도저히 할 수 없었다.

내가 계속 거절하자 담임 선생님은 어머니를 학교로 불러 면담을 했고, 나를 위해 애써 주시는 것이 고마웠던 어머니는 키우던 닭을 잡고 이것저것 챙겨 조촐한 상을 차려서 선생님들을 초대했다.

"집안 형편은 신경 쓰지 마라. 공짜로 공부할 수 있다는데 왜 가지 않으려고 하니?"

어머니는 교장 선생님과 담임 선생님 앞에서 아예 쐐기를 박으셨다.

"다른 생각하지 말고 이 자리에서 바로 지원서를 써라."

선생님들의 배려와 어머니의 격려로 나는 결국 금오공고 원서를 썼다. 바로 그 순간이 내 삶을 결정적으로 바꾼 장면이었다. 그때 가족들을 위해 돈을 벌겠다고 고집부리는 나를 끝까지 포기하지 않으셨던 이대영 선생님. 은인이라 해야 마땅한 그분을 아직까지도 찾지 못하고 있으니 부끄러울 뿐이다. 바쁘게 살다가 찾아뵈려 했을 때는 이미 학교를 그만두셔서 연락이 끊기고

1976년 11월 12일 자 서울신문

말았다. 이즈음 김포경찰서 집시 자문위원장으로 활동을 하면서 다시 한 번 이대영 선생님의 자취를 찾아보려 한다. 살아 계시다면 아흔 살은 되셨을 텐데, 부디 건강한 모습으로 만나 뵙게 되길 바랄 뿐이다.

이전까지 서울에 와 본 것은 딱 한 번이었다. 중학교 2학년 때 작은누이가 서울 구경을 시켜 준다고 해서 완행버스를 타고 올라와 누이가 사는 월곡동 이층집에 찾아갔다. 재건중학교에 다니다 다시 상경한 작은누이는 지인으로부터 소개받은 집에서 아이들을 돌보고 집안일을 도우며 야간 고등학교를 다니고 있었다.

1976년 10월 20일 즈음, 홍천 터미널에서 완행버스를 타고 당시 마장동에 있던 시외버스 터미널에 내렸다. 마중 나왔던 작은누이가 반갑게 나를 맞았다. 홍천에서 금오공고가 있는 구미까지 바로 가기는 어려우니 서울에 올라와 하룻밤을 자고 새벽에 서울역에서 기차를 타고 가려는 것이었다.

'경북 구미시 공단동 111번지'

지금까지도 잊히지 않는 주소가 적힌 쪽지 하나를 든 채로 나는 입학시험을 치르기 위해 기차를 탔다. 학교에 가 보니 다른 아이들은 거의 다 부모가 데리고 온 터였다. 혼자 왔지만 주눅 들어 보이지 않기 위해 나는 가슴을 쭉 펴고 꼿꼿이 섰다.

당시 우리나라 전국의 중학교는 전부 합쳐 1천2백 개가량이었다. 금오공고는 제주도부터 백령도, 울릉도까지 전국의 중학교에서 성적이 상위 3퍼센트에 드는 학생들 가운데 학교의 추천서를 받은 학생들을 대상으로 입학시험을 치렀다. 완전 무상 교육이라 집안 형편이 어려운 수재들이 몰려서 하루에 시험을 다 치르지 못하고 도별로 강원도는 언제, 제주도는 언제 식으로 며칠에 나누어 보았다. 최종 선발 인원 4백 명을 뽑는 시험을 하루 종일 보았다. 연합고사와 비슷한 교과목 시험에다 일종의 아이큐 테스트 같은 적성 검사를 치렀다.

학교에 가는 대신 공장에 가겠다고 버티기는 했으나 금오공고에 가 보니 생각이 달라졌다. 일단 공원처럼 멋지게 조성된 6만 3천여 평의 학교 캠퍼스에 입이 떡 벌어졌다. 전국 최고의 공업 고등학교라는 말이 무색치 않게 최신 시설에 완벽한 난방, 수세식 화장실과 목욕탕 및 식당이 갖춰져 있었다. 젊은 세대는 상상조차 어렵겠지만 그때는 신입생 중에 전기를 처음 대하는 학생도 있어서 화장실 및 각종 시설의 이용 방법을 선생님들이 따로 지도할 정도로 어두운 시절이었다.

'나도 여기서 공부하고 싶다!'

막상 와 보니 욕심이 생겼다. 조그만 동네에 갇혀 살던 시골 소년에게는 너무도 압도적인 신세계였다.

1970년대 경제 개발 5개년 계획이 수립되어 경제 발전이 가속

화되면서 공업 부문에 급격한 변화가 있었다. 급속한 공업화에 따라 과학 기술계 인력 수요가 크게 증가했고 특히 중공업 분야에서 우수한 기술자가 심각하게 부족했다. 그리하여 공업계의 중견 직장급 기술공을 양성해야 한다는 절실한 과제와 함께 금오공고가 탄생했다. 금오공고의 탄생 슬로건은 '공업 입국의 최선봉'이었다.

1965년 한일 국교 정상화가 이루어지면서 박정희 대통령은 일본으로부터 받기로 한 3억5천만 달러 중 일부를 금오공고 설립 기금으로 돌렸다. 부지만 한국에서 대고 건물을 짓는 벽돌부터 하다못해 책걸상까지 일체의 시설을 일본으로부터 받은 것이다. 당시의 우리 수준으로는 도저히 만들 수 없는 기계와 선반 등 기술 교육 시설이 완비되었다. 써 버리면 없어질 현금보다 두고두고 한국의 경제 발전에 필요한 것들을 지원받았던 박정희 대통령의 혜안이 돋보이는 대목이 아닐 수 없다.

1971년 금오공고 설립 한일협정서에는 이렇게 명시되어 있다.

"대한민국 금오공업고등학교는 한일 양국의 우의와 유대의 상징으로 상호 경제 및 기술 협력하에 국제적인 규모의 시설을 갖춘 정규 공업 고등학교를 설립할 것을 서기 1970년 7월 24일 한일 정기 각료 회의에서 양국 정부가 협의하였고 익년 8월부터 학교 건설에 착수하여 서기 1973년 2월에 준공, 동년 3월 5일에 역

'흙수저 공돌이'의 참 아름다운 성공

사적인 개교를 보았다. 그간 일본 정부는 본교를 위하여 적극적인 협조와 참여로서 많은 종류의 교육 기회와 설비를 제공하였다."

금오공고 설립과 운영에 대한 내용은 1973년 개교 준비 요원으로 부임해 학생 과장, 교무 부장 등을 거쳐 1981년 제3대 교감으로 재직하셨던 조병인 선생님의 회고록 『하늘목재를 넘어 세상 밖으로』(평화당출판사, 2022)를 참고삼아 다시 정리해 본다.

1970년 5월 일본에서 개최되는 EXPO-70 한국의 날 행사에서 한일 양국의 관계 장관이 기술 고등학교 설립에 관해 협의하였고, 같은 해 7월 서울에서 개최된 제4차 한일 각료 회의에서 양국 정부가 협력해 기술 고등학교를 설립한다는 데 원칙적으로 합의하였다. 1971년 3월 설립 준비 위원회에서 학교 명칭을 금오공업고등학교로 정식 결정하고, 학교 부지를 경상북도 선산군 구미읍 국가 공업 단지 내로 정하였다. 설치 학과는 기계공작과, 판금용접과, 주물목형과, 금속공업과, 전자과 등 5개 과(내가 입학했을 때에는 주물목형과와 금속공업과가 금속과로 통합되어 전체 4개 과)로 정하고 1972년 10월 7일 초대 정세일 교장이 취임, 1972년 11월 15일 금오공업고등학교 설립 인가를 받았다.

금오공고의 특징은 전면 장학 제도, RNTC(Reserve Non-commissioned Officer's Training Corps, 부사관 학군단) 교육, 전국 대상 전형, 교육과정 단위 이수 시간을 기준보다 높게 하여 실습 위주의 최신 공업 교육을 하는 것 등이었다. 학교 설립 취지가 '시대가 절실하게 요구하는 첨단 공업 기술 인재 양성'이었던 만큼 고급 기술 교육이 최우선이었다. 개교 당시 교사를 모집할 때에는 갑자기 교직원 백몇십 명을 구할 수가 없어서 서울의 대형 학원 유명 강사들을 일반 고등학교 교사 봉급의 2배 이상씩 주고 채용했다고 한다. 또한 교사 중 20여 명은 1972년 일본에서 기술 연수를 받고 고급 기술을 교육할 준비를 철저히 했다. 한마디로 금오공고는 지금껏 외국에 의존해 온 '과학 기술 인재'를 국내에서 양성하는 대학원대학인 한국 과학원(지금의 카이스트)과 같은 맥락에서 설립한 공업 고등학교라고 이해하면 된다.

금오공고는 교육 과정 전체 이수 단위를 문교부 기준 일반 공고의 주당 34~37시간에서 44시간으로 늘리고, 공업 전문 분야의 교과목 비중을 높였으며, 주당 실험 실습 시간을 20시간으로 하여 실험 실습 위주의 교육을 진행했다. 실습은 단계별로 실시했는데 1단계 공통 기초 실습, 2단계 과별 공통 실습, 3단계 전공별 실습, 4단계는 3학년 2학기에 졸업 후 응용의 폭을 넓히기 위해 심도 있는 응용 실습 위주로 실시했다. 응용 실습 완료 단계인 3학년 2학기에는 각 과별 졸업 기념 작품을 제작해 졸업식 때 전시했다. 실습장 운영의 극대화로 졸업할 때까지 모든 학생이 기능사 및 정밀 가공사 2급 자격증을 취득했고, 일부는 2개 이상 자격증을 취득했다.

전국의 영재들에게 집중적으로 기술 교육을 시킨 결과는 놀라웠다. 금오공고는 개교한 지 얼마 지나지 않아 전국 기능 대회 종합 우승 등을 휩쓸기 시작해 1977년 네덜란드 암스테르담에서 열린 제23회 국제 기능 올림픽에서 4명의 선수들이 선전하여 한국이 최초로 국제 대회 종합 1위의 영예를 차지하는 데 결정적으로 기여했다.

한편, 다른 기계 공업 고등학교와 금오공고가 구별되었던 점 가운데 하나는 개교부터 창단된 제301학군단이었다. 301학군단은 서울대학교의 101학군단부터 시작하는 4년제 대학교 학군단, 교육대학 등 3년제 대학의 201학군단과 구별되는 고등학교 전국 최초의 국군 기술 하사관(부사관) 양성을 위한 학군단이었다. 학군단장과 교관은 현역 장교였고 군사학 교육 시간은 일반 고등학교 교련 시간과 같은 주당 4시간이었지만 여름 방학 때 병영 훈련이 별도로 있었다.

졸업생들은 3년간의 국비 장학생으로 학업을 마치고 국군 기술 하사관(부사관)으로 5년 군 복무의 의무가 부여되어 전원 입대했다. RNTC라는 전무후무한 제도가 필요했던 것은 전쟁과 분단을 겪은 한국의 특수 상황으로 인한 급박한 요구 때문이었다. 휴전 후 주한 미군이 현대화된 무기들을 가지고 들어와 있는데 당시 군에 소속된 부사관들은 거의 초등학교 혹은 중학교 졸업자였다. 그러니 첨단 무기가 있어도 운용을 못 하고 지속적으로 미

1976년 11월 12일 자 서울신문

군에 의존하게 되는 것이었다. 그 문제를 해결하기 위해 금오공고에서 고등학교 학군단을 조직해 훈련한 뒤 졸업하자마자 육해공군의 기술 하사관으로 5년간 복무를 시키면서 미국의 우수한 군사 장비들을 우리 것으로 만들자는 의도였다. 70년대 후반부터 90년대까지 주한 미군의 방공포와 미사일 등은 금오공고 출신들이 거의 운용했다고 보면 된다. 기술 부사관들은 병기창에서 연구도 하고 직접 근무도 하면서 무기를 국산화하는 엔지니어로서 실질적인 역할을 했다. M16 소총의 국산화도 그 결과 중 하나였다.

1976년 11월 12일. 그 날짜를 잊어버릴 수 없다. 금오공고 최종 합격자 발표가 나는 날이었다. 나는 두근거리는 가슴을 끌어안고 내촌면 우체국을 향했다. 당시 금오공고의 합격자 발표는 〈서울신문〉 1면 하단에 크게 공고되었다. 그런데 우리 동네에서 〈서울신문〉을 받아 보는 사람은 면장, 농협조합장, 지금의 파출소장에 해당하는 지서장, 그리고 우체국장 정도밖에 없었다.

"저…… 혹시 〈서울신문〉 좀 잠깐 볼 수 있을까요?"

우체국장님께 조심스럽게 부탁을 했다.

"왜? 신문에 뭐 볼 게 있냐?"

"……"

혹시라도 떨어졌을까 봐, 차마 합격자 발표를 보려고 한다는 말을 할 수 없었다. 머뭇거리며 말을 못 했더니 우체국장이 뭔지 모르지만 보라고 신문을 건네주었다.

김······ 박······ 이······ 최······ 황······?

'ㅎ'으로 시작하는 '허'씨는 한참을 내려가야 찾을 수 있었다. 그런데 400명의 깨알 같은 이름 속에서 아무래도 내 이름은 찾을 수 없었다.

'떨어졌나 보다······.'

가슴이 철렁했다기보다 그렇구나, 그런가 보다, 허탈함이 밀려왔다. 그래도 다시 한 번 확인을 해 보려고 위에서부터 손으로 짚어 가며 하나하나 살펴보다 보니 문득 세 글자가 눈을 쏘아 왔다.

허, 남, 선.

내 이름이었다. 수험번호도 일치했다. 처음에는 너무 긴장을 해서 놓치고 지나쳐 버렸나 보다.

"저기, 혹시 이 신문 다 읽으셨으면 제가 좀 가지고 갈 수 있을까요?"

"왜? 무얼 하려고?"

"여기 합격자 발표가 났는데, 제 이름이 있어서 어머니께 보여 드리려고요."

우체국장이 내용을 확인하더니 축하한다며 얼른 가져가라고 주었다. 우체국에서 집까지 한달음에 달려가 어머니께 내 이름을 확인시켜 드렸다. 어머니가 우셨다. 슬픔과 괴로움에 울던 어머니가, 너무 기쁘고 좋아서 우셨다. 장하다, 내 아들. 장하고 또 장하다며 우셨다.

학교와 동네에서 축하가 쏟아지고 작은누이에게서도 연락이 왔다. 홍천에서 구미로 시험을 보러 갈 때 하룻밤을 묵었던 작은누이네 사장님이 퇴근길에 〈서울신문〉을 사서 내 이름을 확인하고 작은누이에게 깜짝 선물처럼 신문을 주셨다고 한다. 낯선 경상도 구미까지 혼자 입학시험을 보러 가는 동생이 안쓰러워 자신의 한 달 용돈을 꼬박 모아 차비로 쥐어 주던 작은누이, 누이도 신문에 나온 내 이름을 몇 번씩이나 확인하면서 울었다고 했다.

만약에 내가 나무였다면 나는 눈물로 컸을 것이다. 내가 사랑하는, 나를 사랑하는 사람들의 뜨거운 눈물로.

'흙수저 공돌이'의 참 아름다운 성공

금오공고 3년, 인생의 전환점

드문드문 보리쌀을 섞어 찜통에 찐 하얀 쌀밥이었다. 반찬은 미역국과 돼지고기 볶음, 그리고 나물과 김치가 곁들여졌다.

1977년 2월 25일, 금오공고 식당에서 먹은 첫 끼의 메뉴였다. 강원도 집에 있을 때 생일 같이 특별한 날에나 밥상에 오르던 음식들이었다. 좋은 재료를 써서 정성껏 요리하여 맛도 좋았다. 우리는 집을 떠나와 낯선 곳에 다다랐다는 사실도 잠시 잊고 정신없이 밥을 먹었다.

식사를 마치고는 배정받은 기숙사로 들어갔다. 1학년 6반 58번. 키 순서로 부여받은 내 번호는 우리 반 60명 중에 끝에서 세 번째였다. 지금은 기숙사 전체가 개편되었지만 당시 금오공고의 기숙사는 박정희 대통령이 친필로 내려준 교훈인 '정성', '정밀', '정직'을 이름으로 붙인 3개동이었다. 나는 '정직관' 1층 6호실에 12명의 친구들과 함께 배정되었다.

식사 후 기숙사 방에 들어가서 처음 모였을 때 한 기수 위의 지도 선배들이 나눠 준 물품들을 정리했다. 러닝서츠와 팬티부터 작업복과 체육복, 신발과 양말과 교복과 모자에다가 군복까지 모두 무상으로 지급되었다. 고향집에서 가져온 옷과 신발 등은 아무 쓸모가 없었다. 기숙사 방은 군대식으로 12명의 침상이 배치되어 있었는데, 군대와 다른 점이라면 학습 공간에 각자의 책상과 의자가 따로 주어져 있다는 것이었다. 기숙사 방 청소와 정리 정돈을 마치고 선배들로부터 학교생활과 규칙 등을 교육받고 나서야 금오공고에서의 첫날 일정이 끝났다.

'앞으로 잘 지낼 수 있을까?'

몸은 피곤한데 잠이 잘 오지 않았다. 아직 익숙지 않은 침상에 누워 깜깜한 천정을 바라보노라니 이 생각 저 생각이 들었다. 아침에 6시 15분 기상, 6시 반까지 연병장에 모여서 교내 구보, 7시에 기숙사에 들어와 청소와 정리 정돈, 7시 반에 아침 식사, 8시에 등교…… 선배들이 알려 준 앞으로의 일정은 분 단위로 촘촘히 짜여 있었다. 빈틈없이 돌아가는 생활도 그렇고 전국에서 뽑혀 온 1등짜리들과 경쟁하며 공부할 일도, 낯선 친구들과 꼬박 3년을 같은 공간에서 지낼 일도 걱정이었다. 이리 뒤척 저리 뒤척 하다 보니 문득 떠나온 고향집과 어머니가 떠올랐다.

아, 어머니! 왈칵 그리움이 물밀었다. 어머니와 떨어져 사는 것은 처음이었다. 게다가 고향을 떠나 멀고 먼 경상도 땅까지 왔으니 쉽게 오갈 수도 없었다. 홍천 집을 떠나기 전날 어머니와 가족들이 모여서 조촐한 송별식을 했다. 초등학교를 졸업하고 중학교에 진학하지 못해 1년을 꿇다가 뒤늦게 들어가서, 1학년 2학기에 한 달 반이나 위십이지장궤양을 앓으며 학교에 가지 못하고, 그냥 시간을 죽이느니 공부를 해 보자고 마음먹으면서 상위 3퍼센트의 성적으로 금오공고에 합격하기까지…… 지나온 모든 일이 꿈만 같았다.

"내일이면 진짜 가는구나. 어린 네가 그 먼 데를 혼자서……."

어머니는 끝내 눈물을 흘리셨다. 이제 떠나면 다시는 어머니의 품 안에서 어린 아들로 살 수 없을 것이었다. 그래도 장남에 대한 기대를 품고 나의 앞날을 위해 기꺼이 떠나보내려는 것이었다.

하지만 어머니는 나를 떠나보내고도 아주 보내지 않으셨다. 내가 금오공고에 입학하러 가는 그날부터 내 몫으로 아침저녁 따뜻한 밥을 지어서 깨끗한 물과 함께 밥상에 차려 놨다가 나중에 상을 물린 후 다음 끼니로 어머니가 드시는 '요식(料食: 몫몫으로 나눈 밥에서 한 몫이 되는 분량의 밥)'의 의식을 하셨다. 자식이 무사하고 무탈하기를 비는 일종의 민간 신앙이었다. 내가 군에서 제대할 때까지 어머니는 단 하루도 빠지지 않고 그렇게 하셨다. 비록 몸은 함께 있지 못해도 어머니의 마음속에서 나는 한순간도 떠나지 않았다. 그러니 나의 성장, 나의 성공, 나의 모든 삶은 어머니의 간절한 기도 덕분이었다.

"총 기상 십오 분 전!"

꿈속에서 어머니를 뵈었던가? 어느새 깜빡 잠이 들었나 싶은데 기상을 알리는 요란스러운 방송에 화들짝 놀라 일어났다. 벽에 걸린 시계를 보니 정각 오전 6시였다. 어제 선배들에게 들은 기상 시간은 6시 15분이었다. 먼 길을 오느라 피곤했던 아이들은 전날까지 집에서 그랬던 것처럼 5분만 더, 중얼거리며 이불을 뒤집어쓰기도 하고 화장실에도 다녀왔다. 하지만 10분이 지나 6시 10분이 되자 다시 요란스럽게 "총 기상 오 분 전!" 방송이 나왔다. 그때는 더 잠을 자거나 움직이지 못하고 각자 침상에 누워 대기를 하다가 6시 15분에 "총 기상!" 방송과 함께 기합 소리를 지르며 일어났다. 곧바로 체육복을 꿰어 입고 6시 반까지 연병장으로 뛰어나가 각 학년별 반별로 집합해야 했다.

기상이면 바로 기상이지 총 기상 15분 전부터 수차례 방송을 하는 이런 방식은 육군이나 공군에 없는 해군의 방식이었다. 해군이 배를 출항시키려면 출항 15분 전부터 예고를 하고, 출항 5분 전에 확인을 하고, 정각에 출항했다. 이런 방식을 쓰지 않으면 육상에 있던 병사들 중에 정각에 승선하지 못하는 자들이 나오기 때문이었다. 뭍에 있는 금오공고가 하필이면 해군의 방식

082

'흙수저 공돌이'의 참 아름다운 성공

을 차용한 것은 당시 금오공고 교장이 베트남 전쟁에 파병되었던 해병대 청룡부대 초대 부대장이었던 이동호 장군이었기 때문이다. 투 스타인 이동호 장군이 금오공고 교장으로 부임하면서 해병대에서 장교로 복무했던 한기영, 정동안 선생이 훈육감을 맡았다. 규칙을 엄수하는 데 있어서 아주 엄격하고 철저한 훈육감들 덕분에 우리는 해군 방식으로 일상의 배를 출항시키듯 매일 기상 의식을 치렀다.

금오공고의 운동장은 운동장이 아니라 연병장이라 불렸다. 그 연병장에 차렷 자세로 서는 순간 윗니와 아랫니가 딱딱 맞부딪혔다. 2월 25일 입소했으니 2월 26일 새벽, 그날의 기온은 영하 5도 정도였다. 그래도 발을 맞추어 구보를 하니 몸이 점차 더워졌고 땀까지 흘렀다. 구보가 끝나자마자 씻고 밥을 먹기 무섭게 정복을 입고 체육관에 모였다. 3월 2일 거행할 입학식에 대한 예행연습을 하기 위해서였다. 당시의 금오공고 입학식에는 국방부 장관과 상공부 장관을 비롯한 육해공군 장성급 장교들이 대거 참석했다. 일체의 실수도 없도록 우리는 줄을 맞추고 팔을 휘두르고 경례를 하는 하나하나를 반복해서 연습했다.

이미 예행연습 과정이 군대의 제식 훈련과 같았다. 금오공고에서의 생활은 말 그대로 규칙적인 군대의 그것이었다. 이불 밑에 깔고 잤던 매트리스를 정해진 방법으로 접고 그 위에 담요를 각을 잡아 세워 놓는 것이며, 내의나 정복이나 양말 등 모든 개인

물품을 자기 관물대에 정리 정돈해 놓는 것 등도 군대와 똑같았다. 매일 일과가 끝나고 저녁 9시에는 점호가 있었다.

말 그대로 학교가 군대이고 군대가 학교였다. 아침 구보는 주로 학교 안을 돌지만 일주일에 한두 번은 4킬로미터 정도의 구미 공단을 돌아서 들어왔다. 7시에 해산을 하면 기숙사에 들어와서 화장실부터 정리장과 기숙사 호실 전체를 청소하고, 7시 반에 아침을 먹으러 식당에 가면 각 반별로 배식 당번이 음식을 받아 와서 배식했다. 식사가 끝나면 다시 기숙사에 돌아와 준비를 해서 8시 5분 전까지 등교를 하는 것이 매일 같은 일과였다.

1학년 때부터 일주일에 4시간은 군사 교육을 받았는데 군사학 이론 수업을 받기도 하고 집체 훈련 등을 할 때도 있었다. 한국 역사상 유일무이한 고등학생 군사 교육단인 제301학군단의 단장은 현역 중령이었고, 학교 내에는 M1 소총을 비롯해 신병 교육대와 똑같은 군사 교육 시설이 있는 학군단 건물이 따로 있었다. 학교 대연병장 한편에는 낮은 포복으로 철조망을 통과하는 훈련장도 있었다. 우리가 지급받은 군복은 실제 군복으로 하사 계급장을 달고 있었다. 다만 일반적인 하사와 달리 단기 하사 부사관이라, 밑에 작대기 네 개에 위에 흰 갈매기 하나가 있는 하사 계급장 대신 빨간 갈매기가 꺾어져 들어간 계급장을 달았다. 그래서 빨간 갈매기를 단 예비 부사관인 우리를 '단풍 하사'라고 부르기도 했다.

1977년에 입학한 금오공고 5기는 모두 400명이었고 졸업자는 360명 정도였다. 40명 정도는 중간에 낙오를 한 셈이다. 사실 중도에 포기한 그들이 이해되지 않는 것은 아니었다. 어쩌면 졸업생 중에서도 많은 이들이 당장이라도 포기하고 도망쳐 버리고픈 충동을 느꼈을 게다. 스무 살도 아니고 열여섯 살의 소년들이 견디기에 훈련과 같은 일상은 너무 힘든 것이었기 때문이다. 그때 나는 키 160센티미터에 몸무게가 53킬로그램인 아주 작고 마른 소년이었다. 돌이켜 보면 그 작은 아이가 그토록 혹독한 과정을 어떻게 견뎠는지 아뜩하기도 하다.

　"동양 최고의 공고(工高)를 만들라!"
　박정희 대통령의 지시에 따라 개교한 금오공고는 군사 교육이 특징적이기는 했지만 어쨌거나 기술 교육이 우선이었다. 한일 협력 기금은 결국 애국선열들이 흘린 피의 값이기에, 일제 강점기부터 '조선인은 정밀 작업을 못하는 민족'이라고 얕잡아 보는 일본인들에게 우리도 할 수 있다는 '본때'를 보여 줘야 했다.
　기술 교육은 매우 체계적으로 이루어졌다. 1학년 1학기에는 공통 교육을 받다가 2학기부터 금속(주물 목형 포함), 전자, 기계, 판금용접 4개 과로 나뉘었다. 기계과는 선반, 밀링, 정밀 가공 등 기계 가공 관련 학과였고, 전자과는 전자 기기, 전자 계측 등 여러 가지 전자 응용에 관련된 학과였으며, 금속과는 열처리, 표면 처리, 주물 목형 등과 관련되었고, 판금용접과는 말 그대로 판금과 용접을 배웠다.

1학년 1학기에는 주간 단위로 이번 주에는 판금용접을 하면 다음 주는 금속, 그 다음 주는 전자, 그 다음 주는 기계식으로 전체 전공에 대한 오리엔테이션을 하였다. 매일 오전에 4시간 교실 수업을 하면 오후 4시간은 실습, 오전 4시간을 실습하면 오후 4시간은 교실에서 이론 수업을 받았다. 실습 교실은 1호에서 6호까지 나뉘어져 있었고 영어와 국어와 국사 등 교과목 수업을 받는 교실은 따로 있었다.

6월 중순쯤 각자가 가고 싶은 학과를 선택하고, 적성 검사를 하고 선생님들이 평가를 해서 전공 반 배정이 이루어졌다. 내가 학교를 다니던 때에 제일 인기가 좋은 전공은 금속과였다. 나는 주물과 목형에 취미가 있어서 금속과를 지원했고 배정받았다. 주물과 목형 작업에 대해 간략히 설명하자면, 자동차 내연 기관에 통째로 된 피스톤이나 피스톤 링 같은 것을 목형으로 형태를 만들어서 모래에다가 찍어 내어 쇠를 녹여 부어서 만드는 것이 주물 목형이다. 그것을 만들어서 그냥 쓰는 것이 아니라 기계에서 정밀하게 가공해서 열처리를 하는데, 일반 주철은 무르기 때문에 몇 번 왔다 갔다 하면 다 문드러져 버리니 탄소를 투입시켜 강도를 높여 주는 열처리를 하는 것이다. 또 열처리를 해서도 그냥 쓰는 것이 아니라 내구성을 높이기 위해서 안에 니켈 도금이라든가 크롬 도금 등 고강도 도금을 해서 쓰는데 그 작업이 아주 재미있고 소질도 좀 있었다.

1기 선배들부터 수년 동안 금오공고는 전국기능경진대회에서 종합 1위를 한 번도 놓치지 않은 자랑스러운 전통이 있었다. 대회에 나가면 금은동 메달을 거의 휩쓸다시피 했는데 선수들은 정상 수업을 받은 뒤 실습 시간에 자기가 출전할 분야를 특별 실습할 수 있게 해 주었다.

"허남선, 너는 주물 목형에 재능이 있으니 특별 실습을 하도록 해라!"

1학년 1학기를 마치고 금속과로 배정을 받았을 때 금속과 선생님이 나에게 제안했다. 특별 실습을 한다는 것은 전국기능경진대회에 나갈 자격을 부여한다는 의미였다. 전국기능경진대회에서 나가서 수상을 하게 되면 국제기능올림픽에 나갈 수 있고, 국제기능올림픽에서 입상하게 되면 연금도 받고 혜택이 굉장히 좋았다. 그래서 선생님이 제안하신 대로 특별 실습을 시작했는데 딱 일주일 만에 그만두고 말았다. 주물 목형이 재미없어서도 아니고 힘들어서도 아니었다. 뒤에 다시 말하겠지만, 금오공고 시절 나를 사로잡고 있는 생각은 따로 있었다. 기능 대회 선수가 되면 갈 길이 너무 멀어 보였다. 그렇다고 내 성격에 대충 할 리도 없고 주물이든 목형이든 붙잡으면 끝장을 보려고 덤벼들 터였다. 그런데 전국기능경진대회 나가서 수상을 하고 국제기능올림픽에 나가서 수상을 해도 당장에 돈벌이가 되는 것이 아니었다. 향후 진로를 고민해 볼 때 나는 대학 진학 같은 꿈도 꾸지 않았고 오로지 빨리 졸업해서 돈을 벌어야겠다는 생각 하나밖에 없었다. 세계 최고의 주물 목형 장인(匠人)이 되는 꿈은 그렇게 사라졌다.

금오공고 3년은 한순간도 허투루 보낼 수 없는 치열한 시간이었다. 학교 수업이 끝나면 오후 5시 반부터 7시까지 저녁 식사와 자유 시간이 주어지고 7시부터 11시까지는 자율 학습 시간이었다. 7시부터 8시까지 "제1자율 학습 시작!"이라고 방송이 나오면 기숙사 방의 자기 책상에 12명 전원이 앉아서 화장실도 가지 못한 채 오로지 공부를 해야 했다. 50분 공부하고 제1자습이 끝나고 나면 10분간 휴식이 주어지는데 우리 모두는 그 시간을 기다렸다. 휴식 시간에 당번이 가져와 나눠 주는 간식 빵 때문이었다. 학교 식당 밑 지하 공간에는 빵을 만드는 시설이 있었는데, 하루 종일 전교생 1,200명을 위해 1,200개의 빵을 만들어서 보관을 했다가 제1자습 시간이 끝나면 기숙사 방마다 가져가서 1개씩 나눠 먹는 것이었다.

팥빵이나 크림빵도 아니고 하다못해 소보루빵도 아니었다. 속에 아무것도 들어 있지 않고 움켜잡으면 한 주먹에 오그라드는, 요즘 비슷한 것으로 치면 모닝빵 같은 것이었다. 그런데 그게 그

다지도 맛있었다. 5성급 호텔 베이커리에서 최고로 비싼 빵을 사먹어도 그때의 빵만큼 맛있지는 않을 것이다. 급식실 조리사들이 직접 만들어서 막 구워 냈으니 그랬겠지만, 한창 성장하는 열예닐곱 사내아이들의 식성은 돌이라도 씹어 삼킬 듯했다. 지금도 자율 학습 쉬는 시간에 한 개씩 받아먹었던 따끈따끈한 흰 빵을 떠올리면 입안에 군침이 돈다. 그리운 추억의 맛이다.

8시부터 제2자습이 시작되어 8시 45에 끝나면 15분 동안 점호 준비를 했다. 흐트러졌던 책을 책꽂이에 가지런히 꽂고 침대 정리를 비롯해 청소를 마치고 침상에 바른 자세로 딱 앉아 있으면 점호가 시작되었다. 훈육감이 직접 올 때도 있고 훈육감실 소속의 교사 두 분 중 한 분이 올 때도 있고 연대장이나 3학년 연대 참모들이 일반 학교의 선도부처럼 점호할 때도 있었다.

"이게 뭐야? 누가 이랬어?"

치운다고 치워도 매의 눈을 가진 그들은 허점을 놓치지 않았다. 누군가 라디에이터 위에 양말을 널었다가 치우지 않아서 걸리면 양말 주인을 잡아내서 벌을 주는데 양말을 입에 물고 세워놓는 등 군기가 셌다. 점호가 9시 반쯤 끝나면 취침 준비를 하고 10시면 취침이었다. 취침 시간 이후로는 꼼짝 없이 침상에 누워야 했다. 그리고 다시 다음 날 아침 6시 15분 기상, 매일매일 같은 생활이 반복되었다.

호주국립대 아시아─태평양학 대학원 정치사회변동학과의 김형아 교수는 2000년대 초부터 1970~1980년대 이른바 '산업전사 (産業戰士)'로 불린 대한민국 1세대 남성 기능공들의 성장사를 추적 분석해 온 연구자이다. 그가 2013년 11월 〈주간조선〉과 인터뷰한 기사의 제목은 "공고생 77만 명이 대한민국 산업혁명을 일으켰다"이고, 소제목은 "대한민국 '공돌이' 성장사 추적기"였다.

"1973년 박정희 대통령이 중화학 공업 정책을 본격적으로 추진하기 전 오원철 경제 수석이 박 대통령에게 필수 조건으로 건의한 게 있었습니다. 1년에 5만 명의 기능공이 배출돼야 한다는 것이었죠. 하지만 현실은 터무니없었습니다. 1971년 기준 5만 명은 고사하고 대한민국 전체 기능공을 다 합해 봐야 5,000명도 채 안 됐습니다. 우리가 5천 년 역사의 농경 국가였던 점을 감안하면 당연한 현실이었죠. 1년에 1만 명도 아니고 5만 명의 기능공 배출? 상식으로는 도저히 달성할 수 없는 목표였습니다. 그래서 혁명적 조치가 필요했던 거죠."

김형아 교수의 말대로 우리는 '도저히 달성할 수 없는 목표'를 달성하기 위한 '혁명적 조치'의 산물이었다. '혁명적 조치'의 시작은 특수 공업 고등학교의 육성이었는데, 1973부터 1979년까지 기계 공고 19개가 탄생하여 정밀 기계·배관·금속·전기·용접·공업 계측 등의 전공을 설치하고 쇠를 100분의 1㎜ 이하로 깎을 수 있는 정밀 가공사를 양성했다. 성동기계공고, 서울기계공고, 부산기계공고 등이 그때 생겨난 대표적인 기계 공고들이다.

기계 공고에 이어 시범 공고는 해외 진출, 특히 중동 진출에 필요한 기능공 가운데 기계 조립·판금·용접·배관·제관·전기 공사 등을 전공하는 인력 배출을 목적으로 설립되었다. 1976년부터 시도별로 1개교씩 모두 11개 학교를 육성한 시범 공고는 중동 건설 수출을 주도한 대림산업과 현대건설 등이 학생 1인당 20만 원씩의 운영비와 실습 재료비를 학교에 제공하는 위탁 기능 인력 양성 방식으로 운영되었다. 김형아 교수에 의하면 학교 이름이 '시범 공고'였던 이유에는 시대의 아픔이 담겨 있다.

"시범 공고 1회 졸업생들은 2월 졸업식도 참석하지 못한 채 1월에 중동으로 떠났죠. 17~18세에 불과한 까까머리 아이들을 중동에 내보내기로 해 놓고 박정희 대통령과 오원철 수석 간에 이와 비슷한 대화가 오갔습니다. '이렇게 어린것들을 중동에 보내도 되겠나. 너무하지 않나.' '각하, 애들이 정신 무장이 잘 돼 있어 괜찮습니다.' '잘 안 믿어져. 당분간 시범으로 해 봐.'"

중동처럼 열악한 환경에서 청소년에 불과한 졸업생들이 적응할 수 있을까를 우려해서 시범적으로 운영해 본다는 것이 학교 이름이 되었다는 슬프고 아픈 이야기다.

특성화 공고는 전자·건설·금속·제철·화학·전기·철도·광산·항공 등과 같은 특정 분야의 기능 인력을 양성하기 위해 1970년대 중반부터 후반까지 모두 10개를 지정하여 육성했다. 학비 면제, 장학금, 기숙사, 생활비 대출 등과 같은 복지 차원에

금오공고 3년, 인생의 전환점

서 기계 공고와 거의 같은 혜택이 주어졌는데 구미전자공고, 부산전자공고, 그리고 나의 모교인 금오공고가 대표적이었다. 특히 금오공고는 공업 입국의 선봉이 되는 표본적인 학교로 지정되어 등록금은 물론 학비 전액 지원, 전원 기숙사 생활 등의 파격적인 지원이 이루어졌다.

김형아 교수는 2011년 발표한 논문 〈1970년대 기능공 양성과 아산 정주영〉에서 이때 양산된 기능공 혹은 '공돌이'들에 대해 이렇게 의미를 부여한다.

"이들이야말로 대한민국 역사상 최초로 체계적으로 기술을 습득하고 노동 시장으로 진입한 1세대 기능공 혹은 산업 노동자 집단이다."

'혁명적 조치'로 뛰어난 실력을 가진 기능공들이 배출되었다. 1970년대 초 중화학 공업을 시작할 때 박정희 대통령의 목표는 100분의 1㎜ 이하로 쇠를 깎을 수 있는 기능공 양성이었다. 그리고 지금 현재 대한민국의 기능공들은 100분의 1㎜가 아니라 3500분의 1㎜ 이하로 쇠를 깎는다. 그것도 소수가 아니라 엄청난 수의 기능공들이 이런 정밀 작업을 해내고 있다. 인터뷰를 진행한 기자의 표현대로, 실력이나 양에서 그야말로 무(無)에서 유(有)를 이룬 셈이다.

하지만 빛이 있으면 어둠 또한 있다. 우리는 '산업 전사' 혹은 '조국 근대화의 기수'라고 불리며 국가의 정책적인 지원과 투자를 받았지만 사실은 어리고 혈기왕성한 사춘기 소년들에 불과했다. 물론 자신이 선택했다고 해도 병영과 다름없는 학교생활과 군사 교육 등은 이겨 내기 쉽지 않은 것이었다. 김형아 교수는 자신이 인터뷰한 금오공고 출신들 중에는 아직도 '억울하다' '분하다'고 말하는 사람들이 간혹 있는데 그들은 사실상 군대 생활을 8년간 했다고 토로한다고 밝혔다. 이런 의미에서 보면 엘리트 공고 출신들은 '대한민국의 머슴'이었다고.

물론 논문에는 가난한 집안 출신들로서 집안을 일으켜 세우는 드문 기회를 잡았다는 것을 본능적으로 알고 특수 공고 진학과 그 생활을 감내하며 고마워하는 사람들도 등장한다. 김형아 교수는 "울산과 창원 지역을 가 보면 지금 중소기업 사장을 하는 사람들의 상당수가 1970년대 기능공 출신들"이라며 "대한민국과 함께 자기 발전을 일군 가장 보수적인 사람들이 거기 있다."고 표현했다.

'공돌이'이자 대한민국의 머슴부터 개천에서 난 용이자 대한민국의 개척자까지…… 무엇으로 불리든 우리의 영광, 그리고 희생은 엄연하다. 비록 서 있는 자리에 따라 바라보는 전망은 다를지라도 나와 내 친구들은 그 모든 시간과 고통을 온몸으로 겪었기 때문이다.

금오공고 3년, 인생의 전환점

고1 때 기숙사 자습 시간 중에

고1 때 기숙사 자습 시간 중에

고2 때 사진관에서

단풍 하사의 속앓이

고향 생각, 어머니 생각조차 할 겨를 없이 바쁘게 보낸 금오공고 1학년 1학기가 마무리되었다. 여름 방학에는 2주간 병영 훈련을 받는다는 것은 알고 있었지만 그래도 집에 일주일 정도는 다녀와서 입영할 줄 알았다. 그런데 여름 방학이 시작되자마자 병영 훈련을 간다는 것이었다.

"바람에 날려버린 허무한 맹세인가, 첫눈이 내리는 날 안동역 앞에서 만나자고 약속한 사람……"

누군가에게 가수 진성의 〈안동역에서〉는 안타까운 인연을 그리워하는 사랑 노래일지 모른다. 하지만 금오공고 1학년 여름 방학이 시작되자마자 학교에서 대절한 관광버스를 타고 구미역까지 가서 군용 열차를 타고 안동역에 닿았던 나를 포함한 400명의 동기들에게는 사뭇 다른 느낌일 수밖에 없다.

오후 2시 무렵이었다. 군복을 입고 빨간 단풍 하사 모자를 쓰고 책가방에 내복과 세면도구를 챙겨 도착한 안동역은 훅, 뜨거운 열기와 함께 다가왔다. 순간 안동역사가 들썩거릴 정도로 큰 음악 소리가 귀를 파고들었다. 당시 안동역에서 낙동강변을 따라 4킬로미터쯤에 위치해 있던 안동36사단 군악대가 나와서 행진곡을 연주하고 있었던 것이다. 어리떨떨한 채로 역 광장에 정렬하니 안동의 여고생들이 다가와서 우리 목에 꽃다발을 걸어 주었다.

"군인 아저씨, 환영합니다!"

한 해 늦게 중학교에 들어간 나는 열일곱 살, 제때 학교에 들어간 동기들은 열여섯 살이었다. 그런데 꽃다발을 걸어 주는 고등학교 2, 3학년생 '누나'들은 고등학교 1학년인 우리를 '아저씨'라고 불렀다. 군복을 입고 빨간 단풍이지만 하사 계급장까지 달았으니 무조건 '군인 아저씨'였다. 트럭에 가방을 싣고 나니 36사단 병사들이 M1 소총 400정을 싣고 와서 하나씩 나눠 주었다. 그 총을 걸머진 채 학교에서 끊임없이 연습했던 제식 훈련대로 안동역에서 안동36사단까지 4킬로미터를 시가행진했다. 7월 초의 안동은 엄청나게 더웠다. 군복을 갖춰 입고 군모를 쓰고 M1 소총까지 착장한 채로 행진을 하노라니 땀이 비 오듯 흘러 눈앞을 가리고 군화가 아스팔트에 쩍쩍 달라붙었다.

금오공고 RNTC 병영 훈련 입소식에는 국방부 기자들을 비롯

'흙수저 공돌이'의 참 아름다운 성공

한 언론의 관심도 높았다. 팡파르와 함께 36사단장이 입장해 치사를 하고 입소식은 무사히 끝났다. 그런데 입소식이 끝나고 신병 교육대 막사로 이동할 차례가 오자, 연병장 옆 언덕을 넘어 1킬로미터쯤 되는 구간을 M1 소총을 어깨에 걸머지고 오리걸음으로 가라는 것이었다. 50미터쯤 가서 다리가 저려 쓰러질 것 같으면 잠시 일으켜 세웠다가 다시 가는 식으로 막사에 겨우 도착했다. 내무반 배치를 받아서 가 보니 한동안 신병이 없어서 방치했던 내무반은 먼지투성이에 엉망인 상태였다. 부랴부랴 청소를 하고 소연병장에 집합해 보급품을 받은 후 식당에 저녁을 먹으러 갔다.

짬밥에 단무지, 김치와 두부 건더기 조금에 돼지고기 비계가 떠다니는 국. 그것이 첫날 식단이었다. 심지어 단무지에는 곰팡이 같은 것까지 피어 있었다. 그간 학교에서 잘 먹고 잘 지냈던 우리에게는 얼마간의 충격이 아닐 수 없었다. 숟가락과 젓가락 대신 포크를 겸용한 숟가락 하나를 개인 보급품으로 지급받았다. 어쨌거나 식판에 밥을 받아 식탁 앞에 정렬해 앉자 조교가 소리쳤다.

"삼 분 내 식사 완료!"

숨이 턱 막혔다. 3분 내로 밥과 국과 반찬을 모두 먹고 일어나라는 것이었다. 어쨌거나 군대는 '까라면 까는' 조직이니 '왜'라거나 '어떻게'라는 질문은 무의미했다. 점입가경인 것은 그 다음 날

단풍 하사의 속앓이

아침에는 2분, 나중에는 1분을 식사 시간으로 주는 것이었다. 1분 내로 식사를 완료한다는 것은 밥을 먹는 것이 아니라 입안에 음식물을 쑤셔 넣는 수준이었다. 다른 친구들도 힘들었겠지만 위장이 좋지 않은 나로서는 너무도 고통스러운 명령이었다. 그래도 훈련을 받는 중에는 아플 겨를조차 없었다. 사격, 각개 전투, 낮은 포복과 높은 포복, 야간 분대 전투, 야간 각개 전투……우리는 '군인 아저씨'가 분명했다. 적어도 그곳에서만큼은 학생이 아니었다.

병영 훈련 2주째가 되는 수요일은 마지막 과정으로 완전 군장을 하고 낙동강변까지 가서 직접 텐트를 치고 훈련을 했다. 밥차가 날라다 주는 밥을 먹고 주간 분대 전투에 이어 야간에는 적군과 아군, 두 팀으로 나누어 고지전을 벌였다. 야간 훈련까지 끝내고 다음 날 아침 36사단으로 귀대해 해산하면 고등학교 1학년 여름 방학이 진짜 시작되는 것이었다.

그런데 훈련 마지막 날 주간 분대 전투를 마치고 야간 전투에 들어가기 직전에 나는 그만 빈혈로 쓰러지고 말았다. 훈련을 받을 때는 바짝 긴장한 데다 여유가 전혀 없어서 아플 겨를조차 없었는데 훈련이 내일 끝난다는 생각 때문에 그랬는지 몸을 가눌 수가 없었다. 그동안 너무 밥을 빨리 먹다 보니 속이 아픈 것은 물론이고 소화를 시키지 못해 설사까지 해서 거의 탈진하다시피 한 것이다. 36사단 의료진에게 빈혈 진단을 받고 간단한 약을 받았다. 약을 먹고 막사에 들어가 누워 있다 보니 저녁때가 되었다. 밥을 타러 갈 기운도 없어서 맥없이 누워만 있는데 윤성영이 막사 장막을 걷고 들어왔다.

"남선이 네 밥을 타 왔다. 약을 먹으려면 밥을 먹어야 하니 조금이라도 먹어 봐라."

짬밥에 희멀건 국이라도 먹고 기운을 차리라고 윤성영이 식판을 내밀었다. 성영이는 금오공고에 입학해서 처음에 1학년 6반 6호실 배정을 받아 들어갔을 때 내 바로 옆자리에서 생활했던 친구였다. 그는 울릉도 출신이라 방학 때 집에 다녀오면 부모님이 직접 잡아 말린 오징어를 가져와서 친구들에게 나눠 주곤 했다. 점호가 끝나고 어둠 속에서 몰래 마른 오징어를 씹으며 자다가 다음 날 아침 기숙사 안에 진동하는 냄새 때문에 탄로나 혼이 나기도 했는데…… 친구 윤성영에 대한 아련하고 슬픈 추억은 후에 다시 이야기하기로 하고, 빈혈로 쓰러진 나를 대신해 타다 준 짬밥의 짭조름한 맛은 지금도 기억에서 지워지지 않는다. 친구에게 고맙고 아픔이 서러워서 나는 눈물 섞인 짬밥을 홀홀 들이마시서 삼켰다.

다음 날 오전 훈련이 끝나고 신병 교육대에 돌아와 다시 안동역까지 시가행진을 했다. 그곳에서 M1 소총을 반납하고 가방을 찾아서 기차에 탔다. 어떻게 훈련을 받았는지도 모르게 정신없이 지나간 2주였다. 안동역에 내리자마자 행진곡과 꽃다발의 세례를 받으며 상황이 벌어졌고, 가방을 트럭에 싣고 M1 소총을 받아서 잠시 집체 교육을 받고 각 소대별로 시가행진하여 36사단까지 가는 동안 경찰과 헌병들이 나와서 거리의 차량을 통제했다. 지금 돌이켜 생각해 보면 첫 입소에서 긴장감을 가지고 제대로 훈련을 받게 하기 위해 의도적으로 열띠고 비장한 분위기를 연출한 것 같기도 하다.

어쨌거나 다시 돌아오니 학교가 천국이었다. 우리는 단 2주 사이에 세상의 끝까지 달려가서 세상을 다 알아 버린 듯했다.

병영 훈련 2주로 여름 방학이 훌쩍 지나 버려서 남은 방학 기간은 고작 4~5일뿐이었다. 3박 4일의 외박을 받고 처음으로 집에 갔다. 입학 초 3월과 4월에는 외출과 외박이 일체 허용되지 않다가 5월부터 일주일 전에 신청을 받아서 아침 9시에 나갔다가 저녁 7시까지 돌아오는 외출이 허용되었다. 학교 인근 경상북도 출신인 친구들은 외출을 나가서 집에도 갔다 왔지만 나는 멀고 먼 강원도 집까지 갈 수가 없었다. 그래도 2학년 3학년 때는 외박을 끊고 나와서 서울의 작은누이를 찾아가기도 하고 초등학교 친구인 이상호가 일하는 공장을 찾아가서 놀다 오기도 했다.

1학년 여름 병영 훈련이 끝나고 학교에 돌아오자 그날 밤 당장에 짐을 싸 갖고 퇴교를 한 친구들이 있었다. 그중에는 지금까지 만나는 서울 출신의 이상돈이라는 친구도 있었다. 도저히 안 되겠다며 금오공고를 나간 상돈이는 내처 고졸 검정고시를 패스하고 대학을 나와서 컴퓨터에 관한 서적을 내는 출판 사업으로 성공했다. 비록 졸업하지 못하고 한 학기를 다닌 것이 고작이지만 이후에도 자주 만나면서 5기 친구들이 명예 졸업장을 만들어 주기도 했다. 금오공고 출신들은 3년 동안 기숙사 생활을 하며 희로애락을 함께하다 보니 사이가 끈끈할 수밖에 없었다. 경기도 성남, 전남 영암, 전남 무안, 경북 울진, 백령도, 울릉도…… 전국 각지에서 모여들어 서먹할 만도 하건만 다들 집안 형편이 얼마간 비슷했기에 공감대가 넓었다.

3박 4일의 짧은 방학 아닌 방학을 맞아 집에 와 있다 보니 오만 생각이 들었다. 이상돈처럼 병영 훈련의 후유 때문만은 아니었다. 나는 그 이전부터 어떻게 학교를 때려치우나 수시로 궁리를 했다. 1학년 1학기에 반짝 열심히 공부하다가 이후로 취미를 잃고 성적에 신경 쓰지 않은 것도 그런 복잡한 궁리 때문이었다.

'가족을 위해 하루빨리 돈을 벌어야 한다!'

중학교 1학년 어린 소년에게 속병을 앓게 한 고민이 금오공고에 진학한 후에도 여전히 따라다니고 있었다. 이렇게 학교에 붙잡혀 있을 것이 아니라 어서 빨리 사회에 진출해서 돈을 벌어야 한다는 생각뿐이었다. 돈 문제는 진로 문제와 엮여 있었다. 3년 동안 버텨서 졸업해도 군대 5년이 기다리고 있었다. 하사관의 봉급은 뻔하디뻔한 것이라 돈을 벌 시간만 점점 줄어드는 게 아닌

단풍 하사의 속앓이

가 염려되었다. 학교 3년에 군대 5년이면 도합 8년, 열일곱 살의 가난한 소년에게는 어마어마하게 길고 너무너무 아까운 시간이었다.

큰마음을 먹고 학교를 그만두기로 결심한다 해도 문제가 있었다. 금오공고는 의식주를 국가에서 모두 책임지는 학교로 전교생이 국비 장학생이었다. 게다가 우리는 학생이자 예비 하사관이니 무단으로 집에 가게 되면 경찰이 아니라 헌병들이 찾아왔다. 본인이 미리 자퇴 의사를 밝혔다 해도 그때까지 지급되었던 물품 및 비용 전체를 나라에 돌려 갚아야 했다. 그러니 이러지도 저러지도 못한 채 속만 앓으며 시간이 갔다.

집안 형편은 여전히 좋지 않았다. 돼지 파동으로 얻은 농협 빚은 고스란했고 이자만 근근이 내며 버티고 있었다. 어머니는 늙어 가고 동생들은 자라나고 있었다. 오랜만에 찾아온 집에서도 마음 편히 쉴 수 없었다. 방학 때마다 집에 다니러 올 때면 내내 지게를 지고 산에 가서 나무를 했다. 그것이 지금 당장 내가 가족들을 위해 할 수 있는 일의 전부였다.

나무를 하는 일과 관련해 떠오르는 기억 두 가지.

"남선아! 남선아!"

그날도 산에 가서 나무를 한 짐 해 가지고 낑낑대며 내려오고 있는데 어머니가 내 이름을 애타게 부르며 산을 올라오고 계셨다.

"무슨 일이세요?"

"집에…… 네 친구가……."

숨이 턱 끝까지 차오른 어머니의 말을 헤아려 듣자니, 금오공고 친구가 우리 집에 놀러 온다는 연락이 왔다는 것이었다. 그런데 내가 허름한 입성에 나뭇짐을 진 채로 친구를 만나면 얼마나 부끄러울까 싶어 어머니가 부리나케 나를 찾으러 산에 올라오신 것이었다. 어머니는 나무 지게를 여기에 벗어 놓고 빨리 집에 가서 씻은 후에 깔끔한 모습으로 친구를 맞이하라고 채근하셨다. 어머니가 나를 생각하는 마음이 그랬다. 세상에서 가장 귀한 아들인 나는 누구에게라도 헐후히 보이고 우습게 보이면 안 되는 사람이었다.

그때 나를 찾아온 친구는 같은 고향 출신으로 홍천중학교를 졸업하고 금오공고에 진학한 함범식이라는 친구였다. 남들로부터 이른바 성공했다는 소리를 듣게 된 후에 그날 산에서 나뭇짐을 하다가 달려 내려왔던 해프닝을 범식에게 이야기해 주었다. 범식은 깜짝 놀라며 자기는 그런 사정을 전혀 눈치채지 못했다고 했다. 어머니가 바라신 대로 꾀가 통한 것이다.

나무를 하는 일에 대한 또 하나의 기억은, 앞서 말한 대로 2학년 3학년 때 외박을 끊고 나와 찾아가곤 했던 서울에서 공장을 다니던 초등학교 친구 이상호와 관련된 것이다. 상호는 내촌국민학교 1년 후배이지만 나이는 나와 동갑이었다. 집안 형편이 우리보다 괜찮았음에도 불구하고 중학교에 진학하는 대신 서울로 떠난 그는 전기 관련 부품 중에서 전깃줄을 고정하고 절연하는 역할을 하는 '애자'를 만드는 공장에서 일했다. 금오공고에 다니는 동안 연휴 기간에 외박을 나오면 홍천까지 가는 대신 서울로 와서 작은누이에게 들렀다가 상호에게 가곤 했다. 강원도에 가봤자 차비만 들고 어머니를 힘들게 한다는 생각 때문이었다. 서울역에 도착하면 상호가 마중을 나와서 용산 근처 자기 집에 데려갔다. 집이라야 1층이 공장이고 2층에 베니어판으로 엉성하게 칸을 쳐서 만든 '하꼬방' 같은 곳이었다. 그 조그만 공장에서 주간에는 상호의 형이, 야간에는 상호가 교대를 하여 24시간 기계를 돌렸다. 나도 상호를 조금 도와주다가 밤이 이슥하면 방에 들어가 잤는데 상호는 밤새워 한숨도 안 자고 일을 했다. 그러다 아침이면 형과 교대를 하고 나를 데리고 다니며 남산 구경도 시켜 주고 영화도 보여 주었다. 같은 나이였는데도 나는 학생이고 자기는 사회인이라고 밥이며 커피까지 모조리 사 주었다. 버스를 타고 돌아올 때면 밤새워 일한 상호는 졸음을 이기지 못해 차창에 머리를 부딪쳐가며 졸았다. 쿵, 쿵, 자꾸만 졸며 머리를 부딪치던 소리가 아직도 들리는 듯하다.

상호의 집은 우리 집에서 개울을 건너서 대각선으로 약 1백 미터 거리에 있었고 우리는 개울에서 발가벗고 멱을 감던 시절부터 친구였다. 자기도 가진 게 별로 없었음에도 불구하고 가장 가난하고 외롭던 때에 나를 위해 아무 조건 없이 베풀었던 친구, 상호에게는 그 외에도 갚을 빚이 있다. 내가 금오공고 1학년 겨울 방학에 고향집에 갔을 때 아직 공장에 취직하러 가기 전이었던 상호와 어울려 나무를 하러 다녔다. 시골에서는 겨울에 '농목'이라고 하여 소나무 가지치기를 해서 파란 잎으로 가려 놨다가 여름 농번기에 바빠서 나무하기 힘들 때 쓰는 나무 무더기가 있었다. 나는 내가 집을 떠나 있는 동안 힘들게 나무를 할 동생과 어머니의 수고를 덜기 위해 가능한 한 많이 농목을 해 두려 했다. 하지만 주로 품앗이를 하여 만드는 농목 일에 나를 끼워 주는 무리는 없었다. 산일 들일에 익숙한 그들에 비해 어쨌거나 타지에서 공부하다 온 나의 나무하는 실력이 부족했기 때문이다. 그때 상호가 나섰다. 나를 무리에 끼워 주고 내가 일을 잘 못하면 자기 것을 다 해 놓고 와서 도와주었다.

그때 상호 무리와 품앗이하여 장작을 자르고 도끼로 패서 차곡차곡 쌓아 놓았던 장작들은 거의 10년을 묵은 후에야 제 구실을 했다. 내가 인천에서 결혼식을 마치고 고향집에 돌아가 뒤풀이 잔치를 할 때, 어머니는 그동안 아까워서 때지 못했던 그 장작을 빼어 국수를 삶아 내셨다. 나의 유년기와 소년기는 고단했지만 돌이켜 보면 불운할지라도 불행하지 않았다. 성영이와 상호를 비롯해 나를 도와주던 좋은 친구들, 그리고 무한한 사랑으로 나를 아끼던 어머니가 계셨기 때문이다.

'개인 소득 1,000불, 총수출 100억 불 달성'

금오공고 개교 당시의 국가적 과제였다. 개인 소득 4만 불, 총
수출 15조를 눈앞에 둔 지금으로서는 상상하기조차 쉽지 않은
상황이다. 가난한 나라에서 가난한 아이들을 위해 지은 학교에
서도 더 가난했던 나는 마치 늪에 빠진 것만 같았다. 팔다리를 허
우적댈수록 더 깊이 빠져드는 끈덕지고 질긴 가난의 늪.

금오공고에 입학하러 갈 때 어머니는 애써 모은 5천 원을 차비
로 주셨다. 서울에 와서 하룻밤 신세를 지고 헤어질 때 작은누이
는 차표를 끊어준 뒤 2~3천 원을 비상금으로 가져가라고 주었다.
당시 서울역에서 구미역까지 새마을호 기차표는 약 1천 원 미만
이었고, 서울 마장동에서 홍천까지 가는 직행 버스 차비가 약
5백 원에서 7백 원 정도 했던 것으로 기억한다. 1학년 1학기가 흐
르는 동안 나는 차비로 쓰고 남은 돈을 거의 한 푼도 쓰지 않았
다. 여름 방학에 집에 갈 때 차비로 쓰기 위해서였다.

금오공고 친구들은 대부분 집안 형편이 어려운 편이었지만 더
러는 사정이 나아서 집에서 용돈으로 보낸 전신환을 받기도 했
다. 전신환이란 우편으로 받아 우체국에 가지고 가면 현금으로
바꿀 수 있는 우편환의 일종이다. 매달 1만 원씩 2만 원씩 전신환
을 받아 용돈으로 쓰는 친구들도 있었지만 나는 분기에 한 번쯤
어머니가 보내 주신 전신환 5천 원을 받는 것이 고작이었다. 그
래도 농협 빚 이자를 내는 데 허덕이는 어머니가 그 돈을 내게 보

내 주시기 위해 얼마나 허리를 졸라맸을까를 생각하면 동전 한 개도 허투루 쓸 수 없었다.

현실, 그리고 미래를 생각하면 숨이 턱 막혔다. 숨이 막히면 속이 쓰렸다. 그때마다 병원에 갈 수 없어서 중학교 때부터 군 복무 시절까지 파란 병에 든 하얀 위장약 암포젤엠을 비롯해 주로 소다를 약 삼아 먹었다. 사이다와 콜라는 소다 원액에 탄산을 넣어 만든 착향 탄산음료라 할 수 있다. 탄산음료는 설탕과 향을 가미하여 시원하고 달콤하게 톡 쏘는 맛이지만 소다 자체의 맛은 그냥 시큼했다. 그래도 그것을 먹으면 쓰리던 속이 달래지면서 편안해지는 느낌이었다.

1학년 1학기 말에 전공으로 나뉘면서 1학년 2학기부터 3학년 졸업할 때까지의 금속과 담임 선생님은 정완섭 선생님이었다. 강원도 출신에 춘천고등학교를 졸업하고 인하대학교를 나오신 분인데 같은 고향 출신이라서인지 나를 엄청 예뻐하셨다. 금오공고 선생님들은 교내의 교원 아파트에 살고 계셨는데, 밥을 먹으러 오라고 하여 갔던 정완섭 선생님 댁이 내가 유일하게 가 본 선생님 댁이었다.

"선생님, 저……."

이러지도 저러지도 못하고 속앓이를 하던 중 가장 큰 고비는 2학년 겨울 방학을 열흘쯤 앞두었을 때였다. 나는 망설이던 끝에 정완섭 선생님을 찾아갔다.

"그래, 남선아. 무슨 일이냐?"

"저어…… 제가 몸이 아파서 홍천 집에 가서 좀 쉬어야 될 것 같습니다."

며칠을 불면에 시달리며 고민하다가 어렵게 선생님께 이야기를 꺼냈다. 솔직히 말하면 그때의 내 심정은 될 대로 되어라 하는 것이었다. 불안과 고뇌를 더는 견딜 수 없어서 당장이라도 몇몇 친구들처럼 무단으로 학교를 떠나 버리고 싶었지만 그래도 나를 아껴 주시던 정완섭 선생님께 말이라도 한번 해 보기 위해 찾아간 것이었다. 큰 기대는 없었다. 교칙대로 안 된다고 하면 그냥 튀어 버릴 작정이었다. 그런데 나를 가만히 지켜보던 정완섭 선생님이 말씀하셨다.

"그래. 그럼 집에 가서 치료 잘 받고 푹 쉬고 오렴. 겨울 방학에는 병영 훈련이 없으니까 한 달 정도 쉬었다가 오면 다음 학기 공부하는 데 지장이 없을 거야."

뜻밖의 말씀에 어안이 벙벙했다. 선생님은 내 마음을 알고 계셨던 게다. 그로부터 40여 년이 지난 2022년 5월 스승의 날을 맞아 평산장학회 주최로 금오산 호텔에서 은사님 초청 기념행사를 열었을 때, 정완섭 선생님을 헤드 테이블에 모시고 함께 식사를 하며 이 이야기를 했다. 만약 선생님이 안 된다고 하셨으면 나는 그길로 가방을 싸서 집으로 돌아가 버렸을 테고, 그러면 학업이 중단되고 금오공고와의 인연도 끊기고 어쩌면 지금의 나도 없었을지 모른다고.

　제자를 기르는 스승과의 인연을 비유할 때 줄탁동시(啐啄同時)라는 말을 쓴다. 병아리가 알에서 깨어나기 위해서는 병아리 혼자 알 안에서 쪼아 대서는 힘에 부친다. 어미 닭이 밖에서 쪼아 주어야 비로소 병아리가 알을 깨고 나올 수 있는 것이다. 힘겨웠던 날의 작은 병아리를 위해 힘껏 줄탁동시로 나를 이끌어 주신 정완섭 선생님을 비롯한 금오공고의 스승님들께 감사하고 또 감사할 뿐이다.

단풍 하사의 속앓이

군 복무 중 외출을 나오는 길에 금오공고 3기 정용두 선배와
함께 연안 부두에서

내 마음의 퍼시픽 오션

　돈과 진로, 진로와 돈 문제로 속앓이를 하긴 했지만 금오공고 시절과 해군 부사관 시절은 내 인생에서 가장 낭만적이었던 청춘의 한때이기도 했다. 금오공고에는 문학회, 사진반, 미술반, 음악반, 철학 토론반, 축구를 비롯한 각종 스포츠반 등 다양한 서클들이 활발히 활동하고 있었다.

　나는 1학년 때 홍천중학교를 나온 고향 친구 한범식과 함께 브라스밴드인 '악대부'에 지원하여 합격했다. 초등학교와 중학교 다닐 때는 집안일을 돕느라 친구들과 함께한 추억이라는 게 거의 없다시피 하지만, 군부대 옆에 살다 보니 군인들 가운데 우리 집에 기타를 개인적으로 맡겨 놓고 외출 나와서 치던 사람이 있었다. 나는 그때부터 음악에 대한 관심이 있어서 가끔 그가 맡겨 놓은 기타를 몰래 쳐 보기도 했다.

아마도 그건 어머니로부터 물려받은 어떤 끼와 재능이었을지도 모른다. 정식으로 배운 적은 없었지만 어머니는 창을 잘하셨다. 어머니가 특히 잘 부르셨던 노래는 뱃노래였다.

어기야 디여차 어허야 디야 어기여차 뱃놀이 가잔다
부딪치는 파도 소리 잠을 깨우니 들려오는
노 소리 처량도 하구나
어기야 디여차 어허야 디야 어기여차 뱃놀이 가잔다
만경창파에 몸을 실리어 갈매기로 벗을 삼고 싸워만 가누나
어기야 디여차 어허야 디야 어기여차 뱃놀이 가잔다

악대부에 들어가 처음 6개월은 트럼펫을 연주하다가 2학년 때부터는 유포니움이라는 크기가 제법 큰 금관 악기를 연주했다. 금오공고 악대부는 실력이 좋아서 학교 연주회는 물론이거니와 구미시 행사마다 시가행진을 이끌었고, 고등학교 2학년 때는 청주 실내 체육관에서 열린 전국 관악제에 출전해 최우수상을 받기도 했다.

공연이나 대회를 앞두고 있을 때면 저녁 자습 시간에 악대부는 어디어디로 모이라는 방송이 나왔다. 겨울에는 주로 식당에서 여름에는 대운동장에서 연습을 했다. 그때 연주했던 곡 중에 지금도 기억하고 있는 것은 전국 관악제에 출전해서 연주했던

〈퍼시픽 오션(Pacific Ocean)〉이라는 곡이었다. 〈퍼시픽 오션〉을 서곡으로 연주한 뒤에는 〈내셔널 엠블럼 마치(National Emblem March)〉라는 행진곡을 연주했다. 70~80년대 라디오에서 9시 뉴스를 알리며 흘러나오던 행진곡이었다. 그런가 하면 동기인 이건완 장군은 〈인디안 레저베이션(Indian Reservation)〉과 〈아프리칸 심포니(African Symphony)〉를 우리 악대부의 연주로 처음 들었을 때의 감동과 전율을 지금까지도 생생하게 기억하고 있다고 한다. 본인은 학창 시절 태권도 선수로 활약하는 바람에 다른 서클 활동은 할 수 없었지만 그때 악대부가 연주한 곡들은 자기 인생 최고의 관현악이었다고.

백조는 연못 위에 우아하게 떠 있지만 수면 아래로는 열나게 발을 젓는다. 아름다운 음악을 연주하는 악대부는 다른 서클들과 달리 이를테면 군기가 매우 셌다. 저녁에 모이라는 방송이 나오면 후배들이 먼저 악대실에 가서 선배들의 악기를 챙기고 의자와 악보대까지 완벽하게 준비해서 곧바로 연습할 수 있게 해놓아야 했다. 또 연습이 끝나면 선배들의 악기까지 모두 침을 털어 내고 광택이 나게 닦아야 했다. 우리 딴에는 열심히 한다고 했는데 다음 날이면 선배들이 1학년만 집합, 1, 2학년 모두 집합을 명하고 우리가 악기를 제대로 닦지 않아서 침이 그대로 들어 있다며 엎드려 뻗히고 '빠따'를 때리기도 했다.

악습이요 구습이지만 우리 세대에게 체벌은 일상이었다. 인문

계고 실업계고 남학생이고 여학생이고 따로 없었다. 하지만 금오공고의 이른바 군기와 체벌에는 그 외의 의미가 있었다. 학교와 군대가 결합된 태생적인 환경도 그렇거니와 실습을 하며 위험한 기계 등을 다루다 보니 험악한 분위기를 조성해서라도 긴장을 유지할 필요가 절실했다. 실제로 내가 재학 중에도 판금용접과 실험실에서 실습 중에 일산화탄소가 든 가스통이 터져서 바로 아래 6기 후배 하나가 거의 식물인간이 되어 버리는 사고가 있었다. 아무리 안전 교육을 철저히 받는다고 해도 사고는 순간이었다. 쇳물을 녹여 바가지에 받아서 붓고, 기계톱으로 나무를 잘라서 기계 대패로 깎고 나서 손대패로 다시 깎고, 자로 재어 끌 같은 도구로 정밀하게 가공하는 등, 현장은 언제나 위험이 도사린 곳이었다. 그래서 실습 교사들은 여차하면 곧바로 따귀를 날리고 실습장에 엎드려뻗쳐를 시켜 빠따를 치기도 했다.

심리학에서는 과거의 추억을 아름답게 포장하거나 나쁜 기억은 지우고 좋은 기억만 남기려는 심리를 므두셀라 증후군(Methuselah syndrome)이라고 부른다고 한다. 구약 성서에 나오는 므두셀라는 방주를 만든 노아의 할아버지로 969세까지 살았는데 나이가 들수록 과거를 회상할 때 좋은 기억만 떠올리며 좋았던 과거로 돌아가고 싶어 했다는 것이다. 정말로 기억 왜곡을 동반한 일종의 도피 심리일지는 몰라도 고단한 일상 가운데 사금파리처럼 반짝이는 기억은 더욱 선명하다.

지금도 눈을 감으면 우리 동기들이 연주했던 악기와 그들의 얼굴이 고스란히 매칭 된다. 트럼본에 고재동과 양재봉, 튜바에 김장각, 수자폰에 우종삼, 색소폰에 홍택균, 클라리넷에 함범식, 심벌에 강상길, 플룻에 조광걸 등등. 금오공고에는 음악 교사가 따로 없어서 계명대학교 음대를 나온 선생님이 초빙되어 악대부를 지도했는데, 쉬는 시간에 그가 트럼펫으로 멋지게 애드립 연주를 들려주었던 기억도 생생하다.

파트별로 연습을 하다 보면 식당 지하실에서 매일 빵을 굽는 아저씨가 악대부를 위하여 간식을 챙겨 보내 주었다. 자습 1교시가 끝나고 쉬는 시간에 모두에게 나눠 주는 빵과 같은 것이었지만 순서대로 주다 보면 식은 것은 맛이 덜하기 마련이었는데 악대부는 특별히 제일 먼저 갓 구워 낸 빵을 보내 주었다. 모락모락 김이 오르는 따끈따끈하고 부드러운 빵, 그 향기로운 추억의 맛이 군침을 돌게 한다.

몇 번의 고비를 넘다 보니 졸업이 목전에 다가와 있었다. 졸업은 곧 입대를 의미하는 것이었다. 금오공고 졸업생이 병역의 의무를 이행하는 방법은 세 가지가 있었다. 첫 번째는 단풍 하사에서 진짜 하사가 되는 것으로 금오공고 3년을 졸업하고 곧바로 부사관으로 5년을 복무하는 것, 두 번째는 우리 5기 기수부터 신설된 금오공대에 진학하는 경우 ROTC로 전환하여 기술 장교로

12년을 복무하는 방법이 있었다. 한범식을 포함한 20명 전후가 두 번째 방식으로 금오공대를 나와 장교 생활을 했고 그중에는 대령으로 예편한 친구들도 있다. 마지막 한 가지 경우는 금오공고 졸업 후 이건완 장군처럼 공군사관학교에 입학하거나 1학년 6반 같은 방에 있었던 영암 친구 최양선처럼 해군사관학교에 입학하는 경우였는데, 자기 나름대로 군에 대한 동경이나 신념이 있는 친구들이 사관 학교에 진학했다. 1977년에 입학해 1980년에 졸업한 금오공고 5기 중에는 공군사관학교 2명, 해군사관학교 1명, 육군사관학교 2명이 평생 군인의 길을 걷기로 선택했다.

입시 공부만 하는 인문계 학교와 달리 공고 출신이라는 핸디캡도 있었으련만 사관 학교에 진학한 동기들은 빛나는 성취를 통해 우리의 어깨를 으쓱하게 했다. 사관 학교에 간 친구들은 1984년 3월에 임관을 했다. 사관 학교 졸업 및 임관식에는 대통령이 참석해 청년 장교들을 격려하는데, 진해에서 열린 해군사관학교 졸업식에서는 우리 동기 최양선이 그해 수석 졸업을 했다. 당시 전두환 대통령이 졸업식에 참석해 수석 졸업생의 약력을 보고받다가 전남 영암 출신에 금오공고 졸업이라는 대목에 주목했다. 전두환 대통령 자신이 대구공고 출신이니 더 반가웠는지 최양선과 악수를 하면서 개별적으로 이야기도 주고받았다. 그런데 바로 다음 날, 공군사관학교 졸업식에 참석했더니 이번에는 서울 중랑구 출신에 금오공고를 졸업한 이건완이 수석 졸업생으로 표창을 받는 것이 아닌가! 연이틀 사관 학교 수석 졸업을 한 금오공고 졸업생을 만났다는 사실이 매우 인상적이었는지 전두환 대통령은 크게 기뻐하며 격려했다고 한다.

그 소식을 들었을 때 우리는 우리가 수석을 한 듯이, 우리가 큰 칭찬을 받은 듯이 기쁘고 뿌듯했다. 이후 해군사관학교를 수석으로 졸업한 최양선 동기는 원 스타 준장으로 전역했고, 공군사관학교를 수석으로 졸업한 이건완 동기는 쓰리 스타를 달고 공군사관학교 학교장과 공군 참모 차장을 거쳐 공군 작전 사령부 사령관으로 예편했다. 장군이 되면 진급식에서 군 최고 통수권자인 대통령으로부터 '삼정검(三精劍)'을 수여받는다. 삼정검은 조선 시대 왕이 무공을 세운 장수에게 하사하던 장검으로 5공화국 때부터 수여되기 시작했는데(초기에는 외날의 삼정도였다가 2007년부터 전통 양식인 양날의 삼정검으로 변경됨) 육·해·공군이 일치단결해 호국, 통일, 번영을 달성하라는 주문이 담겨 있다. 칼끝에 매다는 끈으로 된 깃발인 수치(綬幟)에는 장군의 이름과 지위, 임명 날짜, 대통령 이름이 새겨져 있다. 이건완 동기가 3성 장군으로 승진했을 때 수치를 매달아 준 사람은 박근혜 대통령인데, 아버지인 박정희 대통령이 만든 금오공고 출신의 장군에게 본인이 수치를 매달아 준다는 사실에 감격했다고 한다.

덕장(德將)으로 소문이 자자했던 이건완 장군의 성취에 나는 매우 기뻤고 친구를 위해 무어라도 해 주고 싶었다. 이건완 장군을 통해 공군과 인연을 맺은 사연과 친구와의 소중한 우정은 뒤 페이지에 다시 기록하기로 한다.

3학년 여름 방학 병영 훈련 전인 1학기 말에 육해공군 배정이 완료되었다. 삼군 중에서는 전투 비행단 등에 보직을 맡는다는 공군이 인기가 제일 좋았고 그 다음이 해군, 그 다음이 육군이었다. 나는 해군을 지원했다. 공군은 너무 경쟁률이 높아서 자신이 없고 육군은 어렸을 때 부대 옆에서 자라나 새로운 게 별로 없으니 해군 생활을 한번 해 보고 싶었다.

3학년 병영 훈련은 3주간 진행되었는데 가장 숫자가 많은 육군이 부산병기학교에서, 80명 정도 되는 해군이 진해 해군종합기술학교에서, 30명 정도 되는 공군은 공군 작전 사령부로 가서 교육을 받았다.

고3이던 1979년 여름, 제11호 태풍 주디(JUDY)가 한반도를 강타했다. 제10호 태풍 어빙이 지나간 지 일주일 만인 8월 24일부터 26일 사이 남부 지방을 통과한 주디는 25일 하루에만 곳곳에 300밀리미터 이상의 호우를 뿌렸다. 전국적인 인명 피해가 사망과 실종 136명, 부상 72명, 이재민 3만여 명에 달했고 진해에서만 사망과 실종이 38명, 산사태가 134건 발생했다. 그 와중에 1949년 개통하여 1985년 장복 터널 개통 전까지 마산-진해를 잇던 유일한 터널인 마진 터널이 무너졌다. 마진 터널의 비극은

8월 25일 밤 8시에 일어났는데, 마산에서 일을 마치고 귀가하다가 터널에 갇힌 진해 시민 3천 명을 인솔하던 검문소의 군인 8명이 갑작스런 산사태에 희생되고 만 것이다. 아까운 젊은 목숨을 앗아간 태풍이 지나고, 세월도 무심히 지나고, 지금 희생의 흔적은 터널 앞 순직비에 새겨진 헌시로만 남아 있다.

모진 폭우 산사태에
님들은 가셨건만
위난 속
내 몸 사른
살신성인 그 얼만은
호국의 거울
등불이 되어
그대들 지키시던
이 고개 위에
해 달 함께 영원히
살리라

우리는 그때 마침 진해에 있었다. 병영 훈련을 마치기 직전에 폭우가 우리가 교육을 받던 해군종합기술학교에도 들이닥쳤다. 건물이 완전히 물에 잠기고 침대 1층까지 물이 차서 우리는 모두 침대 2층에 올라가 발발 떨며 공포의 밤을 보냈다. 비가 그치자 병영 훈련을 끝낸 우리는 한시바삐 학교로 돌아가고 싶은 마음 뿐이었다. 그런데 물은 빠졌지만 열차는 아직 다니지 않으니 일주일을 꼼짝없이 해군종합기술학교에 묶여 있었다.

그때 담당 장교였던 표성일 소위가 오더니 우리에게 말했다. 절대 이름을 잊어버릴 수 없는 표성일 소위는 해군사관학교 출신으로 중대장을 맡고 있었다.

"지금 학교가 수해를 입었으니 모두 나와서 물을 퍼내는 작업을 해라!"

소위가 명령을 하니 몇몇은 주섬주섬 복구 작업에 나갈 준비를 했다. 그런데 그때,

"아니, 우리는 엄연히 학생인데 왜 군인들이 하는 작업에 동원을 합니까?"

동기 가운데 양해영이라는 맹랑한 친구가 반기를 들고 나섰다.

"지금은 비상 상황이지 않은가. 전 해군 병력이 물바다로 초토화된 부대와 진해 시내의 수해 복구에 나섰으니 교육생들도 손을 보태야 하지 않겠나?"

표성일 소위의 설득에도 불구하고 몇몇은 양해영에게 동조하여 훈련관 밖을 나가지 않았고 나를 포함한 몇몇은 나가서 수해 복구를 도왔다.

"너희들 앞으로 영영 나를 안 볼 게 아니지 않느냐. 내년 3월에 입대하면 또 여기로 들어올 텐데, 그때 어떻게 하려고 이렇게 대드는 거냐?"

표성일 소위가 의미심장한 말을 했지만 우리는 설마 그때 다시 만나려나, 그때쯤 되면 전출했을 거라고 흘려 넘겼다. 일주일 후에 간신히 차편이 연결되어 버스를 타고 마산으로 넘어와서 마산에서 군용 열차를 타고 구미역에 도착했다. 구미역에서 대절 버스에 올라 학교에 돌아왔더니 선생님들과 후배들이 죽었다가 살아 돌아온 사람들을 맞이하듯 반겼다. 마진 터널이 무너지고 헌병들이 떠내려가서 죽는 난리가 났으니 걱정이 이만저만이 아니었던 것이다. 심지어 악대부 후배들이 정문 앞에 나와서 무슨 개선장군이라도 맞이하듯 팡파르를 울리기까지 하였다.

한 치 앞도 못 보는 게 세상사이다.

1979년 10월 26일 박정희 대통령이 돌아가시고 우리는 1980년 2월 27일 금오공고 체육관에서 졸업식 겸 부사관 임명식을 거행했다. 평년 같으면 육해공군 참모 총장을 비롯해 국방부 장관까지 모두 참석을 했을 텐데 비상시국이기도 하거니와 실제로 금오공고를 만든 분이 세상에 없으니 참석 인사들의 급도 낮아지고 분위기가 예전 같지 않았다.

2월 27일 졸업식 겸 임명식을 끝내고 더블 백에 옷과 소지품을 모두 담아 메고 홍천으로 돌아왔다. 가족과 친구들에게 입대 인사를 하기 위해 주어진 휴가는 2박 3일. 3월 2일 오후 1시까지 군복을 입고 진해역 광장에 집결해야 했다.

그리고 바로 그날, 1980년 3월 2일 1시, 진해역 광장. 슬픈 예감은 틀리지 않는다던가, 원수는 외나무다리에서 만난다던가? 금오공고 학생에서 해군 부사관으로 변신한 80여 명 앞에 표성일 소위, 아니 계급장에 다이아몬드 하나를 더 붙인 표성일 중위가 나타났다. 우리를 인솔해서 해군종합기술학교에 데려가기 위해서였다.

'우린 이제 죽었다!'

말은 하지 못했지만 다들 같은 마음이었다.

'야, 이 새끼야. 너 때문에 우리 다 죽게 생겼다!'

작년 여름 수해 복구 작업을 방해했던 양해영에게 은근한 질타의 눈빛을 보내기도 했다. 하지만 입소하고 당장은 표성일 중위로부터 아무런 신호가 없었다. 그렇게 일주일이 지나고 해군의 봉급날인 10일이 되었다. 저녁 식사를 마치면 내무반에 가서 휴식하다가 순검(인원 확인을 위한 점호를 해군에서는 순검이라 부름)을 마치고 잠자리에 드는 것이 보통의 일과였다. 그런데 그날은 저녁 식사를 마치자마자 불호령이 내렸다.

"전원 연병장에 집합!"

어스름이 내린 연병장에는 표성일 중위가 저승사자처럼 우리를 기다리고 있었다. 일단 구보를 위시로 훈련이자 기합이자 전일의 푸닥거리가 시작되었다. 진해 해군사관학교와 해군종합기술학교까지의 거리는 약 2킬로 정도 되는데 그 사이에 뻘밭이 있었다. 80여 명 전원이 그 뻘밭에서 옆으로 구르고 뒤로 구르고…… 군대 생활하면서 가장 혹독한 훈련을 받았다.

"내가 그때의 감정으로 이러는 게 아니다. 너희들 정신 상태에서 정신 무장을 하려면 이 정도는 반드시 해야 된다!"

표성일 중위의 우렁찬 목소리가 여전히 귓전에 맴도는 듯하다. 내 마음의 퍼시픽 오션은 멀리 출렁이고, 나는 뻘밭에서 온몸을 흙으로 칠갑한 채 이리로 저리로 구르고 있었다.

오늘도 싸운다 바다의 용사

위장병이라는 것이 참으로 얄궂다. 갑자기 위급해졌다가도 병원에 들어가서 안정이 되면 거짓말처럼 멀쩡해지고, 신경을 많이 쓰고 예민해지면 아팠다가 마음이 편안해지면 다시 괜찮아졌다. 3월 2일 해군에 입대한 지 3개월도 지나지 않아서 나는 위십이지장궤양이 재발해 국군 통합 병원에 입원했다. 어렸을 때부터 오랫동안 앓아서 위십이지장궤양이 만성이 되었으니 통합 병원 군의관은 이참에 수술을 하자고 했다. 하지만 당시 통합 병원의 의료 장비나 의료진의 수준으로 보아 여기서 위장과 십이지장 절제를 했다가는 수술을 하다가 죽을 것만 같았다. 싫다고 수술하지 않겠다고 하니 그럼 앞으로 일주일에 한 번씩 약이나 타 가라며 바로 퇴원을 시켜 버렸다. 통합 병원에 들어간 지 한 달 반이 지난 후였다.

그 한 달 반 동안 군 복무 중이면서도 나는 바깥세상에 무슨 일이 일어났는지 까맣게 모르고 있었다. 그저 통합 병원 헬기장에 끊임없이 헬기들이 착륙했다 이륙했다 하는 것만 보았다. 그래도 별 생각 없이 훈련을 하려니 했는데, 나중에 누군가 전라도 광주에서 난리가 일어나서 군인들이 많이 다쳤다는 것이었다. 병원에 환자들이 넘쳐서 조기 퇴원을 해야 했던 바로 그 시기가 5·18 광주민주화운동이 일어났던 때였다. 1979년과 1980년, 내가 금오공고를 졸업하고 해군 생활을 시작한 그때가 역사의 격변기였다.

해군종합기술학교에서 3주간 교육을 마치고 내가 처음 발령받은 곳은 진해 공창, 즉 해군함정통제부사령부 산하 해군 군함을 수리하는 공장이었다. 금오공고에서 해군으로 온 동기들 중에는 윤성영이 함께였고 다른 친구들은 구축함이나 미사일함 등으로 발령이 나서 흩어졌다. 그런데 4월 말쯤 한밤에 복통이 일어나 통합 병원에 실려 갔다가 퇴원하니 다시 진해 공창으로 돌아갈 수가 없었다. 인사 명령에 의해 입원을 하고 인사 명령에 의해 퇴원을 했으니 통제부사령부 예비대에서 대기한 채로 다음 발령을 기다려야 했다. 예비대는 나처럼 통합 병원에 들어갔다 나온 경우이거나 함정 승선이 끝나고 육상 근무를 하기 전에 발령을 기다리며 대기하는 곳이었다.

어차피 있던 부대로 돌아갈 수 없으니 기왕이면 수도권으로 올라와서 근무하고 싶었다. 수도권에서 근무하면 야간 대학을 다닌다든가 이런저런 다른 일을 도모할 수 있었다. 지원을 하고 기다리다 보니 인천5해역사령부(현 2함대사령부)에 자리가 나서 1980년 7월에 올라오게 되었다. 인천을 모항으로 서해 5도 최전 방을 지키는 5해역사령부에서 나는 수송선을 타게 되었다. 물이 없는 섬에 물과 부식 등을 공급하는 수송선은 승선 인원이 30명 미만에 지휘관은 함장이라 부르지 않고 정장이라고 부르는 준위 였다. 나는 부사관으로 보수장이라는 직책을 가지고 1년 조금 안 되는 기간 동안 승선하고 나머지 기간은 육상 근무를 했다.

금오공고 출신은 주로 기술 부사관으로 일했는데 진해 공창에 있을 때는 주물 목형 공장이 따로 있었고 인천5해역사령부에서 는 주물로 부품을 직접 만들기도 했다. 예를 들어 2차 대전 때 미 해군이 쓴 LSM(Landing Ship Medium, 중형 상륙함)이나 LST(Landing Ship Tank, 전차 상륙함) 같은 경우에는 부품 보급이 더 이상 되지 않기에 부품이 고장 나면 그것의 목형을 떠서 직접 만들어 깎아서 써야 되는 상황이었다. 6·25 전쟁 1·4 후퇴 때 흥남 부두에서 피난민 들이 타고 내려왔던 그 배들이 현역에서 여전히 뛰고 있었기에 부품이 공급되지 않으면 국내에서 직접 제작을 해야만 했다. 만 약 내가 진해에서 계속 근무했으면 그 작업을 했을 것이다.

아는 사람은 알지만 군대에서는 못하는 게 없고 무엇이든 자 력갱생이다. 수리창의 인원은 군무원들과 현역이 합쳐 약 250명 정도였는데, 그곳에 조그만 주물 공장이 있어서 아주 정밀한 것은 아니라도 서해 5도에 근무하는 전투함이라든가 수송함, 경비함 등의 부품을 주물로 제작해서 수리했다. 수리창장은 대령이었는데 그분이 나를 좋게 봤던지 나름대로 중요 보직인 보급품 관리를 맡겼다.

그때부터 전역할 때까지 인천5해역사령부가 있던 연안 부두에서 근무하며 보급을 맡았다. 가장 친했던 윤성영과는 통합 병원에 입원하면서 헤어졌지만 과거의 인연은 끊어졌다가 다시 이어졌다 하였다. 1983년 군 생활 3년차에 동기 양해영이 미사일 함정을 타다가 육상 근무로 발령받아 5해역사령부 수리창으로 왔다. 그런가 하면 소위로 만났다가 중위로 다시 만났던 표성일 씨가 대위를 달고 우리 부대 옆의 방어전대로 와서 마주쳤다. 혹독하게 뻘밭을 구른 기억은 까맣게 잊고 우리는 그저 뜻밖의 재회에 반가워만 하였다.

해군종합기술학교에 입소해서 일주일이 지나 군 급여일인 10일에 받은 첫 월급은 하사 1호봉 3만7천 원이었다. 때마침 상여금이 나오는 3월이라 합쳐서 약 7~8만 원을 빳빳한 현금으로 받았다. 전두환 대통령이 집권을 하면서 직업 군인 처우 개선으로 월급이 7만7천 원으로 대폭 올랐다. 이후 인천5해역사령부에 다닐 때는 12만 원에 가깝게 인상되었고 두 달에 한 번씩 상여금이 나왔다. 통합 병원에 입원했다가 인천으로 올라오기 전에 모은 돈을 헤아려 보니 20여 만 원 정도 되었다.

'어머니 전(前) 상서'

편지를 썼다. 고향에 계신 그리운 어머니께, 진해 공창에 함께 있던 고참 중에 내촌중학교 선배가 휴가를 나간다기에 편지와 함께 돈을 보냈다. 몇 달 동안 내가 벌어 모은, 거의 한 푼도 허물지 않은 월급이었다. 어머니는 내가 아픈 것도 모르셨다. 걱정 끼쳐 드릴까 봐 아무 말도 하지 않았다. 나의 깊고 질긴 속앓이는 사회인이 된 후 1993년 부천세종병원에서 절제 수술을 받을 때까지 어머니께는 감쪽같은 비밀이었다. 인천에 부임한 뒤 8월 8일에 첫 휴가를 나갔는데, 그때 어머니가 내가 부쳐 드린 돈으로 구입한 '골드스타 금성(지금의 LG) 냉장고'에서 시원한 물을 꺼내 주셨다. 동네 열 집 중 일고여덟 집은 냉장고 없이 살던 시절에 우리 집에서 처음으로 장만한 냉장고였다.

해군 부사관 시절 5년 동안, 어쩌면 나는 지극히 단순하고 단조롭게 살았다. 다른 친구들은 군에 있으면서 학원을 다니며 공부를 하고 야간 대학을 다니기도 했지만 나는 여전히 꿈보다는 현실에 매여 있었다. 1980년대 초 봉급이 11만 몇천 원까지 올라 12만 원 가까이에 이르자 매달 5만 원씩 붓는 재형저축에 들었다. 부사관들 처우가 개선되던 때라 전역할 무렵에는 22만 원까지 봉급이 올라서 재형저축을 두 개 가입해 부었다. 하나는

180만 원, 다른 하나는 250만 원, 제대할 때 재형저축 들었던 것을 타고 해군 퇴직금까지 합하니 약 5~600만 원의 목돈이 생겼다. 그 돈으로 오래된 농협 빚을 얼마간 갚았다. 돼지 파동의 빚은 그때까지 어머니를 괴롭히고 있었다. 나머지도 가족을 위해서 썼다. 동생들이 여전히 학교에 다니거나 재수를 하며 공부하고 있으니 시골에서 돈이 나올 데라곤 없었다. 가장으로서의 역할을 해야 하기에 나는 아예 대학에 갈 생각을 하지 못했다.

부대에 있을 때 가끔 외출을 나와도 좀처럼 친구들과 어울리지 못했다. 나가서 움직이면 모조리 돈이었다. 저녁을 먹고 술을 마시고 당구장에 가고 어쩌다 기분을 내러 나이트클럽에라도 가면 돈을 쓸 수밖에 없었다. 같이 나가자고 하도 청해서 따라가면 얻어먹는 것도 한두 번이지 불편하기가 이를 데 없었다. 돈을 쓰고 싶어도 돈이 없었다. 돈이 있어도 나를 위해 쓸 수 없었다. 월급의 절반 이상을 저축하고 나머지로 간신히 생활하려니 언제나 쪼들릴 수밖에 없었다.

"야, 허남선 이 새끼야! 너는 돈독이 올랐냐? 젊은 놈이 왜 그렇게 돈에 집착을 하냐?"

기억의 밑바닥에서 지워지지 않는 한마디. 금오공고 동기로 같이 해군에 가서 제법 친하게 지내던 친구가 있었다. 그는 내가 외출을 나가지 않으려고 피하면 자기 혼자 나가기 심심하다며 굳이 나를 끌고 나가곤 했다. 할 수 없이 끌려 나가면 주머니 사정이 빈약한 나는 친구에게 거의 얻어먹을 수밖에 없었다. 토요일에 외박을 나가 부대 밖에서 하룻밤을 자고 일요일에 들어와야 하는데, 그 토요일 밤에 술에 취한 친구가 나에게 말했다. 돈독이 올랐냐고, 젊은 놈이 왜 그리 돈에 집착하느냐고.

"나 먼저 들어간다. 너는 외박하고 와라."

더는 아무 말도 하지 않았다. 내가 왜 외출과 외박을 나가고 싶지 않다고 극구 사양하는지, 왜 친구들처럼 월급을 팡팡 쓰면서 기분을 내지 못하는지 설명하지 않았다. 그저 친구에게 먼저 들어간다고 말하고 곧바로 부대로 돌아왔다. 젊은 자존심 때문이었겠지만 그때 나는 가정 형편이 이러저러하다는 이야기를 주변에 전혀 하지 않았다. 이야기를 하지 않았으니 남들 눈에는 돈독이 오른 구두쇠 수전노로 보였을지도 모른다. 그래도 진정한 친구라면 나를 이해해 보려고 조금은 노력했을 텐데……

마음에 상처를 받은 후로 나는 다시 친구들과 어울려 외박을 나가지 않았다. 그래도 내가 몇천 원, 몇만 원씩 아껴서 보내는 돈으로 쌀을 사고 동생들 학비로 쓴다고 생각하면 그게 위안이 되었다. 나는 먹고 노는 데 쓰는 돈이지만 고향의 가족들에게는 정말 필요한 생활비니까 알뜰해질 수밖에 없었다. 가장 아름다웠던 젊은 날의 나는 궁핍했다. 가난에 찌들어 당당하지 못했다. 그저 어머니와 동생들을 생각하며 견디고 또 견뎠다. 그것이 내 젊은 날의 쓸쓸한 초상이었다.

누구나 자기만의 가방을 걸머지고 인생길을 걸어간다. 남의 가방이 아닌 각자의 가방을 지고 있기에 자기 가방이 가장 무겁다고 생각한다. 그러니 굳이 너의 것보다 내 것이 더 무겁다고 주장하는 일도 멋쩍다. 때가 되고 철이 들어 남의 가방의 무게도 슬그머니 견주어 보고 이른바 '자기 객관화'를 할 수 있으면 다행이다. 그것이 성숙한 사람과 아닌 사람의 차이일 것이다.

요즘 젊은이들이 쓰는 말 중에 'K-장남' 혹은 'K-장녀'라는 말이 있다고 한다. 과도한 책임감과 습관화된 양보, 지나친 겸손 등이 그 'K-맏이'들의 특징이라는데, 장남으로서 나의 책임감과 양보는 의식적으로 선택한 것이 아니라 운명처럼 받아들인 것이었다. 아버지의 기질을 닮은 자유로운 영혼인 큰누이와, 세대가 다르고 나의 기질과 또 다른 동생들은 사실 얼마 전까지도 작은누이와 나의 희생을 몰랐거나 모르고 싶었던 것 같다.

그래도 다행히 동생들은 어머니가 돌아가시기 2~3년 전부터 나를 이해하고 존중하기 시작했다. 춘천기계공고를 나온 남춘이는 인천으로 올라와 삼익악기에 근무하다가 기아자동차에 입사해서 내가 신혼살림을 차린 단칸방에 함께 살았다. 남춘이는 너무도 가난에 지쳐서 형이 대궐 같은 집을 장만하기 전까지는 절대 결혼하지 않겠다고 장담했다. 그러더니 좋아하는 여자가 생기자마자 결혼을 시켜 달라고 졸라서 결국 살림을 차려 나갔다. 원하는 전공을 찾느라 재수하고 방황도 하며 오랫동안 공부하여 숭실대 전산학과를 나온 막내 병태도 마찬가지다. 어쨌거나 그들에게는 내가 아버지 맞잡이였다.

각자 짊어진 가방이 무겁게 느껴졌던 때에는 불만을 품기도 했을 것이다. 남춘이의 경우는 아버지가 작은집을 얻어서 나갈 때 어머니가 그 집에 남춘이를 1년 정도 보내 살게 한 적이 있었다. 집안 형편이 워낙 어렵기도 했고 그 집에 자식이 따로 없으니 양자로 들이는 방법도 고려했던 게다. 남춘이는 어린 마음에 그 기억이 섭섭하게 남았는지 엄마는 왜 큰아들만 사랑하고 자기는 사랑하지 않느냐고 어린아이처럼 울고불고하기도 했다.

깨물어 아프지 않은 손가락이 있을까? 다만 나는 무거운 가방을 같이 나눠졌기에 다른 자식들과 달리 어머니께서 의지하는 면이 많았을 뿐이다. 한편 동생들도 자신의 인생길을 개척하기 위해 애썼지만 어머니의 눈에는 안쓰럽고 안타까운 데가 여전했던 모양이다. 어머니가 더는 걱정하시지 않도록 나는 동생들이 안정적으로 삶을 꾸리는 데 힘을 보탰고, 어머니의 임종을 지키며 마지막으로 약속한 것도 그것이었다. 어머니, 이제 큰아들을 믿고, 더 이상 아무것도 걱정하지 마시라고.

한 번 싸워 적군의 수로를 끊고
두 번 싸워 산산이 부신

상승장군 충무공 혼을 이어서

노도를 헤치면서 우리는 간다

인생의 보람을 바다에 걸고

오늘도 싸운다 바다의 용사

오늘도 싸운다 바다의 용사

내가 제일 좋아하는 해군 군가는 〈바다의 용사〉(1956년 작, 김랑봉 작사·이현수 작곡)였다. 적군과 싸우고 바다와 싸우고 삶과 싸우는 고단한 나날이었지만 해군 복무는 앞서 말한 대로 금오공고 시절과 더불어 내 인생에 가장 낭만적이었던 청춘의 때였다. 5년 동안 부사관으로 근무하면서 재미있는 일도 제법 많았다.

시골 아이들은 도시 아이들에 비해 조숙한 면이 있다. 학업을 끝내고 사회생활을 시작하는 시기가 빨라서이기도 하고 도시보다는 좀 더 본능적인 자연의 삶에 가깝기 때문일 수도 있다. 술, 담배, 그리고 성(性)도 도시보다는 좀 더 빠르게 접했다. 하지만 나는 어머니와 나를 동일시하며 생존을 걱정할 만큼 조숙한 아이였음에도 불구하고 친구들이 일찍 눈뜨는 그런 면으로는 좀 느린 편이었다. 지금까지 끊지 못해서 가족들에게 지청구를 듣는 담배도 그렇다. 나는 부사관 생활 3년째가 될 때까지도 담배를 피우지 않았다. 보급품으로 나오는 담배는 친구들에게 나눠 줘 버렸다. 그런 내가 별안간 골초가 되어 줄담배를 피우기까지는 웃지 못할 사연이 있었다.

영내 거주 3년차면 부대 안에서는 제일 고참이었다. 일반병은 의무 복무 기간이 3년이니 전역 무렵이면 우리와 '짬'이 같았다. 방어전대사령부의 위생병 중에 아주 괴짜가 있었는데 어쩌다 동년배인 그와 친해졌다. 원칙대로라면 부사관과 사병은 말을 놓아서는 안 되지만 내가 부사관 고참이고 위생병도 제대를 앞둔 병장이니 친구처럼 서로 말을 놓고 지냈다. 우리는 저녁이면 방위병들을 시켜서 몰래 막걸리와 소주를 사 들여와 함께 마시기도 했다. 바지선에서 생활했으니 거기서 낚시로 우럭 같은 생선을 잡아서 회를 쳐 먹으면 안주로 그만이었다. 통합 병원에 다녀온 후로 위장병도 잠잠해져서 사 홉들이 소주를 거뜬히 먹을 정도로 상태가 좋았다.

한 잔 두 잔 마시다 보면 젊은 사내들끼리 주고받는 이야기의 화제는 자연히 여자와 성(性)으로 흘러갔다. 그런데 첫 경험이 있네 없네 흰소리를 하다가 불쑥 내가 포경 수술을 하지 않았다고 고백 아닌 고백을 했다.

"야, 그걸 아직도 안 깠냐? 날 잡아서 내가 까 줄게!"

서울 출신이었던 위생병의 이름은 잊었지만 담배 한 보루에 그가 여러 명의 포경 수술을 해 줬다는 소문은 분명히 기억한다. 의과 대학을 다닌 건 아니었고 무슨 전공을 했는지는 알 수 없지만 제법 잘한다는 소문이 돌았던 걸 보면 '야매' 명의였던 모양이다.

내무반 한쪽 구석에 수술실이 차려졌다. 환자가 아랫도리를 벗고 누웠다. 막상 메스를 소독하는 것을 보니 괜히 하겠다고 했다는 후회가 들었지만 어쩔 수 없었다. 발발 떠는 환자 앞에서 집도의(?)도 좀 긴장을 했는지 자기는 맨 정신에 하지 못하니 막걸리 한 병을 마시고 하겠다고 했다.

어쨌거나 위생병의 집도로 포경 수술을 했다. 그런데 다 꿰매고 잠이 들었는데 다음 날 아침부터 얼마나 아픈지 거의 돌아 버릴 지경이었다. 끝내는 꿰맸던 실밥이 터져서, 보여 줄 수는 없지만, 지금까지도 약간 모양이 이상해진 상태로 남았다. 건강한 젊은이답게 아침마다 상처 부위가 확장되어 더욱 고통을 받는 내 모습을 보더니 그 위생병이 자기가 피우던 담배를 건네주면서 말했다.

"야, 그럴 때 담배 한 대 쭉 피워. 그러면 고개 들었던 게 수그러든다."

아파 죽겠으니 일단 하라는 대로 했다. 캑캑거리며 매운 연기를 들이마셨다가 내뱉고…… 그랬더니 성났던 것이 정말로 서서히 가라앉는 것이었다. 무지하여 용감했다 할까, 감염의 위험도 모른 채 '야매'의 칼날 아래 몸을 맡겼던 그때를 생각하면 어이없고도 우습다. 그렇게 제대 말년에 배운 담배가 지금까지도 내 마음을 달래는 벗이 되고 있으니 인생은 과연 얄궂은 우연의 연속이랄까!

오늘도 싸운다 바다의 용사

1984년 11월 18일, 인천 행복 예식장에서 올린 결혼식

2005년, 창업 후 김포로 이전한 회사 정원에서 아내와 함께

1982년 12월 눈 오던 날

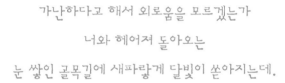

가난하다고 해서 외로움을 모르겠는가
너와 헤어져 돌아오는
눈 쌓인 골목길에 새파랗게 달빛이 쏟아지는데.

　　교과서에 실려 있다는 신경림 시인의 「가난한 사랑 노래」는 제목도 장면도 꼭 내 이야기 같다. 가난할지라도 외로움을 모르지는 않았지만, 나는 외로움을 안다고 말하는 것조차 사치라고 생각했다. 진지하게 누군가를 사귈 여유가 없었다. 물질적 여유도 없었고 정신적 여유도 없었다. 외출조차 자주 나오지 못하는 형편이니 여자를 만날 기회 자체가 없었다. 어쩌면 내 상황 때문에 마음의 문을 굳게 닫고 있었던 것인지도 모른다.

　　해군 부사관은 5년 복무 기간 중에 3년은 영내 거주를 하고

4년차부터는 영외 거주를 허락해 주었다. 관사는 따로 없었지만 그래도 월급이 어지간히 나오고 별도로 부식비도 1만8천 원 정도 지급되니 나가 사는 사람들이 꽤 있었다. 2년차였던지 3년차였던지 아직 영내에서 거주하던 어느 날의 일이었다. 금오공고에서 함께 해군에 입대한 친구가 자기 여자 친구의 친구를 내게 소개시켜 주겠다며 영내까지 불러서 데리고 왔다. 면회실에서 얼핏 예쁘장한 아가씨를 보기는 했지만 워낙 느닷없는 일이라 관심보다는 황당함이 컸다. 그래서 나는 당직을 서러 가야 하니 다른 친구를 소개시켜 주라며 그냥 면회실에서 나와 버렸다.

주선자는 나 대신 다른 친구들과 어울려 나가서 졸지에 바람을 맞은 아가씨를 달래었다. 아마도 그들은 나의 주변머리 없음을 탓하며 의기투합했을지도 모른다. 그런데 잠시잠깐 보았던 그 아가씨가 해프닝을 통해 우리 동기와 결혼까지 했다. 태풍 주디로 인해 초토화된 해군종합기술학교를 군인도 아닌 우리가 왜 치워야 하냐고 표성일 소위에게 깐족거렸던 바로 그 친구, 양해영과 결혼을 한 것이었다. 양해영은 3년 동안 미사일 전투함을 타다가 지상직으로 5해역사령부의 미사일 수리 업무를 맡아 근무하던 터였다. 지금도 행복하게 살고 있는 그 커플을 보면 어쨌거나 인연은 따로 있다는 생각이 든다.

그때의 해프닝을 돌이켜 보건대 나의 이상형은 화려한 스타일의 여자는 아니었다. 양해영이 한눈에 반했다는 아가씨처럼 깜

찍하게 생긴 새침데기도 아니었다. 젊은이들은 구시대적이라고 할지 몰라도 이를테면 나는 현모양처 스타일을 좋아했던 것 같다. 외모보다는 차분하고 조용한 성격을 가진 분위기 미인에게 끌렸다. 물론 이상형은 이상형일 뿐이라고 말할 수도 있다. 하지만 꿈이라도 간절하게 꾸다 보면 언젠가는 이루어질 기회가 오지 않겠는가?

1982년 12월 어느 토요일이었다. 외출을 나가는 길에 위병소를 통과해서 연안 부두 앞에서 버스를 탔다. 그런데 그 버스 안에는 낯익은 얼굴이 타고 있었다. 일주일에 한 번씩 영내 위병소에 영자 신문인 〈코리아 헤럴드〉지를 배달하는 아르바이트생이었다. 당시 우리 부대에 정치인 김종필 씨의 조카인 김이태 씨가 해군 ROTC 중위로 근무하고 있었는데 그가 〈코리아 헤럴드〉를 구독했다. 나는 위병소에 배달된 영자 신문을 받아서 김이태 중위에게 전달하는 역할을 맡고 있었는데, 나 또한 영어에 흥미가 있었던지라 완독은 못해도 대략 훑어보고 전달하곤 했다. 그 과정에서 아르바이트하는 여학생과 안면을 텄고 어쩌다 마주치면 눈인사 정도는 하고 지냈다.

"배달 왔다 가는 거예요?"

"네, 배달 끝내고 연안 부두 여객 터미널 구경을 갔다가 돌아가는 길이예요."

위병소에 신문을 배달하고 곧바로 부대 입구 정류장에서 버스를 타고 갔다면 마주치지 못했을 것이다. 그런데 그날 마침 여객 터미널을 구경하고 싶어서 연안 부두 쪽으로 두 정거장을 거슬러 갔다가 다시 돌아오는 길에 부대 앞에서 버스를 탄 나와 마주친 것이었다.

우연히 만나니 더럭 반가웠다. 우리는 버스 뒷자리에 나란히 앉아 이런저런 이야기를 주고받기 시작했다. 여학생은 충남 예산 고덕에서 중학교를 졸업하고 인천 언니네 집에 와서 고등학교를 다니고 있다고 했다.

"어디까지 가니?"

"동인천 가기 전에 수인역에서 내려요"

"어디로 가는데?"

"언니 집에 가요."

위병소에 신문 배달을 와서 마주쳤을 때는 그저 뽀송뽀송하고 예쁘장한 여학생이었다. 교복을 입고 올 때도 있고 사복을 입고 올 때도 있었는데 고등학교 2학년이라니 나보다 네 살이 어렸다. 믿거나 말거나 그때까지 그녀에 대해 다른 감정은 전혀 들지 않았다. 나이가 어리기도 했거니와 나는 연애라든가 결혼에 대한 생각이 없었기 때문이다. 과연 우리 집안 사정을 알고 나와 결혼하겠다는 사람이 있을까 하는 회의감이 굉장히 큰 상태였다. 그럼에도 불구하고, 왜 그랬는지 모른다.

"나랑 같이 내려서…… 빵집에 갈래?"

불쑥, 말했다. 그랬더니 그녀는 대답도 없이 나를 따라 내렸다. 우리는 빵집에 가서 빵을 한 조각씩 먹었다. 어디로 가자고 말하지 않았다. 빵집에서 나와서 인천 자유공원 쪽으로 올라갔다. 어디로 가느냐고 묻지 않았다. 그녀는 그저 순순히 내가 가는 대로 따라왔다. 서울 탑골공원보다 9년 먼저 지어진 인천 자유공원은 최초의 서양식 공원이었다. 광장에는 인천 상륙 작전을 이끈 맥아더 장군의 동상이 있고 광장 끝 쪽의 전망대에서는 인천항과 월미도를 내려다 볼 수 있었다.

우리는 자유공원을 한 바퀴 돌았다. 그리고 공원에서 나와 주안까지 천천히 걷기 시작했다. 드문드문 이야기를 주고받았고 때로는 말없이 걷기만 했다. 군대 이야기, 금오공고 다닐 때의 이야기…… 주로 내가 이야기를 하고 그녀는 듣는 편이었다. 내숭을 떠는 것이 아니라 원래 숫기가 없어서 말하기보다 듣는 성격인 듯했다. 그러다 보니 어느새 어둠이 내리고 저녁 8시쯤 되어 있었다. 눈에 보이는 분식집에 들어가 김밥 따위로 간단한 요기를 했다.

"……영화 볼래?"

"볼래요."

분식집에서 나와서도 왜인지 헤어지지 못했다. 헤어질 수가 없었다. 아무 생각 없이 주안 중앙극장에 가서 표를 끊었다. 영화관에 들어가서야 무슨 영화인지 알게 되었는데--그때 본 영화를 그때의 여학생은 기억하지 못한다지만--내 기억으로는 안소영 이대근 주연의 〈산딸기2〉였던 것 같다. 미성년자 관람 불가 영화였지만 나는 군복을, 그녀는 사복을 입고 있었으니 표를 주는 대로 받아서 제재 없이 들어갈 수 있었던 게다.

영화를 보고 나오니 밤이 제법 이슥했다. 그래도 왠지 우리는 헤어지지 못했다. 주안에서 도화동 선인재단 쪽으로 다시 걸었다. 그 무렵부터였던 것 같다. 우중충 흐린 하늘이 무거워지더니 눈을 쏟기 시작했다. 눈을 맞으며, 동인천역을 지나 숭의동까지 다시 한없이 걷기 시작했다. 펑펑 쏟아지는 흰 눈에 덮여 길이 지워졌다. 시간이 지워졌다. 내가 누구이고 내 곁에 누가 있는지도 지워져 버렸다.

원래 외출을 나올 때의 계획은 나보다 한 기수 위로 영외 거주를 하는 이희성 선배를 찾아가는 것이었다. 학구파였던 이희성 선배는 영외 거주를 하며 인하대 야간대를 다니고 있었다. 외출을 나와서 갈 데가 없으면 나는 자연스럽게 선배의 집을 찾아가 하룻밤 신세를 지곤 했다. 워낙 편한 사이였기에 언제라도 찾아가면 밥도 해 주고 라면도 끓여 주고 소주도 한 잔씩 나눠 먹곤 했다.

눈은 한없이 내렸다. 한밤의 도화지 위에 네 개의 발자국이 찍히고 또 하얗게 지워지고 있었다. 펑펑 내리는 눈을 맞으며 발길은 어느새 숭의동 로터리를 지나 선배의 자취방을 향했다.

"아니, 지금 몇 시야?"

선배의 자취방에 찾아갔을 때 선배는 자다가 놀라 일어나서 문을 열어 주었다. 그제야 시간을 확인하니 새벽 2시, 처음 버스에서 만난 시간이 오후 2~3시쯤이었으니 꼬박 12시간을 함께 쏘다닌 것이었다. 그제야 조금 다리가 아팠고 마찬가지로 다리가 아플 그녀에게 미안해졌다. 여차저차 우연히 만나 빵을 먹고 영화를 보고 거리를 쏘다닌 이야기를 하니 착한 선배는 잘 왔다며 라면과 맥주를 대접해 주었다. 셋이 두런두런 이야기를 나누며 꼬박 밤을 새고 나서 선배의 자취방에서 나온 시간이 새벽 6시. 집으로 가는 버스 정류장까지 그녀를 바래다주고 나서야 우리는 비로소 헤어졌다. 눈은 어느새 그쳐 있었고 내 손에는 그녀가 적어 준 주소와 전화번호가 적힌 쪽지가 꼭 쥐어져 있었다.

이듬해 3월 나의 영외 거주가 시작되면서 고3이 된 그녀는 주말에 가끔씩 자취방으로 놀러 왔다. 인천에서 직장 생활을 하던 외6촌 여동생 옥희가 그녀와 친해져서 함께 어울렸다. 인천 삼익악기에 취직한 동생 남춘이가 같이 살게 되면서 넷이 밥을 지어 먹고 놀았다. 그녀는 언니 집에서 김치며 반찬을 얻어 와 밥상을 차려 주기도 했다.

서로 감정이 없었다면 거짓말일 것이다. 하지만 나나 그녀나 바깥으로는 분홍빛 마음을 전혀 드러내지 않았다. 오죽하면 남

143
———

춘이는 처음에 내가 자기에게 여학생을 소개시켜 주려 하는 줄로 오해했다고 한다. 네 살 차이가 나는 나보다는 한 살 차이가 나는 자신이 커플이 될 가능성이 크다고 생각했던 게다.

"나랑 결혼할 생각이 있냐?"

스무 살, 여학생이 고등학교를 졸업하고 성인이 되자마자 물어보았다.

"……결혼하고 싶어요."

숙맥이었던 여학생, 아니 여자가 고개를 끄덕이며 대답했다.

그때라고 집안 사정이 나아진 것은 없었다. 하지만 지금 이 여자, 이 기회를 놓치면 나는 영영 결혼하지 못할 것 같았다. 그래서 홍천 집에 데리고 가서 어머니와 마침 집에 오셨던 외삼촌께 만나는 사람이라고 인사를 시켰다. 그러고 다시 인천으로 올라왔더니 어머니로부터 날을 잡았다는 연락이 왔다. 뭐가 그리 급했는지 상견례도 생략했다. 사돈지간이 된 장인 장모님과 어머니와 아버지는 결혼식장에서 상견례를 했다.

처갓집에는 마침 장인어른의 회갑 잔치가 있어서 집안 어른들께 한꺼번에 인사를 드리게 되었다. 해군 모자를 쓰고 새하얀 세일러복을 입고 예산으로 내려갔다. 장모님은 성정이 고운 분이라 순순하게 인사를 받아 주셨다. 그런데 장인어른은 내가 별로 마땅치 않았는지, 아니면 너무 일찍 딸을 데려가겠다고 하니 속이 상하셨는지 탐탁지 않은 태도를 보였다. 그때 막내 이모라는 분이 나를 불러 이런저런 이야기를 물어보았다. 지금까지 살아온 과정이며 집안 형편까지 숨김없이 솔직히 이야기 나누었다.

"형부요, 우리 명옥이 이놈한테 줘도 괜찮겠소. 똑똑한 놈이니 명옥이 고생은 시키지 않을 것 같소."

장인 장모님을 앉혀 놓고 막내 이모가 결혼시키라고 내 편을 들어주었다. 미용사였던 막내 이모님은 지금까지도 조그맣게 미용실을 운영하실 정도로 생활력이 강하고 발이 넓었다. 사람을 많이 접하는 직업이니 사람 보는 눈이 있을 거라고 생각했던지 그때부터 이야기가 급진전이 되었다. 그리하여 1984년 11월 18일, 허남선과 이명옥은 인천 행복예식장에서 5해역사령부 수리창의 오호웅 대령의 주례로 결혼했다.

장인어른은 10여 년 전에 돌아가시고 장모님은 지금 요양원에 계신다. 2021년 9월 중소벤처기업공단 주관으로 '중소기업 롤 모델 존경받는 기업인'에 선정되어 KBS 프로그램 〈사장님이 미(美)쳤어요〉에 2회에 걸쳐 출연했다. 그 후 사촌 처제를 통해 연락이 오기를, 막내 이모님이 그 프로를 두 번 다 챙겨 보았는데 보면서 이모님도 울고 처제도 울었다고 한다. 사실은 KBS 방송에 나오기 전까지 친가와 처가 친인척은 물론 금오공고 친구들도 내 사업이 이 정도의 규모를 가지고 성장했는지 알지 못했다. 막내 이모님은 갖은 고생 끝에 사업을 일으키고 당당하게 회사를 자랑하는 내 모습을 보면서 역시 내가 사람을 볼 줄 안다고 뿌듯해 하셨을까?

결혼하기 직전 아내가 될 그녀에게 물었다.

"그날 왜 나를 따라왔어?"

12월 밤새 눈이 펑펑 내리던 날, 다리가 아프고 발이 젖어 드는 것도 모르고 한없이 거리를 헤매어 다녔던 가난한 연인의 기억이 새삼스럽다.

"군인이라고 그래서 처음에는 좀 겁이 났는데, 따뜻해 보였어요. 따뜻해서 믿어도 될 사람 같아서 따라갔지요."

스무 살의 아내와 스물네 살의 남편. 그렇게 우리는 가진 것이라곤 없어도 오직 서로로 인해 행복한 부부가 되었다.

대기업 대신 선택한 중소기업

　스물네 살에 진짜 가장이 되었다. 1980년에 입대해 부사관 5년 차에 결혼을 하고 1985년 2월 전역을 했다. 1984년 8월 1일 군 복무 중에 첫아들 근영이가 태어난 후로 3개월이 지나 식을 올린 것이다. 아무리 장남으로서 소년 가장의 심정으로 살았다 해도 원가족에다 내가 꾸린 가족까지 더해지니 책임의 무게가 만만치 않았다. 본디 전역하기 전에 전역 후를 생각하면 대부분 막막하기 마련인데 나는 결혼까지 했으니 고민이 이만저만이 아니었다. 그러던 차에 3월 전역을 앞두고 1월 초에 근무하던 5해역사령부에서 9급 군무원을 모집한다는 공고를 보았다. 급한 마음에 일단 군무원 시험부터 보고 다시 앞날을 생각해 보기로 했다.

　필기는 만점에 가까웠고 실기도 쉽게 통과했다. 마지막으로 사령부에서 면접을 보는데 결혼식 주례를 봐 주신 대령님이 면접관으로 나와 계셨다. 수월하게 최종 합격을 하고 전역 사흘 후부터 군무원으로 출근했다. 군무원 생활을 한 달 정도 해 보니 그 또한 내가 원하는 일이 아니라서 때마침 채용 공고가 난 삼성전자에 원서를 쓰기로 했다. 당시 삼성전자에서는 금오공고 출신에 한하여 4년제 대학 졸업자와 연봉과 승진 등에서 동등한 대우를 한다는 조건을 내걸고 공개 채용을 하고 있었다. 좋은 조건을 제시하는 대기업을 마다할 사람은 없었다. 많은 친구들이 삼성전자 기술 연구직에 응시했고 나도 군무원 사표를 쓰고 응시해 최종 합격 통지서를 받았다.

삼성전자 신입 연수까지는 두 달 반 정도가 남아 있었다. 모처럼 시간이 난 김에 금오공고 시험을 보러 갈 때 하룻밤을 묵었던 작은누이네 사장님께 인사를 드리러 갔다. 작은누이에게 금오공고 합격자 공고가 난 〈서울신문〉을 사다 주실 정도로 나를 기특하게 여겼던 정원재 사장님은 '대성화학'이라는 작은 회사를 운영하고 계셨는데, 예전에 문래동에 있었던 공장이 부천으로 이전한 상태였다. 정원재 사장님은 아주 반갑게 나를 맞아 주셨다. 처음 만났을 때 까까머리 중학생이었던 내가 결혼하고 아이의 아버지가 되어 찾아왔으니 감개무량할 수밖에 없었다. 나는 정원재 사장님께 금오공고를 졸업하고 군 생활을 했던 이야기며 전역하고 삼성전자에 합격한 이야기를 주절주절 들려 드렸다.

안정된 직장인 삼성전자에 들어가면 앞으로 먹고사는 것은 지장이 없었기에 마음 편하게 옛 시절의 은인을 찾아뵌 것이었다.

"연수까지 두 달 반이 남았다고?"

그때는 몰랐다. 그 우연한 만남이 내 인생을 바꾸는 또 한 번의 계기였다는 것을.

"아이도 있다며? 그럼 두 달 반 동안 놀지 말고 한 푼이라도 벌어야지. 마침 집도 멀지 않으니 여기 와서 아르바이트를 하는 게 어떻겠나?"

의약품과 화장품 플라스틱 용기를 만드는 대성화학의 부천 공장은 당시 일손이 부족해서 허덕이고 있었다. 계획에는 없었지만 정원재 사장님의 제안을 받으니 전날의 은혜도 갚을 겸 근영이 우윳값이라도 벌면 좋겠다 싶었다. 그래서 곧장 다음 날부터 인천 집에서 마을버스를 타고 전철역까지 와서 부천역에서 내려 버스를 타고 부천 내동에 있는 대성화학까지 출퇴근하게 되었다. 아르바이트지만 열심히 했고 하다 보니 플라스틱 용기를 만드는 일이 제법 재미있었다.

그렇게 두 달 반이 후딱 지났다. 당시 수원 매탄동에 있던 삼성전자에 연수를 받으러 집결하는 날이 내일로 다가왔다. 정원재 사장님과 정원철 상무님이 송별회 겸 저녁을 사 주겠다고 하셨다. 저녁을 먹는 자리에서 사장님의 친동생이기도 한 정원철 상무님은 내게 삼성전자에 가는 것도 좋지만 중소기업에서 근무

대기업 대신 선택한 중소기업

해 보는 것이 어떻겠느냐며 몇 번이고 함께 일하자는 제안을 했다.

"물론 삼성전자가 금오공고 출신을 대졸 사원과 똑같이 대우해 준다는 건 좋은 조건이지. 남선이의 성실성 정도면 이십 년쯤 근무했을 때 임원 승진을 하기에 충분할 거야. 하지만 임원이 된 다음은? 대기업은 어느 정도 학벌이나 특출한 실력이 없으면 대부분이 오십대 전후에서 밀려나기 마련이야. 그때부터는 무직일 수밖에."

저녁 식사 후 맥주 한 잔 더 하자고 하여 따라갔다 나오니 12시가 다 되어 전철이 끊겼다. 상무님이 택시비를 줘서 타고 가는데 그가 했던 말이 귓가에 맴돌았다.

"그에 비해 우리 같은 중소기업은, 물론 작은 회사니까 폼은 안 나고 힘들 수 있지만, 여기 남아서 열심히 노력하다 보면 이십 년 정도가 지났을 때 크지는 않더라도 조그만 회사의 사장이 될 수 있는 길은 분명히 있거든. 그러니까, 다시 한번 신중하게 생각해 봐."

용의 꼬리가 될 것인가, 뱀의 머리가 될 것인가? 상무님의 말은 한마디로 그것이었다. 알겠다고, 일단 생각해 보겠다고 대답은 했다. 하지만 삼성전자에 합격하면서 앞날이 다 결정된 듯한 기분에 빠졌던 내 귀에는 그 말이 잘 들어오지 않았다.

"제안해 주셔서 감사합니다. 그런데 내일 아침 제가 공장에 출

'흙수저 공돌이'의 참 아름다운 성공

근하지 않으면 그냥 삼성전자에 간 것으로 아시고 서운하게 생각지 말아 주시면 좋겠습니다."

대답은 그렇게 했지만 어디까지나 예의상 한 말이었다. 대성화학에 두 달 반을 다니면서 받은 아르바이트 월급은 15만 원 전후였다. 구체적으로 이야기를 나누지는 않았지만 정식 직원이 된대도 큰 차이는 나지 않을 것이었다. 삼성전자에 입사하면 초봉이 대략 32만 원 정도, 그만큼 대기업과 중소기업의 월급 차이가 컸으니 아무리 대성화학 사람들이 좋다고 해도 그곳에 남을 수는 없었다. 술자리에서 주고받았던 말은 그렇게 잊히는 듯했다. 그런데,

택시를 타고 집에 돌아가 보니 생후 7개월 된 근영이의 상태가 심상치 않았다. 감기가 몹시 심하게 들어서 밤새도록 잠을 자지 못하고 칭얼대며 보채는 것이었다. 아내와 나는 한숨도 자지 못한 채 번갈아 아픈 아이를 어르고 달랬다. 그러다 새벽 3시쯤이 되어 나는 내일 연수를 받으러 가야 하니 새벽 5시에 깨워 달라고 아내에게 부탁하고 잠시 눈을 붙였다. 인천에서 수원 매탄동까지 가려면 그때는 일어나야 했다.

"근영 아빠, 일어나요! 어떡하지? 근영 아빠, 일어나 봐요!"

나를 흔들어 깨우는 아내의 목소리에 당황스러움과 울음기가 묻어 있었다. 아주 잠깐 눈을 감았다가 뜬 것 같은데 시계 바늘은 어느새 6시 30분을 가리키고 있었다. 밤새 아픈 아이를 달래다가

대기업 대신 선택한 중소기업

아이도 엄마도 지쳐서 잠들어 버리는 바람에 아내가 나를 깨울 시간을 놓친 것이었다.

"어떡해요? 늦었나요? 늦은 거죠?"

아내는 안절부절못하며 발을 동동 구르는데 나는 오히려 차분해졌다. 배는 이미 항구를 떠났다. 곧바로 준비를 해서 출발한대도 수원 매탄동에 7시 반까지 도착해서 8시에 시작하는 삼성전자 연수에 참석하는 것은 불가능했다.

"밥 좀 차려 줘."

"네? 밥이요?"

"응, 출근하려고 하니 아침밥 좀 차려 줘요."

"출근…… 어디로요?"

어디로 가느냐고 묻는 말에는 대답하지 않았다. 묵묵히 아내가 차려 준 아침을 먹고 집을 나섰다. 마을버스를 타고 전철역까지 가서 부천역에서 전철을 내려 버스를 탔다. 그렇게 대성화학으로 처음 아닌 첫 출근을 했다. 그 순간이 내 인생을 바꾸는 또하나의 결정적인 장면이었다.

우연이기는 하지만 필연인 것도 같다. 많은 생각은 하지 않았다. 느닷없이 닥친 상황 앞에서 그저 다른 선택을 했을 뿐이었다. 대기업인 삼성전자 대신 중소기업인 대성화학을 선택한 근거는 단순했다. 어차피 삼성전자까지 가는 시간은 부족했고 대성화학은 나에게 와 달라고 부탁했다. 그나마 한 가닥 희망을 건다면 대성화학에서 간곡히 요청했으니 그리로 가면 조금이나마 대우를 해 주리라는 것이었다. 물론 그것도 순진한 마음으로 품었던 막연한 기대에 불과했다.

사연이야 어쨌든 대성화학에 출근했더니 모두들 깜짝 놀라며 반겼다. 간청을 하고 꼬드기면서도 설마 삼성전자를 버리고 오려나 싶었던 것이다. 아르바이트생일 때는 단순한 일만 했는데 그때부터는 현장에서 제품 생산하는 기술을 배우기 시작했다. 1985년 당시 현장 근로자들은 보통 24시간 주야간을 일하며 18만 원 정도를 받고 있었다. 나도 처음에는 보통의 노동자들과 똑같은 일을 하며 2교대로 24시간 맞교대를 했다. 단순한 제품 포장부터 시작했는데 일하는 과정에서 조금씩 두각을 나타내면서 제품을 뽑아내는 생산 기술을 배우게 되었다.

정식 직원으로 대성화학에서 받은 첫 월급은 23만 원이었다. 23만 원은 해군 부사관으로 전역할 때 받았던 봉급과 비슷한 액수였다. 대우라면 대우랄까, 사무실 한 구석에 내 책상을 하나 내어 주는 것이 다른 노동자들과 다른 점이었다. 하지만 그 책상은 소용이 없는 것이었다. 거기 앉아 있을 시간이라곤 없이 항상 현장에서 일했기 때문이다. 그 시절엔 색깔 있는 양말이 아닌 흰 양말이 유행했는데, 아침에 하얀 양말을 신고 출근해서 저녁에 검은 양말을 신고 퇴근하곤 했다.

"당신 도대체 무슨 일을 하는 거예요?"

회사만 다녀오면 시커멓게 변해 버리는 내 양말을 집어 들고 아내가 기막혀하며 짓던 표정이 아직도 눈에 선하다.

삼성전자에 미련이 없다는 것은 거짓말이었다. 대기업 대신 중소기업을 선택한 데 대한 후회도 없지는 않았다. 하지만 어차 피 결정된 것, 미련과 후회가 무슨 소용인가 싶었다. 나에게는 여 전히 처자식을 먹여 살리고 동생들 뒷바라지를 하고 형편이 되 면 고향에 계신 어머니의 빚을 갚아 드려야 한다는 생각밖에 없 었다. 그렇게 정신없이 3년을 일하다 보니 나는 어느새 플라스틱 용기를 만드는 공정에서 숙련공이 되어 있었다. 사실 대성화학 에서 내가 했던 일은 금속과에서 배운 전공을 살린 기술도 아니 고 완전히 새로운 도전이었다. 그래도 3년을 오기로 버티다 보니 능숙한 숙련공이 되어 있었고, 그때부터 다시 3년을 버티며 배우 다 보니 적어도 이 분야에서는 기술상의 재능을 가진 숙련된 노 동자, 기능인이 되어 있었다. 기능인이 된 후로는 학교 다닐 때 배웠던 금형도 조금씩 손댈 수 있었다.

금속으로 만든 거푸집인 금형(金型)의 경우 1980년대 초부터 1990년대 초까지가 수동 방식에서 자동화되는 과도기였다. 나는 대성화학에서 그 기술을 완벽하게 습득하는 경험을 했다. 플라 스틱 용기 제작에 이용되는 금형 기술을 간단히 설명해 보면, 숙 련공은 외주를 주어 제작한 금형을 기계에 부착해서 찍어 내는 역할을 한다. 기능인이 되면 그로부터 한 발자국 더 나아가 금형의 도면을 보고 제작자와 협의해서 제작 관리하는 수준에 이른다. 숙련공에서 기능인이 된 후 다시 3년이 지나 9년쯤 한 곳에서 일하다 보니 나는 어느새 이 분야의 전문가가 되어 있었다. 의뢰인에게 제품에 대한 설명을 직접 하는 것은 물론이거니와 연구원들의 아이디어를 내가 가진 생각에 접목시켜 제품 개발을 하는 단계에까지 이르렀다.

전문가로서 현재 SK케미칼의 전신인 선경인더스트리의 신소재 개발에도 참여하게 되었다. 연구자들이 고분자를 개발하려하는데 성형을 해서 완성할 사람이 필요하다고 찾아오면, 나는고졸이라 고분자는 모르지만 실무를 익힌 사람이기에 협업할 수있었다. 예를 들면 연구자들이 고분자와 관련된 원료 배합의 화학식인 레시피를 만들어 가져오거나 테스트용 원료를 파일럿 생산해서 가져오면, 나는 금형에 넣어서 찍어 보는 등 테스트를 통해 이런 물성은 좀 떨어지고 저런 물성은 괜찮다는 결과물을 내주는 식이었다. 그러면 연구자들은 다시 연구소로 돌아가서 대성화학 허 이사의 의견을 근거로 대며 새로운 레시피를 마련했다.

그 과정이 몇 번이나 반복된 끝에 미국의 이스트만코닥컴퍼니 (Eastman Kodak Company)에서만 생산하던 PETG(폴리에틸렌 테레프타레이트polyethylene terephthalate: 대표적인 합성 섬유 소재로 강도, 내열성, 내후성,

내약품성 등이 뛰어나 필름과 병 등 비섬유 분야에 용도가 확대되고 있는 신소재)를 국내에서 최초로 생산할 수 있었다. 우리가 일상적으로 사용하는 생수나 음료수를 담는 페트병을 만드는 소재가 PET인데, 이것을 연신(延伸: 길이를 늘임. 주로 달군 쇠붙이를 늘이거나 천을 늘이는 것을 이름)하기에 따라서 용기가 될 수도 있고 섬유가 될 수도 있다. 하지만 PET의 경우 변화시켜 성형할 수 있는 기회가 한정되어 있어서 1차 인젝션 몰드(사출 성형)를 해서 2차 냉각을 시켜 브로잉을 하는 3단계 공법만 써야 된다. 반면 이 PET를 다이렉트 브로우(direct blow)에 성형하면 PETG로 다양하게 쓸 수가 있는데 그 기술은 세계적인 플라스틱 선구자인 미국의 이스트만코닥에서 개발한 것이었다.

선경인더스트리는 국내 최초로 PETG를 개발하겠다는 목표로 내게 협업을 제의했고, 마침내 1992년 국내 최초로 PETG 원료를 양산해 대성화학이 그것을 성형하여 화장품 용기에 접목하게 되었다. 선경인더스트리와의 기술 개발 협업은 내가 퇴사하기 전까지 지속적으로 진행되었고 LG화학, 롯데케미칼 등과도 함께 신소재 개발 작업을 하면서 대덕 연구 단지를 자주 오가게 되었다.

내가 입사할 때 의약품 용기가 70퍼센트, 화장품 용기가 30퍼센트를 차지했던 대성화학의 매출은 퇴사할 무렵인 1999년쯤에 이르러 의약품 용기 10퍼센트만 남기고 나머지는 화장품 용기로 완전히 탈바꿈되었다. 매출 구조를 바꾼 이유는 한가지였다. 의약품 용기보다는 화장품 용기의 수익이 훨씬 좋기 때문이었다. 제약 회사에서 쓰는 의약품 용기는 모양이 단순하기 때문에 누구나 만들 수 있는 것이다. 반면 화장품 용기는 디자인을 포함해 여러 면에서 기술적인 완성도가 높아야 생산이 가능하다. 결국은 기술, 거짓과 꼼수가 없는 정직한 실력이 매출 신장의 비결이었다.

나는 처음부터 금수저로 회사를 물려받은 것이 아니고 내 회사를 차리겠다는 포부가 있었던 것도 아니었다. 그저 월급쟁이로 열심히 회사 생활을 했을 뿐이다. 꾸준히 일하다 보니 숙련공이 되었고, 기술을 갈고 닦아 기능인이 되었고, 마침내 그 분야에서 상당한 지식과 경험을 가진 전문가가 되었다. 숙련공의 노련함과 기능인의 기술에 더하여 대성화학에서 화장품 용기 제작 전문가로 활약한 경험은 사업을 시작했을 때 가장 중요한 밑천이었다. 대성화학에서 일하는 동안 나는 한국화장품, 나드리, 라미화장품, 쥬리아화장품, 에바스 등 국내 다양한 화장품 회사의 신제품 개발 팀, 디자이너, 마케팅 팀과 활발하게 교류했다. 현장에서 뛰어다니면서 쌓은 유대 관계는 소위 인맥이라는 이름으로 내가 창업할 때에 커다란 재산이 되었다.

삼성전자 연수에 들어가기로 정해진 시간을 놓쳤을 때는 돌이킬 수 없는 실수를 저지른 것 같아 앞이 캄캄했다. 하지만 지금와 생각해 보면 그야말로 전화위복에 새옹지마가 아니었나 싶다. 대기업은 엄청나게 큰 조직이라 영역이 나누어진 상태에서 조직원들은 각자의 역할을 한다. 철저하게 분업을 하다 보니 자기 분야가 아니면 경험할 기회가 없고 잘 모르게 된다. 그런데 중소기업은 인원이 제한되다 보니 시스템 측면에서 불리하다면 불리한 조건을 가지고 있다. 하지만 그 단점을 바꿔서 생각해 보면 그만큼 개개인이 경험할 수 있는 것이 많고 능력을 개발할 가능성도 크다.

대성화학은 종업원이 1985년 20여 명에서 1999년 50여 명으로 늘어났고, 1년 매출이 1억~2억 원이던 것이 1999년 38억 원으로 성장했다. 회사와 내가 같이 성장한 것이다. 그런 경험이 있기에 나는 늘 중소기업은 자기 스스로 도전할 수 있는 기회가 무궁무진하다고 이야기하곤 한다.

역사에는 '만약(IF)'이 없다고 한다. 인생에도 마찬가지다. 하지만 가끔 상상하곤 한다. 만약 삼성전자에 입사하기까지 두 달 반 동안 대성화학에서 아르바이트를 하지 않았다면, 만약 송별회 날 맥주 한 잔을 사양했다면, 막차를 놓치지 않았다면, 근영이가 아프지 않았다면, 아내가 깜빡 졸다가 나를 깨울 시간을 놓치지 않았다면…… 그때 '만약'의 가정에서 벗어나 계획대로 대기업에 입사한 친구들 중 몇몇은 능력을 발휘해 임원이 되었지만 현재는 모두 은퇴하고 물러났다. '만약' 내가 그들과 같았다면, 지금 나는 과연 어떤 인생을 살고 있을까.

내 친구 윤성영

열심히 일했지만 살림살이는 좀처럼 나아지지 않았다. 어쩌면 가난은 발버둥질할수록 깊이 빠져드는 늪과 같았다. 방법이 없었다. 담배만 늘었다. 답답한 속을 달래기 위해 하늘을 보며 담배 연기와 함께 긴 한숨을 토해 낼 뿐이었다.

부천시청 앞 반지하 집에서는 1년 반 만에 나와야 했다. 시골에 계신 어머니의 농협 빚이 다시 눈덩이처럼 불어나서 급하게 해결하지 않으면 안 될 지경에 이른 것이다. 궁여지책으로 우리 전세금 450만 원을 빼서 400만 원을 시골로 보냈다. 그걸로 십여 년 동안 어머니의 등을 휘게 만들었던 농협 빚을 청산해 버렸다. 그리고 남은 돈 50만 원으로 약대사거리에 미장원 집을 얻었다.

'가자니 태산이요, 돌아서자니 숭산'이라는 속담이 있다. 앞에도 높은 산이요 뒤에도 높은 산이라는 뜻이다. 스물여섯의 나에

'흙수저 공돌이'의 참 아름다운 성공

게 세상은 사방이 막힌 첩첩산중 같았다. 남춘이는 직장이 있으니 독립할 수 있었지만 전공에 대한 고민으로 방황하느라 대학을 오랫동안 다닌 막내는 학교 근처 독서실에서 사는 비용을 내가 지원해야 했다. 그 독서실비가 한 달에 15만 원, 거기에 밥 한 끼를 3천 원씩으로만 계산해도 한 달이면 꼬박 30만 원 이상이 막내 앞으로 들어갔다. 내 봉급을 다 내줘도 안 되는 상황이었다.

아이는 맹렬하게 크고 있었다. 곧 식구도 늘어날 것이었다. 돈이 더 필요하지만 돈이 나올 구멍이라곤 없었다. 가진 재산이라곤 몸뚱이뿐이니 몸을 갈아 넣어서라도 더 일하는 수밖에 없었다. 다행히 일하고자 하면 일감은 있었다. 회사에서 내 형편을 알고 부업거리를 밀어주어 월급 외 가욋돈을 벌 수 있었다. 비염 치료제를 코에 넣어 뿌릴 때 쓰는 분무기를 만드는 일이었는데, 플라스틱 호스를 규격에 맞게 잘라서 조립하고 분무 테스트를 해서 완성하는 작업이었다. 단순 작업이었지만 하나 만드는 데 5원이라 단가가 매우 높은 편이었다. 그 재료들을 받아 와서 퇴근 후 아내와 마주 앉아 새벽 한두 시까지 부업을 했다. 부지런히 한 달 꼬박 작업을 하면 적게는 30만 원, 많이 할 때는 40만 원까지 벌 수 있었다. 거의 봉급과 같은 수준으로 부업을 해서 최소한의 생활비만 남기고 나머지는 모두 동생 학비로 보냈다.

하루하루 고단한 나날이었다. 회사에서 집까지 걸어서 20분 정도 되는 거리를 출퇴근 때마다 부업 재료를 걸머지고 다녔다.

그러다 너무 힘이 들어서 자전거를 하나 사서 뒤에 싣고 다녔다. 그러던 어느 날, 부업거리를 뒤꽁무니에 매달고 퇴근하는 길에 중국집 앞에서 냅다 달려오던 배달 오토바이와 부딪쳤다. 충격과 함께 몸이 공중으로 붕 떴다. 그래도 그때는 몸이 날렵해서 크게 다치지는 않았지만 부업거리 재료들이 모조리 도로에 흩어지고 자전거 휠이 찌그러졌다. 맞부딪힌 오토바이도 나가 떨어졌지만 아무래도 자전거의 피해가 컸다.

"다친 데 없어?"

중국집 주인이 나와서 나를 위아래로 훑었다.

"괜찮은 것 같은데 번거롭게 경찰 부르고 어쩌고 할 것 없이 합의서를 쓰자고."

어수룩할 때라 주는 대로 5천 원을 받고 합의서를 썼다. 그리고 찌그러진 자전거를 끌고 고장 수리를 하러 가 보니 수리비가 5천 원이었다. 흩어진 부업거리를 모아 싣고 집에 가서 긁혀 피가 난 상처에 빨간약을 발랐다. 이틀 지나서부터 온몸이 쑤셔 왔지만 이미 끝난 일이었다.

그때의 정경을 떠올리면 지금도 기가 막힌다. 길바닥을 엉금엉금 기며 흩어진 부업거리를 주워 모으던 내 모습과 찌그러진 자전거 바퀴를 끌고 터덜터덜 가던 길, 피가 흐르는 상처 위에 빨간약을 바르며 눈물을 글썽거리던 만삭의 아내, 보름달처럼 배가 부풀어 오른 아내와 '하꼬방' 같은 집에서 새벽까지 쭈그려 앉아 호스를 잘라 맞추던 일.

아무리 지난일이라고 미화하려 해도 결코 아름답게 기억할 수만은 없는 젊은 날이다. 너무도 지긋지긋한 가난이 원망스러웠고 나만 믿고 바라보는 아내에게 너무나 미안했다. 그래도 하나 남은 위안이라면 그토록 절망적인 상황 속에서도 끝내 무너지지 않았다는 것, 무너지지 않았기에 지금 이렇게 살아 있다는 것뿐이다.

돈에 쫓겨 살았다. 푼돈이나마 벌어 보려다 보니 시간에 쫓겨 살았다. 몸도 마음도 여유가 없었다. 허덕허덕 삶에 쫓겼다. 그러다 소중한 것을 놓치기도 했다. 윤성영, 병영 훈련 마지막 날 복통으로 고생하는 나를 위해 밥을 대신 타다 주었던 착한 친구. 성영이에 대한 아픈 기억도 그 가난한 젊은 날의 한 페이지를 장식하고 있다.

입대 직후 위십이지장궤양이 재발해 통합 병원에 입원하면서, 금오공고를 졸업하고 해군에 입대해 함께 진해 공창에서 일했던 성영이와는 헤어지고 말았다. 이후 나는 5해역사령부로 가서 전역했고 성영이는 강원도 묵호 지역의 2함대사령부에 가서 전역했다. 그때부터 성영이와는 만날 기회가 생길 때마다 이상하게 어긋났다. 내가 결혼할 때에는 성영이가 결혼식에 참석하기 위해 오다가 인천 지리에 익숙지 않아 교통사고가 나는 바람에 결국 오지 못했다.

성영이는 군 제대 후 스물네 살에 늦깎이로 명지대 행정학과에 들어갔다. 입시 준비 기간은 짧았지만 우수한 성적으로 전액 장학생에 선발되었다. 졸업 후 뒤늦게 공부를 하겠다고 마음먹은 친구들은 거의 다 성영이처럼 장학금을 받고 대학에 다녔다. 설령 금오공고에서 중하위권이었다고 해도 일반고에서는 상위 1퍼센트 안에 들어갈 정도의 머리와 실력이라고 다들 인정하던 시절이었다. 그러던 어느 날 어떻게 수소문을 했는지 성영이 회사로 전화를 걸어왔다. 자기는 지금 대학 졸업반으로 취업 준비를 하고 있는데 모처럼 시간이 나서 묵호에서 같이 해군 복무를 했던 금오공고 친구 김재억과 함께 나를 만나러 오겠다는 것이었다.

"남선아, 보고 싶다! 토요일 오후에 재억이와 같이 갈 테니 네가 부천역으로 마중 나와라!"

결혼식을 할 때도 사고가 나는 바람에 만나지 못했으니 보지 못한 기간이 꽤 되었다. 그런 친구가 멀리서 일부러 찾아온다니 반가운 마음에 일단 약속을 했다. 그런데 약속 날짜가 다가올수록 반가운 마음이 불안과 괴로움으로 변해 갔다.

'어떡하지? 뭘 입고 나가지?'

당장에 입고 나갈 옷부터 걱정이었다. 직장 생활을 한다지만 공장에서 노동을 했기에 정장 한 벌, 구두 한 켤레가 따로 없었다. 최악의 시절, 최악의 상황. 나의 하루하루는 풍랑 위에 떠 있는 조각배처럼 위태로웠다. 온종일 일하고도 모자라 단칸방에서 부부가 마주 앉아 새벽까지 부업을 해서야 겨우 꾸려 나가는 살림살이, 처자식과 노모와 동생들까지 모두가 나를 바라보고 있었다.

목요일, 금요일, 그리고 토요일. 성영이와의 약속이 코앞에 닥쳐서도 나는 계속 공장에서 일하고 있었다. 그래도 토요일 오후에는 잠깐이라도 시간을 내서 친구들의 얼굴을 보려고 마음먹었지만 막상 아침에 옷장을 열어 보니 입고 나갈 만한 옷이 없었다. 그래서, 가지 않았다. 약속 장소에 나가지 않았다. 집에는 전화가 없으니 친구들과 연락할 방법도 없었다. 그냥, 진짜, 안 나갔다.

입을 옷이 없어서 못 나갔다는 게 우스운 평계 같지만 거짓말은 아니었다. 모처럼 친구들이 찾아오는데 나는 그들을 대접할 방법이 없었다. 그들은 대학생이고 나는 어쨌거나 사회인이었다. 그럼에도 불구하고 먼저 사회에 진출해서 직장 생활을 하는 친구에 대해 기대할 최소한의 것도 충족시켜 줄 수 없었다. 그들은 나를 찾아오면서 친구 얼굴도 보고 맛있는 것도 얻어먹을 기대를 했을 것이다. 떠들썩하게 옛이야기도 하고 얼근하게 취해 신혼집에 처들어가자 호기를 부릴 수도 있었을 것이다.

하지만 나는, 없다. 나는 그들에게 해 줄 것이 아무것도 없다. 아침에 흰 양말을 신고 나가면 저녁에 시커먼 양말로 돌아오는 처지, 찌그러진 자전거에 부업거리를 한가득 싣고 왔다 갔다 하며 동전 한 닢에 벌벌 떠는 처지에 불과하다. 이런 모습을 보이느니 차라리 나타나지 않는 것이 낫겠다 싶었다. 바람을 맞은 친구들이 기막혀 할지라도, 배신감으로 욕하며 화를 낼지라도 지금 이대로의 모습으로는 만날 수 없었다. 그때의 젊고 어리석은 생각에는 그것이 최선의 선택이었다.

그때의 오해가 풀리기까지는 한참의 시간이 걸렸다. 윤성영은 대학을 졸업하고 주택공사에 입사했고 김재억은 국민은행 흑석동 지점에서 일하고 있었다. 나는 힘겨웠던 생활고를 이겨 내고 회사에서 승진하여 이사가 되었다. 세상은 참 넓고도 좁았다. 대성화학의 주거래 은행이 국민은행 흑석동 지점이었고 마침 우리 회사 담당으로 배정된 행원이 김재억이었다. 그 우연 같은 필연이 끄나풀이 되어 1988년 부천역 광장에서 바람맞혔던 두 친구와 1996년 다시 만나기로 약속했다.

"우리, 술 한 잔 더 하자. 내가 오늘 너희 두 사람에게 꼭 할 이야기가 있다."

회사에서 임원에게 내주는 승용차를 타고 흑석동 지점에 가서 성영이와 재억이에게 저녁을 샀다. 그리고 술 한 잔을 더 하자고 청하여 조용한 단골 술집에 마주 앉았다.

"많이 섭섭했지? 미안하다. 사실 그날 내가 너희들 앞에 나타나지 못한 것은……."

'흙수저 공돌이'의 참 아름다운 성공

8년 전 부천역 광장에서 바람맞힌 두 친구에게 8년이 지나서야 내 가난한 기억을 털어놓았다. 내 말을 듣는 성영이와 재억이의 얼굴이 조금씩 일그러졌다.

"남선이, 이 새끼야!"

나도 그들처럼 얼굴이 일그러졌다. 일그러진 얼굴 위로 닭똥 같은 눈물이 뚝뚝 떨어졌다.

"야, 우리는 친구인데 부끄럽고 미안할 게 어디 있냐? 우리는 네가 허름하게 나오든 정장을 반듯하게 입고 나오든, 아니 알몸으로 나온대도 아무런 상관이 없어!"

우리는 서로 부둥켜안고 어린아이들처럼 울었다. 나는 내 나름의 사연으로 마음을 앓다가 약속에 나가기를 포기한 것인데, 친구들은 자기들이 직장도 못 잡고 아르바이트나 하는 학생이라 허남선이 우습게 봐서 바람을 맞혔다고 오해를 했다는 것이었다. 해묵은 오해를 풀고 우리는 대취하였다. 울다가 웃다가 다시 울며 서로를 위로하고 우정을 확인했다. 그날은 친구들을 그냥 보낼 수 없었다. 그때 우리 집은 송내역 앞 반달마을에 분양받은 민간 임대 아파트였는데 친구들을 차에 태워 한밤중에 우리 집까지 달려갔다. 아내가 차려 준 술상을 앞에 두고 우리는 새벽 3시까지 이야기꽃을 피웠다. 옷은 새 옷이 좋고 친구는 옛 친구가 좋다는 말이 과연 틀리지 않았다. 그때 느낀 진한 행복감은 어떤 성취와 성공과도 바꿀 수 없는 것이었다.

내 친구 윤성영

성영이는 술을 많이 마시지 못하면서도 술을 좋아했고 담배도 꽤나 좋아했다. 진해 공창에서는 외출을 나갔다 온 친구들이 담배를 한 갑이나 반 갑씩 돌리는 관습이 있었는데 당시 담배를 피우기 전이었던 내 몫의 담배는 성영이가 받아서 피우곤 했다. 그만큼 나와 친하게 지냈던 친구였고 주택공사에서 최연소 부장으로 승진까지 할 정도로 똑똑한 친구였다. 이외에도 특별한 인연이 있었다. 솔로였던 성영에게 아내의 중학교 동창을 소개시켜 주었는데 딱 한 번 소개시켜 준 아내의 친구와 6개월이 지나 결혼한다고 연락이 왔다. 성영이의 결혼식에는 내가 사회를 보았고 고등학교 2학년과 3학년 때 담임이셨던 정완섭 선생님이 주례를 섰다. 성영이는 내가 소개시켜 준 아내 친구와의 사이에서 아들 하나에 딸 하나를 낳고 잘 살았다.

우리는 언제까지고 그렇게 서로의 안부를 주고받으며 함께 늙어 갈 줄 알았다. 하지만 운명은 다시금 성영이와 나를 나누어 버렸다. 2005년 성영이는 췌장암 판명을 받고 대학병원에서 진료를 받다가 정작 췌장암이 아닌 의료 사고로 황망하게 세상을 떠나고 말았다. 윤성영의 죽음은 시사 프로 〈추적60분〉에 나올 정도로 의문점이 가득한 의료 사고였던지라 죽은 지 3개월이 지나서야 장례식을 치를 수 있었다. 성영이가 입원해 있는 동안 나는 매일 저녁 대학병원으로 퇴근했다. 성영이의 부인과 아들딸이 병원 앞에서 3개월 동안 피켓 시위를 할 때에도 일주일에 서너 번 간식을 사 들고 응원을 갔다. 3개월이 지나 많지는 않지만 얼마간의 보상을 받고 장례식을 치렀지만, 내가 가장 친한 친구를 잃었다는 사실은 변하지 않았다.

내 가장 친했던 친구 윤성영. 성영이가 가져온 울릉도 오징어를 질겅질겅 씹으며 잠들던 금오공고 정직관 1층 6호실에서의 그 밤을 나는 아직도 기억한다. 그 구수하고 짭조름한 우정의 맛을 아마도 끝내 잊지 못할 것이다.

죽음의 고비를 넘다

　중학생일 때부터 앓기 시작한 속병은 나이를 먹어 삶의 무게가 더해짐에 따라 더욱 깊어졌다. 나는 언제나 약을 달고 살았다. 병원에 가서 내시경 같은 정밀 검사를 받을 형편이 되지 못했기에 약국에서 약을 사다 먹었다. 암포젤엠과 복합 아루사루민을 주로 먹었고 평상시 속이 쓰릴 때는 소다를 입에다 털어 넣고 물을 먹어서 진정시켰다. 약을 하도 먹다 보니 아무리 양이 많아도 한 번에 꿀꺽 넘겼기에 아내는 나를 보며 말하곤 했다. 세상에 약을 저렇게 잘 먹는 사람은 처음 봤다고.

　노동은 고되었다. 대성화학을 다니면서 아침 6시에 출근했다가 밤 10시가 넘어서 퇴근하는 생활을 반복했다. 또 그때부터 새벽까지는 아내와 마주 앉아 부업을 했다. 토요일과 일요일에도 쉬지 못하고 일했다. 그렇게 힘들게 직장 생활을 하다 보니

1993년 무렵에는 병세가 악화되어 더는 약으로 버티지 못할 지경에 이르렀다. 속이 아파서 제대로 먹지 못하고 고기 같은 건 아예 입에도 대지 못하니 몸무게가 46킬로그램까지 빠졌다. 아내가 끓여 주는 죽을 먹으며 간신히 버티다가 피골이 상접한 몰골로 처음 동네 내과에 찾아갔다. 의사에게 어렸을 때부터 위십이지장궤양을 앓았던 이야기며 통합 병원에 입원했던 이야기, 현재의 증상 등을 쭉 이야기했더니 그의 표정이 심각해졌다.

"이거 그냥 놔두면 큰일 납니다. 큰 병원에 가서 정밀 검사를 받아 보세요."

당시 부천에서 가장 큰 병원은 세종병원과 성가병원 두 군데였다. 그중 세종병원 김정택 박사에게 갔는데 그가 내시경 검사한 것을 들여다보며 말했다.

"위험한 상태로군요. 이대로 놔두면 곧 암으로 발전해서 더 큰 문제가 올 수 있겠습니다."

그러면서 십이지장의 3분의1 정도와 위의 3분의1 정도를 절제하고 위와 십이지장을 직접 연결하는 수술을 했으면 좋겠다고 결론을 내렸다.

"수술은…… 하루만 생각해 보겠습니다."

지금은 의학이 발달해서 복강경 수술도 있고 로봇 수술도 있지만 그때는 명치 밑에서부터 아랫배까지를 절개하는 방법밖에 없었다. 큰 수술이라 쉽게 결정할 수 없으니 우선 생각할 시간을

죽음의 고비를 넘다

달라고 했다. 하지만 지금 당장 수술하지 않으면 암으로 발전할 가능성이 있다니 아무리 생각해도 다른 방법이 없었다. 이틀 후 세종병원에 다시 가서 수술 날짜를 잡았다.

헌데 수술 날짜를 잡고도 아무한테도 이야기를 하지 못했다. 너무 많은 걱정이 한꺼번에 물밀어 왔고 그것은 누구와도 나눌 수 없는 내 몫의 걱정이었기 때문이다. 뭐니 뭐니 해도 가장 큰 걱정은 가족들이었다. 회복까지 한 달이 걸릴지 두 달이 걸릴지 알 수 없는데 내가 일을 하지 못하면 봉급도 나오지 않을 테니 당장의 생계가 문제였다. 혼자 끙끙 앓다가 결국 정원재 사장님을 찾아갔다.

"제가 몸이 너무 안 좋아서 수술을 좀 해야 할 것 같습니다."

"그래? 그럼 회복할 때까지 얼마나 걸리나?"

"한 달 이상 걸릴 것 같습니다."

회복하여 다시 일할 때까지 얼마나 걸릴지도 걱정이었지만 수술비도 걱정이었다. 의료 보험 처리가 되어도 100만 원 정도는 족히 될 거라고 하는데, 1993년에 100만원이면 내 형편에 굉장히 큰돈이었다. 그때 정원재 사장님이 고마운 말씀을 해 주셨다.

"수술비가 나오면 회사에서 좀 지원을 해 줄 테니 걱정하지 말고 치료 잘 받게."

사납게 어깨를 짓누르던 걱정들 가운데 큰 짐이 덜어진 느낌이었다. 얼마나 감사하고 또 고마웠는지, 비빌 언덕이라곤 없이 홀로 세상을 헤쳐 온 내게 정원재 사장님의 말씀은 처음 경험하는 따뜻한 응원이었다.

흙수저들의 사정은 대부분 나와 비슷하다. 건강하고 일할 힘이 있을 때는 평범한 사람들과 큰 차이가 나지 않는 듯하지만 병에 걸리거나 사고를 당하거나 일자리를 잃으면 급작스럽게 삶이 추락한다. 이 세상에 나를 도와줄 이가 아무도 없다는 사실은 사람을 주눅 들게 할뿐더러 내일을 꿈꾸지 못하게 한다. 언제라도 불행의 함정에 빠져 나락으로 떨어질지 모르기 때문이다.

그래서 나는 처음 기업을 시작하면서부터 가정 형편이 어려운 직원들에게 주는 복지 혜택에 특히 신경을 썼다. 법인에서 공식적으로 도움을 주는 것은 물론 개인적으로도 어려운 형편에 처한 직원들에게 목돈을 내주어 난관에서 빠져나오게 했다. 누군가에게 비빌 언덕이 되어 주고 싶은 마음, 그것은 간절히 비빌 언덕을 소망했던 나 자신의 경험에서 비롯된 것이었다.

수술하기 이틀 전 누이들과 동생들, 그리고 아내를 한자리에 모았다. 김정택 박사께 수술을 받다가 사망할 가능성을 물어보니 1퍼센트에서 3퍼센트 정도라고 했다. 아주 높은 비율은 아니지만 어쨌든 가능성이 아예 없지는 않았다. 물론 의사들은 대개의 경우 최악의 경우를 말하지만 어쨌거나 수술실에 들어갔다가 나오지 못하게 될 수도 있는 것이었다. 그래서 5남매와 아내가 모인 자리에서 비로소 혼자 품었던 비밀을 털어놓았다.

"내일 수술을 받으러 들어갑니다."

내가 그 말을 내뱉는 순간 형제들과 아내의 눈에 어리던 절망의 눈빛을 아직도 생생하게 기억한다. 그들에게는 내가 유일한 '비빌 언덕'이었던 것이다. 그것을 잃어버릴 듯한 절망감으로 열 개의 눈동자가 순식간에 컴컴해졌다. 실제로 가계의 형편이 그랬다. 내가 수술을 받으러 들어갈 때에 통장에는 6~7만 원쯤이 남아 있었다. 매달 봉급날은 10일이었는데 받자마자 이렇게 저렇게 빠져나가 버리고 저축을 하기가 거의 불가능한 상황이었던 것이다.

"이것밖에 남지 않았소."

그때까지 집안 경제 관리는 내가 직접 하고 있었는데 처음으로 아내에게 통장을 맡겼다. 그리고 입원하기 하루 전날에도 회사에 출근해서 업무 인수인계를 했다. 오후 2시까지 입원하라고 하여 점심을 먹고 들어가려니 회사 사람 누군가가 보신탕을 먹고 가야 속이 든든해서 힘든 수술을 이겨 낼 수 있다고 귀띔해 주었다. 보신탕집을 찾아가 한 뚝배기를 시키니 펄펄 끓는 벌건 국물에 부추와 들깨가 듬뿍 뿌려져 나왔다. 그래도 살아 보겠다고, 이겨 내겠다고 혼자 땀을 뻘뻘 흘리며 한 그릇을 깨끗이 비웠다. 그런데 힘이 나기는커녕 속이 더 쓰리고 아파서 입원하러 들어갈 때에는 괜히 먹었다고 후회했다.

다음 날 오전 10시에 수술실에 들어갔다. 의사의 말로 수술은 3시간에서 5시간 정도 걸릴 것이라고 했다. 그런데 막상 수술에 들어가니 예상 밖으로 시간이 많이 걸려서 8시간을 훌쩍 넘겨 오후 4~5시가 되어서야 끝났다고 했다. 수술실 밖에서는 동생 남춘이와 아내가 애타게 기다리고 있었다. 수술을 마친 후 병원 측에서 중환자실에 들어간 환자가 깨어나면 연락하겠다고 했는데 24시간이 지나도 연락이 없어 가족들이 발을 동동 굴렀다고 한다. 환자가 오랫동안 깨어나지 않으니 의사와 간호사들도 비상이 걸렸다. 나는 결국 그 다음 날, 수술이 끝난 후 48시간 만에 마취에서 깨어났다. 워낙 체력이 약해진 상태라 마취약을 이기지 못해 오랫동안 깨어나지 못했던 것이다.

깊은 잠에 빠져 있던 나는 아무것도 기억하지 못한다. 하지만 바깥에서 내가 깨어나기를 기다렸던 가족들은 영겁처럼 느껴지는 시간을 보냈다. 남편을, 형을 잃는다고 생각했다고 한다. 그래서 수술 후 둘째 날에는 남춘이가 시너를 한 통 사 들고 의사를 찾아가, 우리 형 살려 내지 못하면 병원에 불을 질러 버리겠다고 난동을 부리기까지 했다는 것이었다.

48시간 만에 간신히 깨어났을 때 남춘이가 중환자실로 면회를 왔다. 겁이 많은 아내는 그사이 혼이 나가서 대뜸 중환자실로 들어오지 못했다.

"형, 나 누군지 알아보겠어?"

남춘이가 내 손을 잡으며 말했다고 한다.

"근영이 엄마, 근영이 엄마 어디 갔어?"

나는 기억하지 못하지만 내가 깨어나 제일 먼저 찾은 사람은 아내였다고 한다. 나중에 남춘이는 그때 형수를 먼저 찾아서 서운했다고 투덜거리기도 했다.

어쨌든 수술은 잘 끝났다. 마취에서 깨어나 이틀 정도 중환자실에 있다가 일반 병실로 옮겼는데 가스가 나와야 뭔가를 먹고 회복할 수 있었다. 의사와 간호사는 자꾸 걷고 움직여야 한다고 했지만 수술 자리가 워낙에 컸기에 복대를 대고도 아파서 도저히 움직일 수가 없었다. 가스가 나오지 않는 상태가 이틀 사흘이 지나자 의료진들이 짜증을 내기 시작했다. 만약 장의 활동이 원활하지 않으면 재수술을 해야 할 수도 있다고 겁을 주며 더 열심히 운동할 것을 채근했다.

이를 악물었다. 입원실이 있는 5층을 빙빙 돌다가 기운을 내어 계단을 내려가 보기로 했다. 아내와 동생은 무리라고 말렸지만 살기 위해서는 무어라도 해야 했다. 한 발자국 한 발자국을 내딛을 때마다 내장을 헤집는 듯한 아픔이 밀려왔고 이마에서 땀이 비 오듯 흘렀다. 그래도 5층에서 1층까지 오랜 시간이 걸려 혼신의 힘을 다해 내려갔다가 1층에서 5층까지 올라왔다. 두 번째로 내려갔다가 3층쯤 올라갈 무렵, 갑자기 가스가 '빵!' 하고 새었다. 너무도 반가운 방귀 소리, 새로운 삶의 고마운 축포였다.

홍천에 계신 어머니께는 수술 소식을 알리지 않았다. 걱정을 하실까 봐 어느 정도 회복이 된 다음에 알리려고 했는데 과연 어머니라는 존재의 직감은 대단했다. 전화로나마 자주 문안 인사를 하던 내가 소식이 없고 꿈자리까지 뒤숭숭하여 불현듯 집으로 전화를 거셨다. 큰아들 근영이가 전화를 받기에 아빠 어디 가셨느냐 물으니 어른들의 사정을 알 리 없는 아이가 순진하게 대답했다.

"아빠 병원에 계시는데요."

어머니는 당장에 홍천에서 출발해 그날 저녁 병원에 찾아오셨다. 그리고 며느리인 아내의 뺨을 때리다시피 하며 병원에서 대성통곡을 하셨다. 어떻게 당신의 아들이 살고 죽는 큰 수술을 받는 것을 어미가 모르게 했느냐는 것이었다. 우리의 생각으로는 힘들게 농사를 지으며 살고 계신 어머니를 더 힘들게 할까 봐 그런 건데 어머니는 몹시도 섭섭하셨던 모양이다.

"퇴원하면 무조건 집으로 내려와라. 집에 와서 쉬어."

퇴원할 무렵 정원재 사장님이 찾아와서 병원비가 얼마나 나왔냐고 물어보셨다. 67만 원이 나왔다고 하니 다음 날 회사 사람이 와서 60만 원을 주고 갔다. 그걸로 병원비 계산을 하고 집에 와서 5분 정도 잠깐 아이들 얼굴을 보고 곧바로 홍천으로 내려갔다. 회사 근처에서 사출 공장을 하고 있는 분이 봉고차로 시골에 데려다 주겠다고 하여 그 차에 비스듬히 누워서 실려 갔다.

아내는 지금까지도 두고두고 그때 곧바로 홍천으로 가 버린 것을 서운해한다. 남편이 죽다가 살아 돌아온 셈이라 자기도 남편의 회복을 위해 정성을 다하고 싶었는데 어머니에게 기회를 빼앗겼다는 생각이 들었다는 것이다. 우리 시대 아들들의 딜레마이기도 한데 어머니와 아내 사이에서 양쪽을 모두 서운하지 않게 하기란 참으로 힘들었다. 그래도 그때 당시 나는 아내보다 어머니의 입장을 더 헤아려 생각할 수밖에 없었다.

어머니는 아버지가 집을 나가신 후로 오로지 부처님과 장남에게 의지하고 사셨다. 오래 전부터 불교를 믿었던 어머니는 춘천 청룡사를 다니시다 나중에는 홍천 연화사를 다니셨는데, 그 당시 춘천 청룡사에는 우리가 박 스님이라고 부르던 주지 스님이 계셨다. 어머니가 그분께 가서 우리 아들 좀 살려 달라고 애원을 했더니, 아들이 큰 수술을 했으니 시골에 내려오면 두 눈 딱 감고 개를 한 마리 잡아서 가마솥에서 푹 고아 가지고 열흘이고 보름이고 내리 먹이라는 처방을 내렸다고 한다. 살생을 금한 불교에서 스님이 내린 처방이라기에 민망한 면이 없지 않으나 먹기 전에 "부처님, 약 먹습니다!"며 기도를 바치고 먹으라고 했으니 나는 개를 먹었다기보다 부처님이 허락한 약을 먹은 셈이었다.

수술하고 보름 만에 퇴원해서 홍천 어머니 곁에서 보름 정도를 쉬었다. 원래는 한두 달 정도 집에서 휴양해야 할 텐데 몸이 조금 좋아지니 회사 걱정이 되기 시작했다. 정원재 사장님의 배려가 고맙기도 했거니와 언제나 일손이 부족한 회사 사정을 잘 알고 있었기에 마냥 쉬고 있을 수 없었다. 그 길로 집에 올라와 이틀 정도를 쉬다가 다시 출근을 하기 시작했다.

지나간 일이라 지금은 무심히 이야기하지만 1993년 봄 나는 삶과 죽음의 갈림길에서 고비를 한 번 넘은 셈이다. 병원에 들어가기 전에 생각이 정말 많았고 이대로 내 인생이 끝나는 게 아닌가 하는 걱정도 했다. 내가 만약 이대로 가게 된다면 남은 가족들은 어떻게 될까? 어려서부터 주변에서 아빠가 젊어 세상을 떠나면 엄마는 재혼하고 자식들은 뿔뿔이 흩어지는 모습을 많이 보았다. 그런 불운과 불행을 보았으니 수술하러 들어가기 직전까지 오직 하나의 생각, 이 고비를 이겨 내고 반드시 살아야 되겠다는 집념에 사로잡혀 있었다. 그래서 48시간이 지나 어쨌거나 눈을 떴고, 마지막 한 방울의 힘을 짜내어 가파른 병원 계단을 오르내렸다.

나는 살아야 했다. 지금 여기서 죽을 수 없었다. 내가 사라지면 집안 전부가 무너져 버릴 것이었다. 그들을 위해 배가 찢어질 듯 아파도 걸어야 했다. 그들을 지키기 위해 어서 배 속의 가스를 뽑아내고 밥을 먹어 회복해야 했다. 한 걸음, 또 한 걸음. 천천하지만 포기하지 않았다. 지금까지 걸어온 모든 나의 걸음이 그러했듯이.

나의 라훌라, 우리 갑영이

　꼬박 열한 번이었다. 결혼해서부터 중동 신도시에 임대 아파트나마 남의 집이 아닌 우리 집을 갖게 되기까지 이사를 열한 번 했다. 처음 아내와 함께 살기 시작한 곳은 독쟁이고개 만신집이었고, 삼익가구에 입사한 남춘이와 함께 살면서 첫아이 근영이를 낳은 곳은 용현동 반지하였다. 함께 살던 남춘이가 결혼해서 나가고 갑영이는 부천시청 앞 반지하방에서 태어났다. 이때 앞서 말한 대로 어머니가 농협 빚 때문에 굉장히 힘든 상황이 와서 아내와 의논을 하니, 아내가 그냥 전세를 빼서 시골 어머니께 보내 드리고 농협 빚을 갚는 것이 좋겠다고 했다.

　남은 돈 50만 원으로 얻은 집이 약대사거리의 미장원 집인데 그나마 운이 좋아서 월세를 잘 얻었다. 보증금 50만 원에 월세 십여 만 원으로 구할 수 있는 집이야 뻔한데 그곳에 기아자동차에

'흙수저 공돌이'의 참 아름다운 성공

2013년, 어머님 팔순 잔치 때 아내와
두 아들 그리고 며느리와 함께

이건완 장군이 공군사관학교 교장으로 재직할 당시,
공사 발전 기금 전달식을 하며

다니던 남춘이네가 들어와 큰아이를 낳고 막내 병태까지도 함께 살았다. 원래 미장원 가게 자리라 시멘트 바닥에 스티로폼과 장판을 깔고 방처럼 만들었더니 알뜰한 남춘이가 전세에서 다음 전세로 가는 사이에 두세 달이 뜬다며 이삿짐을 가지고 우리 집에 들어왔다. 거기에 병태까지 데리고 살려니 아내가 혼수로 했던 장롱을 칸막이 삼아 공간을 나누고 창가 쪽에 책상을 놓아 병태의 공부방으로 만들었다.

방 하나가 삽시간에 세 개가 되었다. 모양새가 어쨌든 삼형제가 모여 의지하고 살았다. 원래 계약할 때는 우리 네 식구뿐이었는데 남춘이네와 병태까지 들어왔으니 다른 사람들 같으면 단번에 쫓겨났을 것이다. 하지만 미장원 집 주인인 할머니 할아버지는 나와 아내가 사는 모습을 보고 젊은이들이 열심히 산다고 다른 말씀을 하지 않았다. 파란만장한 그 시절 미장원 집에서 갑영이가 돌잔치를 하고 남춘이의 아들 재영이가 태어나 백일까지 키워 안양으로 이사를 갔다. 그 후로 우리는 도당동에 방 한 칸짜리를 얻어 이사를 해서 그곳에서 근영이 초등학교 6학년 때까지 살았다. 누군가는 큰아들 근영이더러 금수저라고 한다지만, 근영이는 부모의 가난을 가장 가까이에서 보았고 자기도 겪었다. 그런 경험이 아버지의 사업을 뒤이은 아들에게 돈보다 더한 재산이 될 것이라고 믿는다.

큰아이를 가질 때도 작은아이를 가질 때도 태몽은 우리 부부가 꾸지 못하고 어머니가 꾸셨다. 큰아들 근영이를 가질 때는 뱀 꿈을 꾸었고, 작은아들 갑영이를 가질 때는 어머니가 밭에서 감자와 고구마를 주렁주렁 한 광주리 캐는 꿈을 꾸셨다고 했다.

둘째 갑영이는 1986년 9월 2일 태어났다. 아내는 출산 하루 전까지 만삭의 배를 껴안은 채 나와 머리를 맞대고 분무기를 만드는 부업을 했다. 그날도 여느 날과 같았다. 저녁을 먹고 일하다 잠자리에 들었는데 새벽 서너 시쯤 아내가 배가 아프다며 데굴데굴 굴렀다. 때마침 억수같이 퍼붓는 비를 뚫고 택시를 잡기 위해 큰 도로로 달려갔다.

"집사람이 아이를 낳을 것 같아요!"

빗속에서 겨우겨우 택시를 잡아 사정을 하니 고마운 기사님이 집까지 와서 출산 짐을 들어 주고 병원으로 태워 주었다. 지금은 없어진 부천 김산부인과에 입원을 했고 그날 오전 11시쯤에 출산을 했는데 아내가 병원에서 진통을 하는 와중에도 나는 출근을 해야 했다. 내가 하루라도 회사에 없으면 안 되는 상황이다 보니 공장장의 노모께 부탁을 해서 근영이와 아내를 나 대신 돌봐달라고 했다.

흔히 말하길 여자들은 남편이 아이를 낳을 때 함께 있어 주지 않은 것을 평생의 원망거리로 삼는다는데 나는 두 아이 모두를 아내 혼자 출산하게 했다. 인천 주안에 있는 김혜경산부인과에서 첫째 근영이를 출산할 때도 내가 군에서 잠시 배를 타는 기간이라 아내 곁에 있어 주지 못했고, 둘째 갑영이를 낳는 순간에도 나는 아내 곁을 떠날 수밖에 없었다. 의사가 출산까지 몇 시간 더 길릴 거라고 해서 진통이 있을 때 잠깐 회사에 다녀온다고 버스를 타고 간 사이에 아내가 갑영이를 낳았다. 진통이 와서 아내가 아프다고 용을 쓰면 두 살배기 근영이도 옆에서 침대를 붙들고 엄마와 같이 용을 썼다고 한다. 그 장면에서 근영이를 떠올리면 귀엽기도 하고, 아내를 떠올리면 미안하고 안쓰러운 마음이 들기도 한다.

갑영이의 돌잔치는 약대사거리 미장원 집에서 했다. 그런데 돌잔치를 보러 온 어머니께서 아이가 좀 이상하다고 하시는 것이었다. 생후 12개월까지 목도 못 가누고 누워만 있으니 아무래도 이상타고 하셨다. 하지만 아이들의 발달은 워낙에 변수가 많고 제각각이니까 우리는 그냥 늦된 아이라고만 생각했다. 갑영이를 병원에 데려간 것은 두 살이 거의 되어서였다. 그때까지도 아이는 걷지 못하고 달라질 기미가 보이지 않았다.

정신 지체.

처음 장애 1급을 받았을 때 병원의 진단이었다.

자폐.

다음에 다시 검사를 했을 때 병원에서 진단받은 병명이었다. 그 후로 수없이 많은 검사를 거치면서 어떤 때는 지능이 3세 정도로 판정 나고 어떤 때는 정서적 산만함이 강조되었다. 결과적으로 자폐증에 이런저런 증상들이 덧붙여져 종합적으로 지적 장애라고 부르는 상태로 판명되었다.

갑영이는 서너 살 때까지 걷지 못했다. 가족들의 고민도 커져 갔다. 동생 뒤치다꺼리에 여유가 없어 장애 판정을 받고도 초반에는 별다른 대처를 하지 못했고 그것이 두고두고 아내의 응어리가 되기도 했지만, 미장원 집에서 나와 도당동에 방 한 칸을 얻어 이사했을 때부터 아내는 여섯 살이 된 갑영이를 데리고 다니며 장애인 조기 교육을 시작했다. 도당동 집에서 버스를 타고 부천역까지 가서, 부천역에서 전철을 타고 부평역에 내려 도보로 20분 걸어서 성 엠마누엘 조기 교육원에 다녔다. 건강한 아이라도 여섯 살배기를 데리고 오가기에는 고단한 길이었다. 그런데 갑영이는 장애까지 있으니 교육을 받으러 다니는 길이 고행길이나 진배없었다. 한번은 부평역에서 전철을 탔는데 부천역에 내리기 한 정거장 전에 사달이 났다.

"에이, 이게 무슨 냄새야? 누가 똥 쌌어?"

전철 안 사람들이 인상을 찌푸리며 코를 싸쥐었다. 아내는 직감적으로 갑영이의 기저귀를 확인했다. 예상한 대로 기저귀가 묵직했다. 순간 사람들의 사나운 눈길이 갑영이를 향했다. 그때는 장애인에 대한 인식이 지금보다 훨씬 낮았던지라 평소에도 '그런 애'를 왜 데리고 나다니느냐고 지청구를 하는 사람이 많았다. 부천역까지 한 정거장을 가는 동안 아내는 날카로운 편견과

혐오의 시선을 온몸으로 맞았다.

전철이 부천역에 닿자마자 아내는 갑영이를 끌어안고 화장실로 달려갔다고 한다. 화장실에서 아이의 옷을 다 벗겨서 대변이 묻어 뒤범벅된 아랫도리를 차가운 물로 씻겼다. 아이는 찬물이 맨살에 닿자 놀라서 울고, 아내는 공중 화장실에서 아이를 씻기면서 부끄러움을 넘어선 설움과 아픔으로 이를 악물고 울었다.

갑영이가 대소변을 가린 것은 13살이 되던 해였다. 지금은 언뜻 보면 외양으로 장애를 확인하기 쉽지 않고 식당 같은 곳에서 말을 하면 모르는 사람들은 발음이 약간 어눌하니 외국에서 살다 왔나 착각하는 정도다. 훤칠한 키에 뽀얀 피부, 옷을 잘 입은 멋쟁이 교포 청년으로 보이기까지 아내가 얼마나 피나는 노력을 했는지는 일설로 다할 수 없다. 오로지 꾸준한 치료와 교육과 무한한 인내심의 결과일 뿐이다. 우리 가족만이 아니라 모든 장애인의 가족이 감내하는 과정이다.

영화 〈마라톤〉의 주인공처럼 정신 지체 장애인들은 언어와 수리 능력은 2~3살 수준일지라도 특정 분야에서 놀라운 발달을 보이기도 한다. 갑영이는 먹는 것을 좋아하고 컴퓨터를 잘한다. 키보드 치는 속도가 아주 빠르고 인터넷 서핑도 잘해서 찾아내지 못하는 게 없다. 갑영이는 장애인 학교인 부천 혜림학교에서 초중등 과정을 마치고 고등 과정은 인천에 있는 장애인 고등학교에 다녔다. 갑영이가 초등학교에 다닐 때까지는 내가 직장 생

'흙수저 공돌이'의 참 아름다운 성공

활을 했고 중학교에 다닐 때부터 사업을 시작했다. 형편이 조금 나아지면서 의사의 권유를 받아 운동 치료를 시작했는데 그 종목이 수영이었다. 수영의 효과는 놀라웠다. 자유형과 배영, 평영과 접영 등을 완벽하게 마스터하면서 부자연스러웠던 갑영이의 걸음걸이와 손발은 완전히 자연스러워졌다. 갑영이는 18살부터 20살 때까지 한국 장애인 수영 선수권 대회에서 금은동 메달을 휩쓰는 선수로 활동했다.

선수 생활은 물론 장애인이 수영장을 다니는 것 자체가 쉽지 않았다. 여러 차례 수영장을 옮겨 다니며 연습을 했고 그때마다 아내는 힘든 몸만큼이나 괴로운 마음을 앓았다. 지금 갑영이가 이만큼 좋아진 것은 모두 아내의 정성과 노력 덕분이다. 그래서 내가 처음으로 지은 전원주택에는 갑영이를 위한 길이 25미터에 폭이 8미터 정도 되는 풀장이 딸려 있었다. 물속에서 헤엄칠 때만은 갑영이는 장애인이 아니었다. 한 마리의 길고 늘씬한 물고기, 순수한 영혼을 지닌 아름다운 인어 같다. 나는 그의 자유를 온 힘을 다해 응원할 뿐이다.

어머니가 믿는 부처님은 출가하기 전 샤카국의 왕자 싯다르타였다. 싯다르타는 일찍이 구도의 길을 걸을 마음을 먹고 있었지만 왕국을 이어받을 왕자의 신분이기에 결혼을 했다. 싯다르타는 출가하기 직전 아내가 아들을 낳았다는 소식을 듣고 나지막이 탄식했다고 한다.

"아, 라훌라!"

'라훌라'는 산스크리트어로 '장애'라는 뜻이다. 싯다르타가 왕위를 버리고 출가하는 데 자식이 장애물이 될 수 있다는 의미이기도 하다. 내가 죽음의 고비에서 사로잡혔던 수많은 상념 가운데 큰 부분을 차지했던 것도 나의 라훌라, 우리 둘째 갑영이에 대한 걱정이었다.

시간이 아무리 지나도 갑영이의 정신은 자라지 않았다. 일 년이 지나면 나이는 꼬박 한 살을 먹는데 정신은 3살에 머물러 있었다. 고된 일을 마치고 어쩌다 동료들과 술 한 잔을 걸치고 집에 들어가 보면 단칸방에 식구 셋이 완두콩처럼 조르륵 누워 자고 있었다. 잠들어 있는 가족들의 모습은 천상에 살다가 잠깐의 실수로 지상으로 쫓겨 내려온 천사 같았다. 그중에서도 아프고 또 아픈 손가락, 우리 갑영이.

가만히 돌잔치 때의 사진을 꺼내 보았다. 비록 목은 가누지 못했지만 그때는 평생 안고 갈 장애가 있을 줄은 상상도 하지 못했다. 그저 평범한 아이, 오로지 사랑스러운 우리 둘째 아들일 뿐이었다. 눈물이 절로 솟구쳐 뺨을 적시고 흘렀다. 잠든 갑영이의 팔다리를 만져 보면서 이를 악물고 소리 죽여 울었다. 회복할 수 없는 장애를 가지고 태어난 아이, 그렇지만 사랑스러운 우리 집 둘째라는 사실만은 변함이 없었다.

'흙수저 공돌이'의 참 아름다운 성공

어머니도 돌아가시는 순간까지 갑영이를 걱정하셨다. 어머니는 내가 드린 용돈을 한 푼 두 푼 아껴 모아서 갑영이 이름으로 1천만 원이 든 통장을 남기고 가셨다. 그 통장은 지금도 내 사무실 금고에 고이 모셔져 있다.

가족 중에 장애인이 있는 사람이라면 알 것이다. 장애가 있는 가족을 보살피기 위해서는 모두가 양보하고 희생하지 않으면 안 된다. 그러다 보면 혼자 삼키는 감정들이 마음에 쌓이기도 하고 자칫 오해로 말미암아 섭섭함이 불화로 이어지기도 한다. 갑영이와 함께 살아가는 동안 우리 가족 모두가 많이 희생하고 애썼다. 가장 많이 애쓴 사람은 뭐니 뭐니 해도 평생을 갑영이의 전방 5미터 안에서 살았던 아내일 테다. 지금도 갑영이는 일주일에 두세 번 주간 보호 센터에 가는 것 외에는 집에서 엄마와 함께 시간을 보낸다. 아내는 본인의 인생이라곤 없이 갑영이를 위해 모든 것을 희생했다.

내가 사회생활을 하다 보니 부부 동반 모임이 꽤 많아졌다. 그런데 아내는 한두 번 같이 나갔다가 그 다음부터 다시 가지 않으려 했다. 나이를 먹으면서 자기 자신에 대한 이야기보다는 자식들에 대한 이야기로 화제가 옮아가는 순간이 있다. 대개 못난 자식에 대해서는 이야기하지 않고 잘난 자식들을 자랑하는 것이다. 고등학교 때 공부를 어떻게 했고, 대학은 어디로 갔고, 유학은 어떻게 갔고…… 그럴 때마다 아내는 대화에 끼지 못하고 꿀

먹은 벙어리가 되어 버리니 차라리 사람들을 만나지 않기로 결심한 게다.

장애인 가족은 부모 못지않게 형제들의 희생도 크다. 나는 생계를 책임지느라 늘 일터에 있었고 아내는 갑영이를 보살피는데 전력을 다하고 있었으니 첫아이 근영이는 말 그대로 혼자 자랐다. 아버지의 관심과 어머니의 사랑을 모두 동생에게 양보하다 보니 많이도 외로웠을 테고 그 바람에 사춘기를 심하게 겪어서 방황하는 시간이 꽤 길었다. 초등학교 때는 공부를 잘하는 우등생이던 녀석이 중고등 시절에 방황을 하다가 원하지 않던 대학에 가는 바람에 결국 자퇴하고 입대해 버리고 말았다.

일찍이 아버지의 부재(不在)를 겪은 나는 아버지가 어떤 사람인지 몰랐다. 그래서 근영이가 방황하며 힘들어할 때 인생 선배로서 고민을 들어 주고 다독이지 못했다. 새벽에 나갔다가 밤에 들어오는 하숙생 같은 아버지, 집에서는 말이 거의 없는 엄한 아버지의 모습밖에 보여 주지 못했다. 그렇게 영영 서먹서먹한 부자지간으로 남아 버릴 수도 있었다. 그런데 군대에 갔던 근영이 말년 휴가를 나오던 날 갑자기 나에게 전화 한 통을 걸어 왔다.

"아버지, 술 한 잔 사 주서요."

그날 우리 부자는 이십여 년 만에 처음으로 가장 많은 대화를 나누었다. 그동안 하지 못했던 이야기들을 솔직히 털어놓는 동안 오해, 서운함, 불안과 불신까지가 봄눈처럼 녹았다. 우리 갑영이 못지않게 소중한 내 아들 근영이는 어느새 나를 훌쩍 뛰어넘은 어른이 되어 있었다. 근영이는 제대 후 우리 회사에서 1년을 근무하고 김포대학 야간부에 다시 입학했다. 이미 회사에서 전문적인 분야를 맡아 일하고 있으니 전공은 큰 의미가 없다며 장애인 동생을 위해 사회복지학을 공부하겠다고 했다. 사회복지사 2급 자격증을 가진 근영이는 든든하고 자랑스러운 나의 큰아들이다.

아내의 헌신적인 노력으로 갑영이는 건강한 청년으로 성장했다. 돈을 계산하고 사회생활을 할 수 있는 정도는 아니어도 스스로 밥을 먹고 대소변을 가리고 아주 깨끗하지는 않지만 세수와 양치를 할 수 있다. 남들이 보기에는 간단한 그 일들을 하기까지 얼마나 많은 시간과 노력이 들었는지 모른다. 하지만 그 많은 시간 동안 피나는 노력을 기울이다 보니 갑영이만큼이나 우리 가족도 달라졌다.

싯다르타는 왜 소중한 자신의 아들의 이름을 '라훌라'라고 붙였을까. '장애'라는 그 이름이 단순히 결함이나 걸림돌만을 의미하지는 않았을 것이다. 부처님은 라훌라를 통해 스스로를 돌아보고 더욱 채찍질하며 진리를 향해 나아갔던 게 아닐까. 갑영이는 우리 가족에게 그런 존재였다. 어쨌든 갑영이를 사람답게 살게 하기 위해, 장애인 자식을 둔 부모들이 흔히들 하는 "자식보다 하루만 더 살게 해 달라."는 기도 대신 내가 이 세상에 없어도 주변의 도움을 받아 그럭저럭 살아가게 하기 위해 나는 온 마음과 온 힘을 다하여 열심히 살았다. 그것이 나의 라훌라, 우리 갑영이를 온전하게 사랑하는 방식이었다.

금오공고 전자과 출신으로 공군사관학교를 수석 졸업한 이건완 장군은 우리 5기의 자랑이자 나의 가장 소중한 친구 중 한 명이다. 졸업 후 우리가 다시 만난 것은 친구가 서산 해미 공군비행단에 전투비행대대장으로 있을 때였다. 금오 동기들을 비행단으로 초대해서 놀러 갔더니 반갑다며 환대해 주었고 이후로 꾸준히 교류를 했다. 때마침 내가 사업을 시작해서 조금 자리를 잡아갈 때라 친구가 전투비행대대장 근무를 마치고 대령으로 승진해서 합참으로 올라오게 되었다는 소식을 듣고 사업을 하는 동기 김현수와 돈을 모아 돼지를 잡으라고 부대원 회식비를 보내 주었다. 이후 부대원들이 즐겁게 송별회를 하는 사진도 보내 주고 지금도 그때 이야기를 하는 걸 보면 꽤나 좋은 기억이었던가 보다.

이건완 장군이 쓰리 스타를 달고 공군사관학교 교장으로 부임하면서 나는 공군사관학교 발전 기금으로 2천만 원을 기부했다. 나의 제일 친한 친구가 공사 수석 졸업을 해서 삼성 장군까지 달았는데 이 정도는 해야 되지 않겠나 싶었다. 그랬더니 보라매공원 공군회관에서 열린 발전 기금 전달식에 공식 초대를 해 줘서 아내와 함께 참석했다. 나는 이건완 장군 같이 훌륭한 친구를 둔 것을 자랑스러워하고, 군에 같이 있는 동료들은 나처럼 응원하는 친구를 둔 이건완 장군을 부러워한다고 했다.

나는 금속과이고 이건완 장군은 전자과라 학창 시절 같은 반인 적이 한 번도 없었다. 그래도 같은 반이나 진배없었던 것은 전자과가 2개 반 정원을 채우고도 15명 정도가 남아서 우리 금속과 기숙사에 함께 지냈기 때문이다. 이건완 장군과 나는 학창 시절에 그냥 아는 사이 정도였다가 사회에 나와서 더 친해진 경우다. 옷은 새 옷이 좋고 친구는 옛 친구가 좋다던가? 처음 서산 해미 공군비행단에서 재회했을 때 십여 년의 세월을 훌쩍 건너뛰어 열일곱의 까까머리로 돌아간 기분이었다. 함께 저녁을 먹고 술한 잔을 기울이며 지나온 세월을 되짚는데 갑영이 이야기를 하자니 그동안 누구에게도 보이지 않았던 눈물이 친구 앞에서 맥없이 흐르는 것이었다.

"갑영이를 한번 보고 싶군. 내 대대장 이취임식이 한 달도 안 남았으니까 그전에 부대에 놀러 왔으면 좋겠어."

고마운 초대에 그러겠다고 꼭 같이 가겠노라 이야기하고 헤어졌다. 하지만 업무에 바빠 차일피일 미루다 보니 어느새 약속했던 기억은 희미해졌다.

"지금 어디야?"

그런데 어느 날 저녁 7시쯤에 갑자기 서산에서 전화가 왔다.

"지금? 회사에서 일하는 중이야."

"지금 갑영이 데리고 여기로 올 수 있어?"

알고 보니 바로 내일이 대대장 이취임식이었다. 내일이면 이취임식을 마치고 대령으로 진급해서 서울 합참으로 올라가는 마당인데 갑자기 나와 했던 약속이 생각났던 모양이다. 10분 있다가 다시 연락하겠다며 전화를 끊고 아내에게 갑영이를 데리고 서산에 가자고 하니 느닷없는 제안에도 좋다고 준비하겠다고 했다.

한겨울 저녁 7시 반은 한밤중처럼 깜깜했다. 나는 아내와 갑영이를 뒷자리에 태우고 고속도로를 달리기 시작했다. 화성휴게소에서 화장실에 들렀다가 커피 한 잔을 마시고 출발하는데 거기서부터 눈이 펑펑 오기 시작했다. 서해대교를 넘어가는데 여기저기 방향을 잃고 비뚤어진 차들이 널려 있고 도무지 차가 움직이지를 못했다. 평상시면 막혀도 밤 10시나 11시면 도착할 길인데 겨우겨우 눈길을 뚫고 서산 해미 공군비행단에 도착한 시간이 날을 넘겨 새벽 1시 반이었다. 비행단 정문에서 전화를 했더니 이건완 대대장 부부가 나와서 우리 가족을 기다리고 있었다. 내 차는 대대장 부인이 관사로 끌고 들어가고 이건완 대대장의 관용차에 나와 아내와 갑영이가 옮겨 탔다. 출격 대기 중인 비행장 활주로는 폭설 속에서도 깨끗이 치워져 있었다. 활주로의 제설은 의례적으로 하는 일이라고 했다. 그런데 놀라웠던 것은 우리가 도착하는 시간에 맞춰 비행기의 시동을 걸어 놓은 것이었다.

비행장은 보안 구역이라 아무나 들어가는 곳이 아니었다. 그런데 이건완 대대장은 특별한 결심으로 우리 가족에게 F16 팬텀기를 보여 주며 본인이 직접 설명을 했다. 또 비행 편대 4대가 시동을 걸고 출격 준비하고 있는 것을 가까이에서 구경시켜 주었다. 대대 본부로 옮겨 행정 장교의 안내로 정훈 브리핑을 하는 방에서 대대 홍보 영상을 감상했다. 그리고 갑영이를 공군 비행사들이 가상 전투를 훈련하는 비행 시뮬레이션 기계의 조종석에 앉혀 주었다. 이미 활주로의 비행 편대를 보면서 놀라고 흥분한 갑영이는 전투기 조종석에 앉는 순간 너무도 좋아서 어쩔 줄을 몰랐다.

"이건 내가 미 공군사관학교에 교환 장교로 갔을 때 미 공군사관학교 교장한테 받은 전투복이야."

미 공군 전투복인 국방색 항공 점퍼를 갑영이에게 입히고 모자와 가방을 선물로 주었다. 꿈같은 시간이 지나고 대대장 관사에 가서 커피 한 잔을 마시고 나니 새벽 4시 반이었다. 새벽 어스름 속에서 우리 가족은 다시 집으로 돌아오고 친구는 그날 대대장 이취임식을 거행했다.

밤새도록 눈이 내리던 그 겨울의 한밤. 우리가 보고 겪었던 모든 일들은 마치 크리스마스 기적 같았다. 갑영이의 평생에 군인이 되거나 전투기 조종사가 될 일은 없겠지만 그날 하루만큼은 빨간 마후라를 두른 하늘의 사나이를 꿈꾸며 한없이 행복했다. 장애인 자식을 둔 친구에 대한 동정과 연민을 넘어서 장애인에 대한 진정한 이해와 응원이 내 가슴을 벅차게 했다. 뜨거운 눈물 한 방울이 다시금 찔끔 흘러나오려는 순간, 백미러로 바라본 뒷 좌석의 아내와 갑영이는 머리를 맞대고 새근새근 잠들어 있었 다.

우연한 창업

대기업 대신 선택한 중소기업 '대성화학'에서 15년 동안 직장인으로 살았다. 기술적으로 전문가가 된 후에도 직장 생활에 만족했고 창업은 꿈도 꾸지 않았다. 그런데 사람의 일은 알 수가 없다. 필연과 같은 우연을 계기로 내 인생은 또 한 번 큰 변동을 겪었다.

대성화학에서 이사로 일하던 어느 날 청주에서 전화 한 통이 걸려 왔다. 거래처는 아니지만 평소 알고 지내던 인쇄업체 사장이 있었는데, 그의 소개로 LG생활건강 협력 업체 지원 팀의 플라스틱 기술 지원 담당 이성근 대리(현재 중국 광저우 LG공장 법인장으로 근무)가 전화를 걸어온 것이었다. LG생활건강에서는 1977~8년도부터 독일 니베아 제품의 국내 판권과 일부 제품을 OEM 생산해서 로열티를 주고 판매하는 사업을 하고 있었다. 그런데 다른 제품

2010년, 가톨릭대 경영대학 졸업생을 대상으로 강의 중

2010년, 이전하기 전 공장의 사무실에서

들의 용기는 다 성형이 되는데 니베아 바디오일만 독일에서 만든 금형으로 국내에서 생산할 곳이 없다고 했다. 그 니베아 바디오일의 용기가 바로 PETG로 만든 것이었다.

"누가 그러는데 대성화학 허 이사한테 한번 연락을 해 보라고 하더군요. 그 사람이면 방법이 있을지도 모른다고."

"어떤 겁니까?"

"이거예요. 이거, 가능할까요?"

직접 만난 자리에서 이성근 대리와 자재 구매 팀 김구현 과장(LG생활건강 정년퇴직)이 내민 것은 호리병처럼 생긴 PETG 용기였다.

"생산하는 데 별 문제가 없을 것 같습니다."

"정말입니까? 그러면 샘플을 만들어 줄 수 있겠어요? 일주일 안으로 만들어 오면 좋겠는데."

알았다고, 할 수 있다고 했다. 청주에 도착한 것은 오후 3시 반, 미팅이 끝난 것은 5시였다. 그때까지 대성화학은 LG생활건강과 거래가 없었을뿐더러 일면식도 없었다. 너무도 예외적인 일이고 대기업에서는 거의 있을 수 없는 방식이었다. 그런데도 나를 믿고 반출증을 끊어서 금형을 내주며 샘플을 만들어 오라고 하니 기술에 대한 신뢰에 보답할 겸 제대로 샘플을 만들어 주고 싶었다.

"내가 지금 독일에서 들어온 금형을 가지고 청주에서 출발하니까, 우리 기계에 맞게 부착할 수 있는 부분을 좀 만들어 줘야

우연한 창업

되겠습니다."

오후 5시에 LG생활건강에서 나오면서 거래하던 금형업체 고성정밀에 전화했다. 미리 재어 놓은 금형의 두께와 치수를 불러 주고 자동차에 시동을 걸었다. 청주에서 쉬지 않고 달려 당산동 금형 공장에 도착하니 오후 8시경이었고, 내 전화를 받고 기다리던 고길성 사장에게 금형을 맡겨 마무리를 한 것이 밤 11시쯤이었다. 회사는 24시간 돌아가니까 청주에서 출발할 때 주간 관리자에게 기계에 테스트를 할 준비를 하라고 지시했다. 자정에 금형을 싣고 회사에 들어와 테스트를 하고 샘플을 완벽하게 뽑아낸 것이 새벽 4시 반이었다.

일주일 안으로 만들어 오라는 샘플을 하루도 걸리지 않아 완성했다. 완성된 샘플을 손에 넣으니 기술에 대한 자부심과 욕심이 생겨서 그 길로 곧장 청주로 자동차를 달렸다. 한숨도 못 자고 경부 고속 도로에 접어드니 이른 아침인데도 세상에는 나만큼 바쁜 사람들이 꽤나 많은 것 같았다. 6시 반 청주에 도착해서 LG생활건강 정문 옆에 차를 대어 놓고 잠시 눈을 붙이고 나니 8시 반에 사원들이 출근하기 시작했다. 자재 구매 팀 김구현 과장에게 연락을 했다.

"부탁하신 샘플 만들어 가지고 왔습니다. 정문 앞입니다."

도깨비에게 홀리기라도 한 듯 깜짝 놀란 직원들이 우르르 몰려나와 샘플을 받아 갔다. 1시간 동안 테스트를 진행한 결과 이상이 없다는 결론을 내리고 본사에까지 보고를 마쳤다. 본사에서 무조건 그 회사와 거래를 하라는 지시가 내려왔다고 했다. 이것이 신규 거래처로서 5만 개를 발주 받아 납품하면서 LG생활건강에 입성한 신화의 전말이다.

당시는 현재 시가 총액 28조의 코스닥 상장사 톱10에 들어가는 LG생활건강이 태동하던 시기로, LG화학으로부터 주식 3천 5백억 원의 가치로 기업을 분사한 때였다. 알려지지 않은 중소기업의 놀라운 기술력과 신생 거래처를 믿고 맡긴 담당자의 용기는 지금도 LG생활건강 신입 사원들을 교육할 때 전설처럼 전해지고, LG생활건강의 중간 관리자급 이상은 '대성화학 허 이사'를 아직도 기억한다고 한다.

LG생활건강과의 인연은 내가 창업해서 자리를 잡는 데 결정적인 뒷배가 되었다. 하지만 대기업과의 거래를 튼 것이 창업의 직접적인 계기는 아니었다. 대성화학은 LG생활건강과 거래를 시작했지만 니베아 말고 다른 제품은 크게 진척되지 않아서 월 5천만 원 미만의 매출을 기록하고 있었다. 창업은 전혀 엉뚱한 계기로 갑작스럽게 이루어졌다.

대성화학은 정원재 사장과 그의 친동생인 정원철 상무가 동업하는 방식으로 운영되고 있었다. 나는 정원철 상무님의 권유로 삼성전자를 포기하고 대성화학에 입사했는데, 1995년 내가 부장으로 일할 무렵부터 정원재 사장님과 상무에서 승진한 정원철 부사장 사이에 조금씩 금이 가기 시작했다. 훗날 남춘이와 내가 겪은 일이기도 하지만 부모 형제지간에도 동업은 힘든 법이다. 정원재-정원철 형제의 갈등은 오래전부터 쌓여 온 감정과 서로의 입장 차이에서 비롯되었던 것 같다.

대성화학에는 초창기 멤버로 공장장을 겸직한 상무가 있었다. 공장장 상무가 독립할 욕심이 생길 무렵 정원철 부사장은 상무를 독립시키고 본인도 따로 사업을 시작하겠다고 정원재 사장께 이야기했고, 그들이 없으면 대성화학에 일할 사람이 없는 셈이니 정원재 사장은 지분만 나눠 받고 자신이 나가겠다고 물러섰다. 그 와중에 정원재 사장님은 나도 그 일에 관여된 것으로 오해하고 있다가 2007년 다시 재회하며 오해를 풀었다.

어쨌거나 정원재 사장님과 상무는 그때 대성화학과 결별했다. 나는 이사로 승진하면서 대성화학의 모든 살림과 영업까지 도맡아 하게 되었다. 이를테면 회사의 2인자가 된 셈인데 그때부터 화장품 매출이 급증하고 제약 제품의 매출이 현저히 떨어지면서 전체 매출이 늘었다. 1997년 외환 위기가 시작되었으나 1999년까지 대성화학은 무척 바쁘게 돌아갔고 매출도 많이 늘어나서 연 매출 10억 남짓하던 회사가 1999년도에는 40억 가까이 성장하게 되었다.

사장이 바뀌고 2년 반이 지났을 즈음 앞서 말한 국민은행 흑석

'흙수저 공돌이'의 참 아름다운 성공

동 지점의 금오공고 동기인 김재억으로부터 전화가 왔다. 재억이는 그사이 다른 지점으로 발령이 나서 갔다가 다시 흑석동 지점 대부계 대리로 돌아와 있었다.

"야, 너네 사장님 좀 이상하다. 혹시 너희 회사 문 닫는 거냐?"

그게 대체 무슨 이야기냐고 되물으니 내가 아무것도 모르는 것 같았는지 별다른 말을 하지 않고 전화를 끊었다. 정원철 사장님은 금요일에 지방으로 골프를 치러 간다며 일찍 퇴근했기에 나로서는 어리둥절할 수밖에 없었다.

주말이 지나 월요일 아침에 결국 일이 터졌다. 평소에 안면이 있었던 정원철 사장의 매제인 회계사가 느닷없이 나타나서 회사 정리를 하겠다고 했다. 알고 보니 정원철 사장이 아무런 언질도 주지 않은 채 주변을 정리한 뒤 주말 사이 미국을 거쳐 아들이 사는 멕시코로 떠나 버린 것이었다. 매제라는 회계사의 말인즉슨 정원철 사장이 미국으로 가면서 회사 정리를 자기에게 맡긴다고 했다는 것이다. 너무나 어이없고 황당한 일이 아닐 수 없었다.

회계사만 나타난 게 아니었다. 협력사 중 기계를 수리하는 업체의 사장과 직원들이 와서 10여 대의 기계 가운데 새것만 가져가려고 수리 명목으로 전기 코드를 자르고 기계 몇 대를 이동시키고 있었다. 사장이 사라지니 곧 회사가 망할 것 같았는지 채권자들이 모조리 몰려와서 난리였다. 내가 일단 막아서서 기계의 이동을 중단시켰다. 그때 정원철 사장님의 가장 친한 친구로 종

우연한 창업

로에서 인쇄업을 하던 이영길 사장님으로부터 전화가 왔기에 상황을 알렸다. 그때 정원철 사장이 남긴 것은 은행 부채와 거래처 미지급금과 개인 부채 등 30억 원의 빚뿐이었는데, 그중 금융권을 빼고 가장 많은 부채인 5억 원가량이 이영길 사장님으로부터 빌린 것이었다.

나중에 알게 된 자초지종은 이러했다. 1998년 김대중 정권이 들어서고 노동자들의 목소리가 높아지면서 24시간 맞교대로 돌아가는 플라스틱 제조 사업은 심각한 인력난을 겪게 되었다. 지금도 같은 상황이지만 한국 중소 제조업의 인력난은 90년대 중반부터 급격히 시작되었다. 이런 상황에서 대성화학의 새 주인이 된 정원철 사장은 사업을 접고 영국 유학을 마친 뒤 멕시코에서 사업을 시작한 아들과 합류하려 했던 것 같다. 그런데 정리 과정이 석연치 않았고 사업을 다른 사람에게 넘기거나 폐업을 해야 하는 복잡한 문제를 피해서 도피하듯 홀쩍 떠나 버렸다. 재억이는 출국 몇 달 전부터 필요 이상의 대출을 받고 자산을 정리하는 동향이 수상해서 내게 슬쩍 물어본 것이었다. 정원철 사장은 한국을 떠날 때까지도 김재억 대리와 내가 친구라는 사실을 모르고 있었고, 그것은 굳이 밝힐 필요가 없을 것 같다는 재억이의 의견에 따라 비밀 아닌 비밀로 부친 터였다.

당시 대성화학이 흑자 회사였음에도 불구하고 정원철 사장은 회사와 나에게 아무런 사전 예고도 없이 아파트를 포함한 모든 재산을 정리했다. 그리고 회계사인 매제에게 신분증과 인감도장, 인감 증명서 10부를 맡기며, 쓸 만한 기계 몇 대를 수리 업체로 이동시켜 매각하고 회사는 정리하라고 부탁했다. 모든 내막은 추후에 확인되었고, 이토록 어이없는 과정을 거쳐 정원철 사장이 훌쩍 한국을 떠나 버린 부분은 아직도 풀지 못한 미스터리다.

각설하고, 이영길 사장님이 달려와서 사장의 매제인 회계사와 나를 만나 막무가내로 회사를 정리하기보다는 협상하여 회사를 살리는 방향을 찾자고 했다. 이영길 사장님은 허 이사 없이는 대성화학을 정상화시킬 수 없으니, 내가 6개월만 도와주겠다고 약속하면 회사를 법인으로 전환해 정상화시키겠다고 하셨다. 이영길 사장은 강단 있는 분이었다. LG생활건강 거래는 본인이 대응할 수 없으니 일부를 나에게 맡기고 나머지 거래처들은 대성화학이 유지될 수 있도록 사태를 수습해 달라고 했다. 허 이사가 도와준다면 이 회사를 인수해서 살리고 그렇지 않으면 공중분해시키자고 하니 어쩔 수가 없었다. 그러면 6개월만 도와 드리겠다고, 그 이상은 하지 못한다고 타협했다. 그렇게 대성화학은 이영길 사장님이 법인을 새로 설립하는 것으로 해서 한 달 만에 개인 회사에서 법인 회사가 되었다.

6개월 동안 나는 거래처를 뛰어다니면서 부도가 났다는 소문은 사실이 아니라고 해명하고 설득했다. 대성화학에 납품하다가 돈을 받지 못한 사람들이 찾아와서 사납게 달려들면 이영길 사장님과 함께 나서서 어떻게든 대금을 갚겠다, 차츰 분납해서 갚겠다고 호소했다. 내가 6개월 동안 대성화학을 도와주는 조건 중에는 원료 업체와 박스 업체 등의 돈은 완납한다는 것이 있었다. 사장이 은행에서 받은 대출까지야 어쩔 수 없지만 그동안 믿고 투자해 준 업체에게 손해를 끼쳐서는 안 될 일이었다. 이영길 사장님께 그러겠다는 약속을 받고 그날 오후로 원료 업체와 박스 업체 등을 모두 불러들여서 반드시 책임을 지겠노라고 못을 박았다. 다음 날부터 원료와 박스 등이 정상적으로 공급되면서 공장도 제대로 가동할 수 있었고, 결국 생산 공정이 정상화되면서 대성화학도 살아남을 수 있었다.

수영장에 물이 빠져야지만 누가 수영복을
입지 않고 있는지 알 수 있다.
(Only when the tide goes out do you discover
who is swimming naked.)

역사상 가장 위대한 투자자 중 하나로 일컬어지는 워렌 버핏의 말은 단순히 돈과 투자에 한정된 잠언이 아니다. 성공했을 때보다 실패했을 때, 안전할 때보다 위기 상황에서 사람과 관계의 진실이 드러난다. 정원철 사장이 독립시킨 공장장 상무는 전(前)

'흙수저 공돌이'의 참 아름다운 성공

직장이 어수선한 사이에 원래 대성화학과 거래하던 한불화장품을 낚아챘고, 한불화장품 직원들이 회사에 와서 거래처가 바뀌었다며 금형을 회수해 갔다. 나는 창업하고 나온 뒤에도 회사에 문제가 생겼다고 이영길 사장님의 전화를 받으면 달려가 돕고 해결해 주었다. 이영길 사장님과 나의 유대 관계는 지금까지 유지되고 있으며 대성화학은 작은 규모나마 이영길 사장님의 두 아들을 통해 이어지고 있다. 어쨌거나 창졸간에 오너 리스크로 사라져 버릴 뻔한 회사 하나를 건진 셈이다.

정원철 사장님과는 2005년쯤 딱 한 번 국제전화로 통화를 했다. 형편이 매우 어렵다며 이영길 사장님을 통해 도움 받기를 요청하기에 5년 정도 매월 1백만 원씩 보내 드렸다. 내 사업이 안정되어 갈 무렵부터 정원재 사장님께도 지난날의 은혜를 조금씩 갚고 있다. 지난 사연이야 어찌 되었든 두 분 사장님들과의 인연으로 내가 플라스틱 산업에 종사하게 되었기에 마음의 빚을 갚고 싶은 생각 때문이다. 사필귀정에 인과응보라, 아무리 수영장의 물이 갑작스레 빠져도 수영복을 단단히 챙겨 입고 있으면 남에게 부끄러울 일이 없을 것이다.

1999년도 7월 1일 우성화학을 창업했다. 1999년 4월 사장이 돌연히 해외로 떠나 버릴 당시 대성화학에는 나를 비롯해 남춘이와 병태까지 삼형제가 모두 근무 중이었다. 애초에 우성화학의 대표 명의를 남춘이에게 맡긴 것은 내가 대성화학을 안정시키기 위해 6개월간 왔다 갔다 해야 하기도 하고 이후로 우성화학에서 영업 정도만 맡을 계획이기 때문이었다. 그런데 동생 남춘이가 독립해서 자기 사업을 해 보겠다는 뜻을 밝혔고, 또 대성화학 정원재-정원철 형제의 분란을 지켜본 남춘이의 의견이 충분히 설득력 있다고 생각했기에 남춘이를 독립시켰다. 그렇게 우성화학을 (주)우성플라테크로 법인 전환하여 내가 정식 대표 이사로 취임한 것이 2001년 1월 1일이었다.

월급 200만 원을 받는 중소기업 이사도 나쁘지 않았다. 그 정도면 가족을 챙기며 살기에 그럭저럭 괜찮다고 생각했다. 나중에 알고 보니 내 실력 정도면 어디 가서도 연봉을 5천 이상은 받아야 마땅했지만 직장 생활을 하는 동안에는 오로지 내 일에만 집중해 사느라 창업할 생각이라곤 추호도 없었다. 그런데 막상 창업을 하고 대표가 되니 할 일도 많고 하고 싶은 일도 많았다.

"관심과 배려 속에 도전 정신을 함양한 강소 기업을 만든다."

경영 이념을 만들고 이를 실천하기 위해 네 가지 원칙을 세웠다.

1. 이익의 30%는 사원 복리 후생을 위해 투자한다.
2. 이익의 30%는 기술 개발을 위해 투자한다.
3. 이익의 30%는 미래를 위해 투자한다.
4. 이익의 10%는 사회에 환원한다.

'흙수저 공돌이'의 참 아름다운 성공

2001년 법인으로 출발할 때부터 (주)우성플라테크 법인 정관에는 이 3:3:3:1 원칙이 명시되어 있었다. 나는 허남일 전무 등 창업 멤버들이 모인 자리에서 공개적으로 약속했다.

"이걸 우리 법인 정관에 넣자. 내가 나중에 잘되면 생각이 달라져서 당신들을 기만할 수도 있지 않겠는가? 그러니 법인 정관에 넣어서 어떤 상황에서도 변함없이 지키게 하자."

3:3:3:1 원칙은 시간이 지나면서 조금씩 변형이 되기도 했지만 큰 틀에서 2001년 법인 정관에 명시한 그것과 다르지 않다. 지금도 원칙대로 내가 버는 이익금의 30퍼센트는 무조건 직원들의 복리 후생을 위해서 쓴다. 또 30퍼센트는 R&D(research and development), 연구 개발에 투자한다. 그리고 회사도 발전해야 되니까 30퍼센트는 회사의 미래를 위해 투자한다. 나머지 10퍼센트는 기부 등을 통해 사회에 환원한다.

나는 특히 1번의 사원 복지에 방점을 찍었는데 그 계기는 내가 직장 생활을 할 때 모시고 있던 오너들이 직원들에게 이 정도 해줬으면 좋겠다는 바람에서 비롯되었다. 나는 '비빌 언덕'이라곤 없는 흙수저였다. 재산이라고는 몸뚱이 하나뿐이었다. 내 몸이 아프거나 사고를 당하면 꼼짝없이 우리 식구는 굶거나 길에 나앉아야 했다. 생명줄 같았던 일자리, 그 일자리를 제공하는 일터가 '비빌 언덕'이 되어 줄 수는 없단 말인가?

위십이지장궤양으로 절제 수술을 받고 병원비 67만 원이 나왔을 때 정원재 사장님이 내어 준 60만 원은 굉장히 큰 도움이었다. 그때 병원비로 받은 60만 원, 그리고 어쩌다 용돈처럼 받았던 10만 원. 회사에서 내가 공짜(?)로 받은 돈이라곤 그 70만 원이 전부였다. 나머지는 오롯이 내 노동의 대가였다. 나에게는 늘 갈증이 있었다. 물론 60만 원도 눈물 나게 고마운 돈이었지만 만약 내가 사장이라면 100만 원을 내어 주며 마음 편히 치료를 받으라고 하고 싶었다. 물론 이것은 단순한 나의 생각이자 바람에 불과했다.

정 사장네는 가톨릭을 믿는 집안이었다. '믿는 사람'의 공동선 (共同善)을 믿었던 나는, 정원철 사장님이 정원재 사장님과 결별한 후 회사가 계속 성장하는 상황에서 직원들의 처우 개선을 꾸준히 주문했다. 하지만 정원철 사장님과 나는 직원들에 대한 인식이 서로 달랐다. 나는 생산부터 영업까지 모든 과정에 관여했기에 회사의 매출이 얼마이고 얼마나 이익이 나는지 잘 알고 있었다. 회사의 매출이 10퍼센트, 20퍼센트 오르면 생산 원가에 포함된 인건비는 얼마 되지 않으니 연말에 사원들에게 성과급 50퍼센트, 100퍼센트를 줘도 큰 문제가 없을 터였다. 그런데도 정원철 사장님은 정원재 사장님과의 지분 정리를 이유로 늘 적자이고 돈이 없다며 직원들의 처우 개선을 미루었고 나는 그것에 동의할 수 없었다. 연말 성과급 10퍼센트, 20퍼센트도 내가 우겨서 겨우 받아 냈다. 회사 직원들 가운데 어려운 사람이 있어서 좀 도와주자고 건의하면 그건 회사 일과 상관없는 개인의 일인데 왜 회사가 나서야 하냐고 반문했다. 그것이 꼭 대성화학만의 경우이고 옛날 옛적의 일이 아니다. 사실은 지금도 중소기업 오너 다수의 직원들에 대한 인식은 그런 상태에서 벗어나지 못하고 있다.

갈증은 상상을 빚어냈다. 내가 만약 사장이 된다면 회사를 반듯하게 키워서 직원들에게 이렇게 저렇게 해 줘야지 하고 상상했다. 가슴에 맺힌 설움으로 여러 가지 그림을 그렸다. 식당은 이렇게 꾸미고 휴게실은 저렇게 만들고 직원들에게 필요한 무엇무엇을 어떻게 비치할지 등등.

창업을 하면서부터 꿈을 실현할 계획을 차근차근 세웠다. 원래는 2020년 매출 200억이 목표였다. 매출 200억이 넘어가면 전 직원의 자녀에게 대학까지의 학자금 전액을 지급한다는 것이 목표이자 결심이었다. 그런데 2014년에 매출 127억을 달성하고 2015년 매출 207억을 달성하면서 당초에 계획이 변경되었다. 창립 멤버인 회계 담당 박미자 상무와 인사 담당 강신근 상무를 불러서 직원 가운데 대학생 자녀를 둔 부모를 조사하라고 지시했다. 마침내 2016년 12월 31일. 회사가 생기고 처음으로 24시간 돌아가는 공장을 멈추고 김포에서 제일 큰 뷔페 레스토랑을 빌려 전 직원 송년회를 했다.

"이렇게 우성플라테크가, 우리가 이만큼 성장했습니다!"

입사 10년 이상 된 직원에게는 자녀 수에 관계없이 100프로 전액, 5년 이상이 된 사람의 자녀에게는 50퍼센트 장학금을 주기로 했다. 이 조항은 2020년 1월 1일부터 입사 5년 이상 사원에게는 100퍼센트, 2년 이상에게는 50퍼센트로 혜택이 확대 조정되었다. 전 사원 앞에서 복지에 대한 계획을 발표하노라니 지난날의 기억이 물밀어 들어 목이 메었다. 나도 울고 직원들도 울었다. 적어도 우리 회사 직원 자녀들은 나처럼 돈이 없어서 대학 진학을 포기하고 생활 전선에 뛰어드는 일이 없기를 바랐다. 가난해서 서럽고 못 배워서 괴롭지 않기를 바랄 뿐이었다.

현재 우성플라테크의 직원들은 결혼하면 결혼 축하금 300만 원을 받고, 첫 아이를 낳으면 200만 원, 둘째를 낳으면 300만 원, 셋째를 낳으면 500만 원을 받는다. 결혼 여부와 상관없이 부모를 모시고 사는 직원은 1년에 240만 원, 부모 중 한 분만 모시면 120만 원을 받고, 부모나 형제자매 중에 장애인이 있으면 장애인 수당으로 연간 240만 원을 받는다. 초창기에 입사해서 지금까지 회사를 함께 키워 온 창업 멤버 15명 중 몇몇(박종식 부장·김종관 부장·신광철 실장·박미자 상무·조진호 부장)은 나와 나이가 비슷하다 보니 아이들이 다 커 버려서 학자금 혜택을 거의 받지 못했다. 그들에게는 연말에 특별 성과급으로 2~300만 원씩 몇 차례에 걸쳐 보상을 해 주었다. 뭐니 뭐니 해도 밥이 중요하다. 사내 식당은 최대한 좋은 식재료를 써서 맛있는 메뉴로 운영하고 코로나 전에는 아내가 바리스타 자격증을 따서 사내 식당 내에 카페를 열어 무료로 직원들에게 차와 커피를 제공했다.

이 모두는 내가 15년 동안 직장 생활을 하면서 품었던 소박한 바람이었다. 특별하고 대단한 일이 아니다. 아니어야 한다. 중소기업 경영자라면 적어도 회사가 잘되어 본인들이 배부르고 따스하게 누리고 살 때 말단 직원이 어떻게 살까 한번쯤 뒤돌아 볼 수 있는 인정을 가져야 마땅하다고 생각한다.

2010년 설날 시골집에서 어머님과 함께

시골집을 다녀가는 우리를 배웅하는 어머님

또 한 번 고비를 넘다

　1986년에 대성화학에 입사하여 1995년 10년 만에 이사로 승진했다. 당시 대성화학의 규모는 직원 30명 미만에 매출 10억 전후였다. 이전에는 제품 개발과 생산을 맡고 있었는데 이사가 되면서부터 영업까지 총괄하게 되었다. 입사 초기 의약품 용기 70퍼센트, 화장품 용기 30퍼센트였던 제품 생산 비율은 1995년 반반이 되었고 내가 퇴사할 즈음에는 의약품 용기는 거의 없고 화장품 용기 생산으로 전환되었다.

　앞에서 LG생활건강의 니베아 바디오일 용기를 제작 납품하게 된 에피소드를 밝혔지만, 어쨌든 나는 의약품 용기보다는 다양한 모양새로 변형되는 화장품 용기에 관심을 가지고 있었다. 그래야 단순 생산을 넘어서 신기술 개발과 도전이 가능했기 때문이다. SK케미칼과 협업해 국내 최초로 PETG 원료를 양산하여 화장품 용기에 접목한 것이 1992년이었다. 그 후로 무겁고 깨지기 쉬운 유리를 대신해 플라스틱으로 유리의 느낌을 내면서 내구성을 강화한 소재 중에 소광PP, 즉 광이 나지 않고 뽀송뽀송한 느낌의 PP를 SK케미칼과 함께 개발하기 시작했다.

1998년 IMF 외환 위기가 닥쳐왔을 때 마침내 신소재 개발에 성공했다. 그때 화장품 회사 피어리스에서 런칭한 '드방새'라는 브랜드가 대박이 났는데 드방새의 주력 제품에 소광PP가 적용되어 광이 나지 않는 고급스러운 용기를 사용했다. 탁구 선수 현정화를 광고 모델로 삼은 한국화장품의 '템테이션'도 소광PP 플라스틱 용기에 담겨서 불티나게 팔려 나갔다. 다른 회사들이 도산하고 실업자들이 쏟아져 나오는 위기 상황 속에서 대성화학은 오히려 급성장했다. 1995년도에 연 매출 10억 미만이던 것이 1998년도에 연 매출 30억, 1999년도에 퇴사하고 나서 매출 집계를 해 보니 연 매출이 40억 정도 되어 네 배까지 성장했다.

그런데 그렇게 성장하던 회사가 정원철 사장의 급작스런 멕시코 이주로 일순간에 무너질 뻔했던 것이다. IMF 사태로 한국 경제가 내리막인 상황에서 우리 회사만 수익이 최대한으로 나고 급성장하니 사장이 다른 생각을 하게 된 모양이었다. 불안정한 정치 상황과 더불어 기술력을 가진 나를 포함 회사 내에서 무시하지 못할 존재감을 가진 우리 삼형제가 그의 불안을 부추긴 것이 아닌가 싶기도 하다. 까딱하면 삼형제에게 회사를 통째로 빼앗길 수도 있겠다 싶었는지 몰래 회사를 정리해 먼먼 타국으로 떠나 버렸다. 회사가 위태로워졌다는 사실 못잖게 인간적인 배신감도 컸다. 사장이 60대라 우리끼리는 사장 은퇴 후 내가 전문 경영인으로 회사를 맡고 부모님처럼 모시며 노후를 책임지겠다는 이야기까지 주고받았던 터였다.

이런저런 과정 끝에 내가 부천 내동에서 우성화학을 창업했을 때 공장의 기계는 플라스틱 용기를 성형하는 국산 DBM 두 대가 전부였다. 한 대에 기계값만 8천만 원(지금은 2억) 이상이라서 우리에게는 그것도 엄청난 것이었는데 회사 생활을 할 때부터 거래하며 신뢰를 쌓은 경원유업에서 고맙게도 무이자에 벌어서 갚는 조건으로 기계를 내주었다.

부천에서는 기계 두 대를 가지고 일을 하다가 3개월 만에 쫓겨났다. 공간이 협소하기도 하려니와 기계가 움직이면 진동이 심해서 건물 전체가 울렸다. 2층과 3층에 임대를 들어온 회사들이 불만을 터뜨리는데 우리는 한 대에 5~7톤이나 되는 기계를 돌려야 하니 1층이 아니라면 들어갈 수도 없었다. 공장 자리를 백방으로 수소문하는데 돈이 없으니 갈 데가 마땅치 않았다. 어찌어찌 시흥 신천리에 60평짜리 축사를 임대 내어 옮기기로 하였다. 시흥시와 하남시 등지에는 자연 녹지라 공장 허가가 나오지 않으니 축사를 지어 놓고 공장 임대를 주는 곳들이 많았다. 시흥으로 이전하면서 경원유업에서 외상으로 기계 세 대를 추가로 마련했다. 우성화학의 매출은 1999년 7월 1일부터 12월 말까지 3억3천이었고 2000년에 18억이었는데, 동산C&G와 애경 등 거래처가 늘어서 기계가 더 필요했다.

모든 것이 계획대로 순조로워 보였다. 하지만 위기는 나만 잘한다고 피할 수 있는 게 아니었다. 2000년 하반기 거래처인 동산 C&G에서 15억 부도가 났다. 동산C&G는 원래 다이얼비누를 만드는 동산유지공업이었는데 1993년에 SK그룹에서 출자한 선경마그네틱이 경영권을 인수해서 1994년에 동산C&G로 바뀌었다. 동산C&G는 처음에 잘 나갔다. 인기 탤런트 차인표가 오토바이를 타고 광고하던 트리시스 샴푸가 대박을 치면서 곧바로 섹시마일드 샴푸를 출시해 상승세를 이었다. 내처 '멜로의 여왕'이라 불리던 미국 여배우 맥 라이언이 CF를 촬영해 화제를 모으고 1990년대 후반 시장을 평정했지만 그 다음이 문제였다. 1년 만에 수백억 원의 매출을 올렸던 동산C&G는 1997년 경제 위기로 인해 2000년에 2차 부도를 맞게 되었다.

대성화학 때부터 나는 동산C&G와 거래했다. 우성화학을 창업한 후로는 대성화학이 하지 못하는 외주 부분을 품질 좋은 제품을 생산하는 우리가 가져왔다. 섹시마일드 화장품 용기에 필요한 재료와 인쇄 등 세팅된 것이 공장 가동률의 약 70~80퍼센트에 이르렀다. 욕심을 낸 만큼, 열심히 한 만큼, 동산C&G가 부도

나니 우리가 제일 많이 물렸다. 2000년 매출이 18억인데 마지막 발행하지 않은 4개월짜리 어음이 2억 정도 되고 5억 전후의 재고와 원부자재 등등을 포함해 우리 회사의 피해액은 전체 10억 원 가까이 되었다.

동산C&G가 부도났다는 소식은 일을 하다가 전화로 들었다. 지난주만 해도 구매 팀이랑 만나서 저녁을 먹고 접대도 했는데 그들은 대략의 상황을 알면서도 전혀 귀띔을 해 주지 않았다. 마침 연말 선물 세트를 한참 만들 때였다. 나는 동산C&G가 부도났다는 소식을 듣고도 설마 주문 생산 중인 제품을 안 가져가겠냐며 사흘 동안이나 작업을 계속했다.

등잔 밑이 어둡고 이웃집이 멀다. 대성화학에서 관리했던 거래처 중에 니베아는 대성화학에 내주고 LG생활건강의 화장품 분야만 우성화학으로 가져온 터인데, 부도가 났다는 말이 나온 첫날부터 동산C&G의 후가공 업체와 LG생활건강 청주 공장 등지에는 "우성화학이 동산C&G 부도나서 힘들다."는 소문이 짜하게 퍼졌다고 한다. 이튿날에는 그것이 눈덩이처럼 부풀어 "동산C&G가 부도나서 우성화학도 부도났다."는 소문으로 번지기에 이르렀다.

LG생활건강과 시작한 거래의 매출이 매월 2천에서 3천, 3천에서 5천으로 올라가는 단계였다. 그런데 흉흉한 소문이 도니 청주에서 구매 팀장이 올라왔다. 야심 차게 유리 용기를 플라스틱 용기로 바꾸는 중장기 프로젝트를 진행하는 와중에 부도가 터졌으니 LG생활건강에게도 심각한 문제였던 것이었다.

그때까지 우성화학의 명의상 대표였던 남춘이는 잠을 이루지 못하고 괴로워했다. 회사가 어떻게 되는 것인지 본인이 다 뒤집어써야 되는 게 아닌지 고민하던 끝에 결국 남춘이는 회사를 나가서 독립하고 내가 2001년부터 법인 대표이사로 취임했다. 그 전에 거래 회사가 당장 부도가 난 상태에서 남춘이도 나도 흥분하여 옥신각신하다가 내가 그만 자리를 박차고 나와 버렸다. 아무 생각 없이 나와서 차를 몰고 어디로 갈 작정도 없이 달리기 시작했다. 그때 당시는 휴대폰이 없고 벽돌만 한 카폰을 들고 다니던 시절이었는데 급하게 뛰쳐나오느라 카폰도 챙기지 않고 맨몸으로 나온 터였다.

'죽어야겠다!'

머릿속에 오로지 그 생각뿐이었다. 10억, 너무 큰돈이었다. 도저히 감당할 방법이 없었다. 당시 우리는 은행에서 어음을 할인할 만큼의 신용이 없어서 5천만 원, 8천만 원, 1억 원짜리를 받는 대로 경원유업에 주면 경원유업에서 자기네가 비용을 빼고 할인해서 우리에게 현금으로 내주었다. 직원들의 월급, 부품과 원료비 등에 얼마가 필요하다고 하면 그것을 주고 나머지는 외상으로 가져온 기계값으로 충당하는 식이었다. 경원유업은 그런 방식으로 우리를 도와주었고 박스와 원료 등도 3개월에서 6개월씩 결제를 하지 않고 대주는 업체들이 있었다. 그렇게 호의와 신용으로 나를 도와줬던 이들을 대체 무슨 낯으로 볼 것인가? 아무래도 그들에게 피해를 입히지 않을 방법이 없었다. 살아서 그 괴로움을 겪느니 차라리 죽는 편이 나을 것 같았다.

어떻게 운전을 했는지 기억나지 않는다. 한참을 정신없이 달리다 보니 팔당대교를 건너 양수리 팔당호를 지나고 있었다. 일단 공터에 차를 세웠다. 무의식적으로 달리는 와중에 하필이면 이리로 온 것은 그 길이 홍천 어머니 댁으로 가는 길이었기 때문이다. 죽기 전에 마지막으로, 어머니가 보고 싶었다. 차문을 열고 나가 호수를 바라보며 담배 한 대를 피우고 또 한 대에 불을 붙여 물었다. 그러면서 문득 고요한 호수 건너편을 바라다보니 작고 예쁘장한 호텔 하나가 눈에 띄었다.

'저기 가서 하룻밤만 자고 다시 생각을 해 봐야겠다.'

지독하게 피로했다. 오로지 피곤하다는 생각뿐이었다. 피로와 함께 허기가 태산처럼 밀려왔다. 그러고 보니 하루 종일 목이 타서 냉수만 넘겼을 뿐 아무것도 먹지 못했다. 호텔로 들어가기 전에 가게에서 컵라면 하나와 소주 두 병을 샀다. 피곤해서 좀 자고 간다고 이야기하고 카운터에서 키를 건네받은 뒤 방에 들어가자마자 포트에 물을 끓여 컵라면을 데웠다. 짭조름한 컵라면이 안주로 딱이라 주량에 넘치게 소주 한 병을 거의 다 비웠다. 그리고 곧장 곯아떨어졌다. 꿈도 없이 깊은 잠을 잤다. 비몽사몽

간에 화장실을 몇 차례 다녀오고 잠결에 빗소리를 들었다. 그래도 잠에서 깨어나지 않았다. 동산C&G의 부도 소식을 들은 후 며칠 동안 설쳤던 잠이 한꺼번에 밀려와 헤어날 수가 없었다. 그러다 문득 눈을 떴을 때 창밖으로 억수같이 비가 오고 있었다. 푸른 호수는 잿빛으로 일렁이며 화살 같은 빗줄기를 온몸으로 맞고 있었다.

"오늘이 며칠입니까?"

시계를 보니 5시가 조금 넘어 있었다. 내가 호텔에 들어간 시간이 오후 3~4시였으니 고작 1시간 남짓을 잔 것은 아닌 것 같은데 도무지 얼마나 시간이 흘렀는지 알 수 없었다. 내선 전화를 걸어 카운터에 물어보니 내가 들어온 때로부터 하루 반나절이 꼬박 지난 새벽이었다. 순식간에 사라져 버린 시간 때문에 어안이 벙벙했다. 당연히 그 시각 회사와 집에서도 난리가 났을 터였다. 옥신각신하던 끝에 카폰도 놓고 나왔으니 무슨 일이라도 생겼을까 봐 여기저기 수소문을 하고 야단법석이었을 것이다. 그런데 하루 반나절을 자고도 여전히 풀리지 않은 피로가 있었던지 나는 카운터에 날짜를 확인한 후 다시 잠에 빠져 버렸다.

커튼 너머로 아침빛이 눈을 쏘아서 깨어났다. 퍼뜩 정신이 들면서 그제야 집에서 많이 걱정하고 있을 거라는 데까지 생각이 미쳤다. 카운터에 다시 전화를 해서 집에 연결을 좀 해 달라고 부탁했다.

"여보세요?"

"근영이니?"

"아빠!"

"엄마는?"

"엄마는 잠깐 어디 나가셨어요."

"그래. 아빠 지금 양평인데 곧 집에 갈 테니까 걱정하지 말라고 전해 드려."

무슨 잠에 원수라도 진 사람처럼 집에 전화를 한 후 거듭 단잠에 빠져들었다. 나의 피로는 이 세상의 것이 아닌 듯 끈덕지고 질겼다. 요란하게 귓전을 때리는 전화벨 소리가 아니었다면 늪 같은 잠 속에서 좀처럼 헤어나지 못했을지도 모른다.

"집에서 애기 엄마가 왔어요!"

허청허청 나가 보니 택시를 타고 온 아내가 호텔 앞에서 나를 기다리고 있었다. 그제야 보니 예쁜 호텔은 호숫가에 유혹적으로 지어 놓은 러브호텔들 가운데 하나였다. 그때 시간은 오전 11시, 아침에 근영이와 통화한 후 아내가 경찰에 연락해 전화번호를 추적해서 호텔 위치를 알아내고 이웃에 살던 개인택시 기사님께 사정을 이야기해서 함께 양평까지 찾아온 것이었다. 죽을 운은 아니었다. 아직은 아니었다.

다시 회사로 돌아왔다. 회사에 와서 상황을 살펴보니 내가 정신 줄을 놓으면 아무것도 되지 않을 상태였다. 정신을 차리고 어떻게든 수습해 보려고 이리저리 뛰는 와중에 LG생활건강의 안종대 구매 팀장이 청주에서 올라왔다. 안종대 팀장은 현재 회사가 처한 상황을 듣더니 앞으로 어떻게 할 생각이냐고 물었다.

"최선을 다해야지요. 절대적으로 공급에 차질이 없도록 최선을 다할 생각밖에 없습니다."

내가 할 수 있는 말은 그뿐이었다. 극단적인 선택까지 생각했다가 살아 돌아왔으니 아직 죽을 운이 아니고, 아직 때가 아니니 하늘이 무너져도 솟아날 구멍이 있으려니 하였다. 사실 나는 흙수저로 가진 것 없이 태어났지만 그나마 하나 자부하는 재산이 사람이었다. 나는 좋은 사람들을 많이 만났고 그들로부터 도움도 많이 받았다. 또 한 번 죽음의 위기를 넘으며 나를 구한 것 역시 사람이었다. 안종대 팀장이 오기 직전에 주거래 은행인 국민은행에 가서 솔직하게 내가 처한 상황을 털어놓았다. 그때 만난 이충복 지점장과 조설호 부지점장은 지금도 인연을 유지하고 있는데, 그동안 보아 온 나의 성실성과 우리 회사의 기술력을 믿고 가게 수표 500만 원짜리 20장 가운데 한 장은 은행에 보관하고 19장을 끊어서 쓰라며 선뜻 내어 주었다. 9천500만 원의 가게 수표를 내어 준다는 것은 그들이 나의 신용을 믿고 책임진다는 뜻이었다.

안종대 구매 팀장에게도 은행에서 가게 수표를 내줬다는 이야

'흙수저 공돌이'의 참 아름다운 성공

기를 하고 어떻게 최선을 다할 것인지 계획을 밝혔다. 동산C&G 제품 생산을 중단하면 70~80퍼센트가 날아가는 셈이다. 하지만 20~30퍼센트에 해당하는 LG생활건강과 애경 제품을 유지하는 한편 은행에서 대출받은 9천500만 원으로 재료를 사서 최대한 영업하여 회사를 살려 보겠노라고 다짐했다. 그리고 LG생활건강의 화장품 용기를 유리에서 플라스틱으로 전면 교체하는 프로젝트에는 절대 지장이 없도록 최선을 다하겠다고 약속했다.

긴 이야기를 끝내고 나니 저녁 시간이라 시흥 시내로 함께 나와 식당에 들어갔다. 고깃집인데 고기는 시키지 못하고 갈비탕을 한 그릇씩 시켰다. 내 주머니 형편을 생각했던지 그조차도 안종대 팀장이 계산하겠다고 나섰다. 고맙고도 미안했다. 식당에서 나오자 바로 앞에 제과점이 보이기에 들어가서 조그만 케이크를 하나 샀다. 만 원 남짓한 작은 생크림 케이크, 그것이 그때 내가 마음을 표현할 수 있는 최선이었다.

"죄송합니다. 제가 지금 능력이 이것밖에 안 됩니다. 먼 길 오셨는데 가져가서 사모님과 같이 드세요."

작은 케이크를 받아 들고 청주로 돌아간 안종대 팀장은 다음 날 최인섭 구매 과장을 우리 회사로 보냈다. 케이크의 답례로 최인섭 과장이 가져온 것은 LG생활건강이 우성플라테크를 도와줄 수 있는 3가지 방법이었다.

첫째, 앞으로 3개월 동안 발생할 우성플라테크의 LG생활건강

매출을 현금으로 우선 지급해 주는 방법. 둘째, 첫 번째에 더하여 우성플라테크가 LG생활건강을 위해 준비한 원부자재, 금형 비용, 마스터 배치, 부자재 비용, 인쇄소에 들어간 재고 등을 파악해서 전체를 선지급해 주는 방법. 즉 LG생활건강이 어차피 납품받을 물건이니 그 재료비를 주겠다는 것. 셋째, LG생활건강의 장기 프로젝트에 참여를 할 수 있도록 전폭적으로 배려를 해 주겠다는 것. 한마디로 신규 오더를 많이 만들어서 지원해 주는 방법이었다.

머리를 무겁게 짓눌렀던 먹구름이 순식간에 걷히는 듯했다. LG생활건강이 우성플라테크를 무너지지 않게, 죽지 않게 살려 주겠다는 뜻이었다. 우리의 기술과 회생의 의지를 믿고 한 배에 함께 타자는 것이었다.

나는 첫째 둘째 제안은 패스했다. 돈은 어떻게든 자력으로 해결할 테니 세 번째 방법으로만 도와주면 충분하다고 했다. 그로부터 3년 동안 우성플라테크는 LG생활건강이 정책적으로 유리 용기를 플라스틱 용기로 교체하는 프로젝트에 전격적으로 결합했다. 부도가 났던 2000년에 우리 회사 매출 중 LG생활건강은 3~5천만 원 정도였다. 그런데 2003년에는 월 평균 1억 이상으로 최소 12억 원의 매출을 올렸다. 그렇게 우성플라테크는 LG생활건강의 주력 업체로 자리 잡게 되었다.

누구보다 안종대 팀장에게 너무도 감사했다. LG생활건강 구매 팀은 내가 대성화학에 다닐 때 니베아 바디오일 용기의 샘플을 12시간 내로 만들어 가져갔던 '전설'을 잘 알고 있었다. 그때 안종대 팀장은 구매 과장이었고 최인섭 구매 과장은 평사원이었다. 그랬기에 LG생활건강 청주 주재 임원부터 공장장까지 모두가 우성플라테크는 지금 여기서 무너질 회사가 아니다, 무조건 밀어주자고 만장일치로 결정한 것이다. 그때 다시 한번 다짐했다. 나를 믿어 준 사람들을 생각해서라도 어떻게든 회사를 일으키겠다고, 작은 케이크 하나로밖에 표현할 수 없는 내 마음의 나머지 조각을 언젠가는 반드시 전해 드리겠다고.

신뢰를 지키기 위해서라도 무너질 수 없었다. 그때부터 십여 년 가까운 세월을 미친 듯이 일했다. 내게는 지금도 버리지 않고 소중히 간직하는 낡은 가방이 하나 있다. 화장품 용기 샘플을 담아 들고 일주일에 5번, 거의 매일 청주 공장을 오갔던 커다란 가방이다. 일이 있거나 없거나 아침에 출근하면 회사를 점검하고 청주에 내려갔다가 구내식당에서 LG생활건강 직원들과 같이 밥을 먹고 저녁에 올라오는 것이 하루 일과였다.
그때만 해도 유리에서 플라스틱으로 기술적 전환을 꾀하는 과정에서 생산 트러블이 왕왕 생겼다. 트러블이라면 내용물에 따라 용기의 형태가 변형된다든가 용기에 화학 제품인 화장품을 넣으면 향이 변한다든가 하는 것이었다. 청주 공장에서 살다시피 하다 보니 업무와 관련된 직원들은 커다란 검은 가방을 보면 내가 내려왔다는 걸 알고 전화를 걸어 품질 관련 논의를 했다. 나는 LG생활건강 직원이 아닌 외부자로서 보안 구역인 생산 라인에 프리패스로 들어갈 수 있는 유일한 사람이었다. 현장에서 문제점을 파악하고 회사로 돌아와서는 강도를 높이는 등의 방식으로 용기의 스펙을 바꿔서 다시 제조 성형하여 청주로 내려갔다. 완전한 제품을 완성하기까지 그 과정을 수없이 반복했다.

2008년 미국의 서브프라임 모기지 사태에서 비롯된 세계 금융 위기 속에서도 우성플라테크는 매출이 급성장하면서 2010년까지 성장세가 이어졌다. 나도 더욱 바빠졌다. 한번은 청주 공장 갔다가 일이 일찍 끝나서 돌아오려고 오후 2시쯤 출발을 했는데, 청주 톨게이트를 지나서 고속 도로를 타려는 순간 디자인 개발팀이 있는 LG생활건강 본사에서 복잡한 개발 문제로 전화가 왔다. 청주 톨게이트에서 목천IC까지 2~30분 정도 걸리는 거리를 천천히 운전하면서 계속 통화했다. 그런데 통화가 마무리되고 전화를 끊는 순간 갑자기 머리가 떵하면서 아무것도 기억나지 않았다. 자동차가 달리고 있고 내가 운전을 하고 있다는 것은 알겠는데 내가 지금 왜 여기에 있는지를 까맣게 잊어버린 일시적 공황 상태가 된 것이다. 이래서는 안 되겠다 싶어서 목천IC를 빠져나와 차를 세워 놓고 담배를 한 대 피워 물었다. 그러고 나니 비로소 내가 아침에 청주 공장에 내려왔다가 다시 올라가던 길이라는 생각이 돌아왔다.

그만큼이나 미친 사람처럼 일했다. 나를 잊어버릴 정도로 일했다. 10억 부도 맞았던 것을 수습하는 데는 불과 6개월에서 1년 정도가 걸렸다. 금방 수습된 일이니 가볍게 생각할 수도 있겠지만 그 6개월에서 1년을 영영 버텨 내지 못할 수도 있었다.

고통과 시련을 이겨 내니 고난은 지나가고 사람이 남았다. LG생활건강과 장기 프로젝트를 진행하던 중 자금 부족으로 고생했던 적이 있었다. 그때 국민은행 신천 지점의 조설호 부지점장이 자기 친구인 신용보증기금 부천지점장을 소개시켜 주었다. 조설호 부지점장은 내가 대성화학 과장으로 있을 때 부천 오정동 지점의 대부계 대리로 만났다. 마이너스 통장을 만들러 가서 상담하다가 내 어려운 가정사를 이야기했더니 두말 않고 5백만 원짜리 통장을 만들어 준 것을 인연으로 말을 놓고 형님 동생으로 지내던 사이였다. 그가 자기 친구인 신용보증기금 부천지점장에게 개인적으로 보증을 할 테니 도와주라고 요청해서 2억 대출을 받게 되었다. 그때 받은 2억 대출은 숨통을 확 트이게 해 준 값진 돈이었다. LG생활건강을 시작으로 애경 등 대기업의 주력 업체가 되었다는 사실 자체도 큰 재산이었다. LG생활건강은 그 당시 거래처에 보통 60일짜리 어음을 주었는데 우리에게만은 특혜에 가깝도록 현금 결제를 해 주었다.

화장품 용기 제조업에는 원료 업체와 박스 업체 두 군데의 비

중이 가장 크다. 동산C&G 부도로 말미암아 박스와 원료 업체가 물건을 주지 않으려 할 때 DBM 기계를 빌려주었던 경원유업의 공장장인 원용희 씨가 대성화학 때부터 맺은 인연으로 끝까지 나를 버리지 않고 도와주었다. 원료를 공급해 주던 호남폴리머 (주)의 오주영 대표는 우성플라테크가 어렵다는 사실을 알고 대금 결제를 6개월에서 1년까지 미루어 주었다. 오주영 대표는 2014년 공장 이전을 마무리한 직후 업계에서 허남선이 무리한 투자로 곧 망한다, 우성플라테크는 끝났다는 소문과 함께 운영 자금 부족으로 기업은행에서까지 외면할 당시에도 원료 공급을 멈추지 않았다. 얼마 전 만나 소주 한 잔을 기울이는 자리에서 오 대표가 털어놓기를, 당시의 상황에서 담보 제공 없이 월간 수억 원의 원료를 공급한다는 것은 불가능에 가까운 일이었지만, 인간 허남선과 우성플라테크는 반드시 해낼 것이라 확신했기에 모든 것을 걸고 지원하였노라 하였다. 이제 와 돌이켜 보니 자신의 판단이 옳았고, 우성플라테크가 성장한 만큼 호남폴리머도 성장 했으니 이것이야말로 '동반 성장' 그 자체라며 뿌듯한 심경에 눈시울을 붉히기까지 하였다.

동산C&G 부도는 죽음을 결심할 정도의 큰 시련이기는 했지만 코스맥스의 이경수 회장님과 인연을 맺는 계기가 되기도 했다. 이경수 회장님이 대웅제약을 나와 창업한 코스맥스는 ODM (Original Development Manufacturing: 개발력을 갖춘 제조업체가 판매망을 갖춘

유통업체에 상품 또는 재화를 제공하는 생산 방식)계 최고의 기업으로 성장했
다. 이경수 회장님을 처음 만난 것은 코스맥스 초창기로 작업복을
입고 현장에서 일하실 때였다. 대성화학에 다니던 내 눈에는 직장
생활을 하다가 마흔여섯에 창업한 이경수 회장님이 존경스럽고도
신기한 분으로 보였다. 그 후로 한동안 못 뵙고 살다가 다시 만난
계기가 동산C&G 부도 이후 같은 피해자로 재회했다. 동산C&G
부도로 가장 큰 피해를 입은 것은 우성플라테크였고 코스맥스는
뒤늦게 거래를 시작해 그보다 적었지만 동병상련은 무엇보다 강
력한 감정이었다. 부도를 극복하고 성장한 지 20년 만에 코스맥스
계열사의 메디올 샴푸 등의 용기를 우리 회사가 제작하게 되면서
코스맥스를 매출 2조의 글로벌 넘버원 화장품 연구·개발·생산 기
업으로 성장시킨 이경수 회장님과 반갑게 다시 만났다.

　이경수 회장님의 '꿈은 오직 최고의 파트너'라는 슬로건과, 코
스맥스가 파트너들에게 한 '정직한 기업', '기술로 앞서가는 기업',
'사회에 기여하는 기업'이라는 약속은 나에게도 귀감이자 영감이
되었다. 지나온 세월을 함께한 인연으로 지금도 다달이 만나다
보니 아버지의 인연을 아들에게도 물려주고 싶어서 우리 근영이
와 이경수 회장님의 자제인 이병만 대표를 소개시켰다. 아버지
들에 이어 아들들이 형님 동생으로 가족처럼 지내고 있으니 그
보다 더 보기에 좋고 흐뭇한 일이 다시없다. 돈보다 귀한 사람의
인연, 그 덕분에 나는 고비를 넘기고 지금 이 자리에 와 있다.

2019년 홍남기 부총리에게 성실 납세자 국무총리 표창을 수여받을 때

2016년 송년회. 이 자리에서 기습적으로 대학 학자금 지급 결정을 직원들에게 공지했다.

헤비 블로우, 신기술의 신화

1998년 IMF 사태, 2008년 세계 금융 위기, 2019년 코로나 펜데믹.

세계가 요동쳐 한국 경제가 위기를 맞이할 때마다 기업들이 도산하고 많은 사람들이 고통받았다. 그런데 아이러니하게도 나는 그럴 때마다 오히려 일이 많아지고 사업이 번창하는 상황을 맞았다. 1997년 직장 생활을 하면서 LG생활건강에 니베아 바디오일 용기를 만들어 공급하기 시작했고 1998년에는 바디로션 등 니베아 브랜드 전 제품을 생산하기에 이르렀다. 그러니 IMF 구제 금융 사태로 경기가 극심히 침체되었을 때에도 대성화학은 승승장구했다. 2008년 세계 금융 위기 때에도 우성플라테크는 급성장했다. 심지어는 2019년 코로나 펜데믹으로 전 세계가 멈춰 버린 듯 소비가 둔화되었을 때에도 기존 제품 외 손 소독제를 대량 생산하면서 매출이 상승했다.

누군가는 나를 가리켜 운이 좋은 사람이라고 한다. 물론 세상 만사가 그러하듯 운이라는 것이 전혀 작용하지 않았을 리는 없지만 운보다 더 큰 비결이 있었다고 생각한다. 그것은 바로 제조업체의 근본이라 할 만한 '기술'이다. 1998년에는 대덕연구소를 오가며 연구원들과 협업하여 신소재를 개발하면서 생산에 영업을 더해 경쟁력을 갖췄다. 금오공고 출신으로서, 그리고 숙련공이자 기능공 출신의 전문가로서 신기술 개발과 연구는 일상적으로 마시는 물이나 호흡하는 산소 같았다. 직원들에게 제공하는 밥에 최고로 좋은 식재료를 쓰듯이 기술 개발에는 돈을 아끼지 않았다. 신기술을 만드는 동력은 오로지 경험에서 나오고, 그것이 무에서 유를 만드는 엔지니어의 삶이라고 생각했다.

부도의 위기를 전화위복으로 삼아 우성플라테크는 2008년에 50억, 2013년 80억 매출을 달성했다. 전체 매출의 90퍼센트가 LG생활건강이었으니 가히 LG생활건강의 주력 업체라 할 만했다. 80억 매출 달성 이후로 성장세가 일시 주춤했는데 그것은 신기술을 발전시킬 물적 토대의 부족과 한계 때문이었다.

부도를 수습하는 동안 국산 DBM 5대에 2대를 추가했다. 하지만 당시의 시흥 축사에서는 기계 7대를 돌리는 것마저 수월치 않았다. 어쨌거나 불법이다 보니 단속과 벌금이라는 악순환의 고리를 끊을 수가 없었다. 김포에서 측량 사무소를 하고 있던 매형

'흙수저 공돌이'의 참 아름다운 성공

에게 상의를 했더니 며칠 후 누산리에 1,100평 정도 되는 땅이 평당 45만 원에 나왔으니 와서 보라는 연락이 왔다. 시세에 비해 저렴한 이유는 직접 보니 알 수 있었다. 땅이라기보다 야산이라 공장을 지으려면 산을 깎아 내는 대공사를 해야만 했다. 부도 직후라 당장 공사비로 들일 돈이 없었다. 매형이 평소 알고 지내던 땅주인에게 이런 상황을 설명하면서 지금은 계약금과 땅값 일부만 주고 공장을 지어서 준공 허가가 나오면 은행에서 대출을 받아 잔금을 치르는 게 어떻겠냐고 설득했다. 그랬더니 땅주인은 지금 당장 자기에게 필요한 돈은 2억이니 2억만 주고 나머지는 1년 내로 주면 된다고 통 크게 제안을 받아들였다. 땅값 6억5천만 원의 10퍼센트인 6천5백만 원을 계약금으로 주고 계약서를 들고 조설호 부지점장을 찾아갔더니 땅을 담보로 3억8천만 원을 대출해 주었다. 그중 일부를 땅주인에게 드리고 나머지를 매형에게 맡겨 토목 공사를 시작했다.

첫정은 애틋한지라 아직도 첫 자가 사업장인 누산리 부지를 매각하지 않고 보유 중이지만 사실 땅 자체는 공장 부지로 좋지 않았다. 야산을 깎고 평탄화시킨 땅은 비가 오면 온통 진흙밭이 되어서 여기다 어떻게 공장을 지을까 막막하기도 했다. 그래도 급한 김에 겨우내 토목 공사를 끝내고 2002년 1월에 땅이 녹기 전부터 공사를 시작해서 그해 7월 입주했다. 돈에 맞춰 지었던지라 부지의 반은 공장으로, 반은 포장할 여력도 되지 않아 잡석을

깐 마당으로 썼다. 일단 들어가서 2년을 지내다가 마당을 깔고 3~4년이 지나 사무동과 창고를 다시 짓는 식이었다. 몇 번의 사계절을 지내다 보니 여기저기 삐거덕거리던 공장이지만 2013년까지 꽤 오랫동안 양촌면 누산리에 머물렀다.

공장 건축을 최소화한 대신 기계 2대를 더 들여서 9대가 되었다. LG생활건강의 주력 기업으로서 개발 기술도 비약적으로 발전했다. 2003년 한 해에만 인쇄키홀이 형성된 용기 실용신안 등록(3월), 용기의 인쇄키홀 성형 장치 실용신안 등록(3월), ISO 9001 품질 경영 시스템 인증 획득(8월) 등의 성과를 거두었다. 2005년에는 안전용기 실용신안 등록(1월)과 성형 기술에 의한 실용신안 출원(스크랩 가압부재 구비) 1건(12월), 2009년에는 실용신안 등록(테두리 접합부를 갖는 튜브형 용기)(10월)을 했다.

외부적으로도 2008년부터 성과를 인정받기 시작했다. 2008년 1월 경영 혁신형 중소기업 확인(MAIN-BIZ)(경기지방중소기업청), 3월 2007년 모범 성실 납세인 수상(서인천세무서), 6월 기술 혁신형 중소기업(INNO-BIZ) 확인(경기지방중소기업청), 9월 유망 중소기업 선정(기업은행)과 벤처 기업 확인(기술보증기금)을 받았다. 2009년 12월에는 대한민국 경영 혁신 대상 수상(서울신문 주관)과 더불어 김포시 중소기업 대상(생산성 향상 및 기술 혁신 분야)을 수상하는 영광을 안았다.

그리하여 마침내 2010년에 이르러 모든 빚을 갚았다. 우성플라테크는 은행 부채가 1원도 없는 아주 우량한 회사가 되었다.

'흙수저 공돌이'의 참 아름다운 성공

내 인생에 빚이 없는 것은 처음이었다. 삶이 내 머리 위로 우르르 쏟아지던 처음 순간부터 언제나 빚에 쫓겼고 무거운 가방을 걸머지고 살았다. 오로지 일에 매진한 끝에 비로소 홀가분해졌으니 그대로 그 자리에 머물러도 좋았다. 하지만 엔지니어로서, 화장품 용기 제작의 전문가로서는 그럴 수 없었다. 그대로는 어떤 한계가 느껴졌다.

헤비 블로우(Heavy Blow) 용기는 쉽게 말해 페트(PET)와 유리의 중간쯤 되는 용기다. 유리 용기보다 무게가 3분의 1밖에 되지 않아 가볍고 파손율이 적을뿐더러 플라스틱 용기와 달리 100퍼센트 리사이클링이 가능한 친환경 제품이다. 지금은 친환경이라는 말이 일상적으로 쓰이고 ESG(기업의 비재무적 요소인 환경(Environment)·사회(Social)·지배 구조(Governance)) 경영과 투자가 확산되고 있지만 2000년대 초반까지만 해도 환경은 기업의 중요한 관심거리가 아니었다. 그런데 2000년대 초 김포 쓰레기 매립지 건설안을 반대하며 쓰레기 대란이 일어났다. 그 모습을 지근거리에서 지켜보며 불현듯이 깨달았다.

'앞으로 어떤 사업도 환경과 재활용을 생각하지 않으면 사업성을 따질 수 없겠구나!'

당시 생산되던 화장품 용기는 거의 유리였지만 유리 산업은 사양 산업이 되어 가고 있었다. 그렇다면 페트 용기가 유리를 대체하게 될 텐데, 일반 페트보다 4~10배 두꺼우면서 투박한 유리의 느낌을 낼 수 있는 헤비 블로우가 그 대안이 될 수밖에 없을 터였다. 화장품 용기로서 헤비 블로우는 장점이 많았다. 투명한 데다 바닥이 평평하게 두꺼워서 빛이 왜곡되니 얼핏 보면 유리와 다르지 않았다. 또 후가공이 쉬워서 금형을 조금만 조절하면 금박과 은박, 실크 인쇄, 라벨 부착 등으로 색상을 자유자재로 표현할 수 있었다. 뭐니 뭐니 해도 헤비 블로우의 최대 장점은 생산 수율, 즉 원재료 투입에 대한 제품 생산 비율이었다. 전처리와 후가공이 필요한 유리 용기의 경우 5만 개를 납품하려면 최소 15일에서 최대 2개월 이상 걸린다. 반면 헤비 블로우는 후가공이 쉬워서 용기 5만 개도 일주일이면 납품이 가능하다. 그 외에도 제작 비용, 보관 안전성, 마감 처리 등등 헤비 블로우의 장점은 압도적이었다.

하지만 2002년경 국산 DBM으로 제작한 헤비 블로우 샘플을 LG생활건강을 비롯한 몇몇 군데 돌렸을 때 다들 좋다고는 했지만 경제성이 나오지 않아서 포기할 수밖에 없었다. 로스가 너무 많아서 재료비가 비싸지고 품질도 안정화되지 않으니 어쩔 수 없었던 것이다. 그래도 완전히 기술 개선의 꿈을 접지는 않았다. 헤비 블로우를 비롯해 국내 화장품 용기에 플라스틱을 적용하는 기술의 대부분은 내가 가장 먼저 시도했다고 해도 과언이 아니다. 자랑 같지만 자랑만이 아닌 이유는 가장 먼저 시도한다는 것이야말로 가장 많은 실패를 감수해야 하는 일이기 때문이다.

금오공고 금속과를 나온 것이 정규 교육의 전부였던지라 나머지는 오로지 현장에서 배우고 실전으로 깨우친 것이었다. 모르는 게 있으면 무작정 들이덤벼 공부했다. 나는 고등학교만 나와서 연구원들이 쓰는 전문 용어 같은 것은 알 수 없으니 연구원들에게 자료를 주고 설명해 달라고 요청했다. 대덕연구소 근무자들은 모두 석사와 박사들인지라 이론에는 환하지만 실전에서는 나만큼 할 수 없었다. 그러니 기브 앤 테이크(give and take)를 하자면 마다하는 이들이 없었다. 연구원들이 와서 이론을 설명해 주면 나는 그것을 현장에서 실험하고 시도해 내 것으로 만들었다. 아주 가끔 상황을 모르는 담당 디자이너나 마케팅 전문가 등이 내 앞에서 고분자에 대해 아는 척을 하다가 혼쭐이 난 적도 있었다.

가방끈도 졸업장도 아니었다. 내가 믿는 것은 오직 기술, 그리고 끊임없는 노력이었다.

2008년 무렵부터 화장품 용기 업계의 후발 주자 몇이 헤비 블로우를 개발했다며 시장에 뿌리고 다녔다. 살펴보니 내가 8~9년 전에 만들었던 것과 크게 다르지 않았다. 나는 2002년에 경제성 문제로 헤비 블로우 기술 개발을 멈춘 대신 꾸준히 다른 소재로 제품 개발을 하고 있었다. 당시는 소광PP를 업그레이드하여 PLA(Poly Lactic Acid: 옥수수의 전분에서 추출한 원료로 만든 친환경 수지)를 만들어서 몇 가지 제품에 적용하고, 특수한 성분을 포함한 기능성 화장품을 담을 수 있는 용기 개발에 주력해서 LG생활건강 제품에 하나둘씩 적용해 나가던 단계였다.

화장품 용기는 스킨로션 등 기초 화장품부터 샴푸 바디클렌저 등의 제품까지를 광범하게 포함한다. 스킨로션, 바디 제품, 클렌징 워터나 클렌징 폼 등 내용물에 따라 용기도 달라진다. 특수 화장품은 평범한 용기에 담을 수 없다. 화장품 내용물을 견딜 수 있는 소재로는 가장 기본적인 폴리에틸렌부터 폴리프로필렌(PP), PETG, 듀폰(Dupont)의 인게이지(Engage) 등 다양한 소재가 있다.

내용물에 따라 용기가 달라지는 이치를 독자들이 알기 쉽게 설명해 본다. 일단 화장품 제형상 스킨로션보다는 클렌징 제품에 조금 더 강한 용기가 필요하다. 약산성 혹은 알칼리성 소재를 담을 때 플라스틱 용기가 견딜 수 있는 한계치를 벗어나면 중화 반응을 일으키기 때문이다. 반응을 통해 알칼리가 산성으로 변하거나 산성이 알칼리로 변하면 화장품 고유의 물성을 잃어버리고 마는 것이다. 외부 환경과 관계없이 지속적으로 유지해야 하는 알코올과 향이 가장 문제다. 알코올의 경우 남성용 화장품 중에서도 일반적인 남성용 제품은 알코올이 10퍼센트 전후로 들어간다. 한데 남성용 애프터 쉐이브 스킨로션 등 시원한 느낌을 주는 것은 알코올이 40퍼센트까지 들어간다. 알코올이 40퍼센트 들어가는 화장품은 굉장히 독해서 면도하다가 조금만 상처가 나면 바를 때 따갑지만 그만큼 상쾌하다. 이런 내용물을 담을 수 있는 용기는 일반 폴리에틸렌(P)이나 폴리프로필렌(PP)으로는 안 되고 페트(PET) 정도는 되어야 한다. 페트 계열에는 내알코올성과 내화학성이 좋은 소재가 몇 가지가 있는데 문제는 내화학성이 좋은 소재일수록 가공성이 떨어진다는 것이다. 즉 성형화하는데 고난도의 기술이 필요하다는 이야기다. 내부 물질의 알코올성이 강할수록 내화학성이 좋은 용기를 써야 하는데 그런 용기는 성형하기가 까다롭다.

향은 식품의 향부터 몸에 바르는 제품의 향, 향수와 방향제 같이 냄새 맡는 향 등 여러 종류가 있다. 일반적인 향은 폴리에틸렌과 폴리프로필렌에서 견딜 수 있다. 하지만 지구상에 몇 천 가지는 족히 되는 냄새 맡는 향의 99.9퍼센트는 내용물의 안정성이약한 용기에 담아 놓으면 향이 변한다. 예를 들어 장미향을 집어넣었는데 용기 안에서 중화 반응을 일으켜서 칙칙한 꽃향기가나 버리면 제품으로서의 가치 자체가 사라지는 것이다. 그래서샤넬이나 랑콤, 에스테로더 등 전통이 있는 브랜드의 향수 제품들은 아직도 유리 용기를 쓰고 있다. 샤넬 넘버5를 담은 사각 유리는 70년 동안 한 번도 변하지 않았다.

LG생활건강의 '후'와 같은 고급 화장품일수록 소비자들이 느낄 수 있는 프레시한 여러 가지 향을 섞어서 제조할 때, 화장품을배합하여 바로 용기에 담는 게 아니라 일종의 숙성을 시킨다. 적절한 온도에서 용기에 넣고 그때의 조건을 벗어나지 않게 테스트한다. 나는 이런 테스트 과정에서 LG생활건강 연구원들로부터 내용물에 함유된 향의 목록을 전달받아 그에 적합한 소재를 결정하고 금형을 제작해서 샘플을 뽑는다. 샘플은 대전에 있는 화장품 연구소에 보내서 내용물을 담아 뚜껑을 닫고 인큐베이터에 집어넣어 한 달 동안 사이클 테스트 등등을 거친다. 안정성을 최우선적으로 보고 한 달 후 내용물이 산성이면 산성으로, 알카리성이나 중성이면 알칼리성과 중성으로 그대로 유지되는지 확인한다. 또한 향이 처음 그대로 유지되는지 등 모든 테스트 과정을 거쳐 오케이 사인이 나면 그때 비로소 본 제품을 생산하여 청주 공장에 보내 화장품을 생산한다.

이런 문제 때문에 최초의 화장품 용기를 비롯해 향수 등 알코올이 많이 들어간 제품은 유리 용기를 썼던 것이다. 유리는 내용물이 어떤 것이라도 변형이 없기 때문이다. 하지만 모두가 알다시피 유리 용기는 무겁고 깨지기 때문에 플라스틱 용기로 바꾸고 싶지만 누구도 감히 시도하지 못했던 게다.

내가 헤비 블로우 신기술에 첫 도전장을 내민 것은 대성화학에서 직장 생활을 할 때부터였다. 2002년부터 성형하여 샘플 생산은 가능했지만 경제성 문제로 제품화는 불가능했다. 보통 2백 원에 납품하는 용기의 제작비가 5백 원이니 기술이 있어도 만들 수 없었던 것이다. 2008년경 후발 주자 몇몇 업체가 DBM에서 헤비 블로우 생산을 시도해서 성공했다며 LG생활건강에 가져가니 담당자가 나를 불렀다. 당신이 못한다는 것을 이 사람들이 하겠다고 그러니 거래를 이원화해도 되겠냐는 것이었다. 물론, 나는 이의 제기를 하지 않을 테니 이원화를 하시라고 했다. 하지만 결과는 예상대로였다. 1만 개를 생산하면 불량이 9천 개였다. 유리 용기를 플라스틱으로 바꿨다고 대대적으로 광고는 해 놓았는데 불량이 너무 많아서 출시를 하지 못하는 지경에 이르렀다. 중량 30그램이 스펙이면 용기 중량이 28~32그램 스펙 안에 들어와야 하는데 헤비 블로우 아닌 헤비 블로우는 25그램 미만과 37그램 이상이 나오니 내용물을 집어넣으면 어떤 것은 비고 어떤 것은 넘쳐서 도저히 출시할 수 없었던 것이다.

헤비 블로우 기술의 핵심은 성형 과정의 냉각 기술이다. 헤비 블로우의 장점인 단가와 보관 안정성, 그리고 탁월한 마감 처리는 결국 냉각 기술에 달려 있다고 해도 과언이 아니다. 사출 성형한 프리폼(preform:예비 성형)을 너무 냉각시키면 꼭지가 똑 부러져 버리고 냉각을 덜 시키면 프리폼을 추출할 때 실처럼 늘어져 버린다. 냉각에 적정한 시간, 이것을 찾는 일이 플라스틱 헤비 블로우의 최첨단 기술이다.

냉각 기술과 더불어 중요한 기술이 유리의 느낌을 내도록 투명도를 높이고 적정한 두께로 프리폼을 설계하는 것이다. 플라스틱 성형과 관련된 프리폼 설계와 냉각 가속화 기술은 세계에서 우성플라테스가 유일하게 보유한 특허로, 이 원리는 나와 허준이 상무 둘밖에 모른다. 구체적인 방법은 이론으로 설명한다고 해도 이해할 수 없고 특허 자료를 다 줘도 운용을 못한다. 지금도 내부에서 기술은 지속적으로 전수되고 있다. 현재 허남일 전무가 90퍼센트 정도 기술을 습득했고, 용기 성형 기술에 대해서는 허준이 상무가 나로부터 완전히 전수받았고, 화장품 소재 개발에 대해서는 허병태 상무가 완전히 전수를 받아서 나보다 더 나은 기술을 보유하고 있다. 큰아들 근영은 헤비 블로우, 용기 성형, 소재 개발 세 가지를 접목해서 내가 가진 전문성의 70퍼센트 정도를 확보하고 있다.

우리 제품은 하나에 몇십 원, 몇백 원짜리들이다. 대한민국 화장품 부자재 업체들 대부분은 이런 용기들을 찍어 하나에 몇십 원씩 이익을 남겨서 먹고살기에 바쁘다. 우성플라테크는 디테일한 화장품 회사의 콘셉트를 가지고 화장품 용기를 생산하는 과정에 참여한 최초의 활용 부자재 업체라고 할 수 있다.

시계를 다시 앞으로 돌려 본다. 헤비 블로우의 시장성이 어마어마하게 크다는 걸 알면서도 경제성 때문에 실현하지 못했던 시절, 그래도 뜻이 있으면 반드시 때가 오리라 믿었다. 2005년부터 꾸준히 일본과 대만 등지의 국제 화장품 전시회를 관람하며 화장품 업계의 동향을 살폈다. 그런데 2008~9년쯤부터 유럽의 전통 브랜드인 로레알, 랑콤, 에스티로더 등에서 클렌징 제품과 기초 화장품에 플라스틱 용기가 등장하기 시작했다. 두껍지 않은 용기를 사용한 것을 보니 두꺼운 용기는 성형할 기술이 아직 없는 듯한데 이제 비로소 때가 왔다는 생각이 들었다.

당시 로레알과 랑콤의 플라스틱 용기 밑면 가운데에는 일(一)자가 아닌 게이트 자국이 있었다. 그것은 다이렉트 DBM 성형기가 아니라 일본 아오키 사(社)의 인젝션 브로우(Injection Blow Molding Machine)로 성형했다는 표식이었다. 게이트가 있는 방식은 아오키 사를 비롯해 전 세계적으로 몇 군데 회사에서 채택하고 있는데, 그중 아오키 사가 코카콜라 병이나 생수병 등 페트 용기를 성형하는 기계 분야에서 전 세계 70퍼센트를 점유하고 있었다.

"유리 느낌이 나는 플라스틱 용기를 만들고 싶은데, 당신 회사에서 그 기계를 만들어 주십시오."

일본 나가노에 있는 아오키 사를 찾아가 회사 이름의 성(姓)을 가진 아오키 회장을 만난 자리에서 단도직입적으로 요청했다. 에이전트의 통역을 통해 내 이야기를 들은 아오키 회장은 고개를 절레절레 저었다.

"할 수 없습니다. 한국에서 여러 사람이 와서 만들어 달라고 해서 만들어 줬는데 모두 실패했습니다. 기계는 만들어 줄 수 있지만 성형이 되지 않습니다."

하지만 아오키 사는 기계를 만드는 회사이지 성형 기술을 가지고 있는 회사는 아니었다. 나는 다시 매달렸다.

"나한테 복안이 있으니 기계만 좀 만들어 주십시오."

아오키 사를 떠나면서 회장에게 내가 만든 용기 몇 개를 주고 왔다. 우리가 이것을 DBM으로 만들었는데 앞으로 아오키 사의 인젝션 브로우 방식을 적용한 ISBM(Injection Streching Blow Molding)을 사용해서 유리 용기처럼 만들고 싶다는 뜻을 밝혔다. 나중에 아오키 회장이 말하기를, 그때 아오키 연구소에서 내가 주고 간 용기를 면밀히 살펴보았다고 한다. DBM으로 이 정도 제품을 뽑았다면 대단한 기술이라는 것을 알게 되면서 관심을 가지고 다시 보자고 연락했다는 것이었다.

"좋습니다. 우리가 당신이 원하는 기계를 만들어 주겠습니다."

세 번째 만남에서 비로소 허락을 받아 냈다. 그 자리에서 나는 한 대당 가격이 한국 돈으로 3억5천만 원에서 5억5천만 원인 ISBM 3대를 달라고 요청했다. 내친김에 당장 지불할 돈이 없으니 신용으로 일단 달라고 했다. 너무 무리한 요구였을까, 사전에 에이전트가 우리 회사의 국내 신용도나 부채가 전혀 없는 상황을 전달했음에도 불구하고 아오키 회장은 그 자리에서 오케이 사인을 주지 않았다.

지금 75세가량 된 아오키 회장은 연구자 출신이라 아오키 사의 이름이 원래는 아오키 연구소였다. 한국에서 쓰는 사출기의 90퍼센트를 만든 닛세이 중공업이 아오키 사의 자회사다. 연구자답게 원칙적이고 고지식한 아오키 회장은 내가 두 번 아오키 사를 방문한 뒤 회장이 직접 연구소장과 함께 한국에 들어와서 우리 회사를 방문했다. 금형실 등을 모두 둘러본 아오키 회장은 일본에 돌아가서 자사 임원들에게 앞으로 한국에 출장 가는 임직원들은 무조건 우성플라테크를 견학 코스로 잡으라고 지시했다고 한다. 그리고 그때 확신이 들기를, 기계값 10억은 물론 큰돈이지만 우성플라테크 허남선에게 지금 3대를 주면 10년 이내로 2~30대는 족히 쓰겠다고 생각했다는 것이다. 2010년에 투자 결정을 하고 아오키 사로부터 가격과 옵션 요구 등에 파격적인 우대를 받으며 최종 계약을 한 것은 2012년이었다. 나는 허준이 상무와 함께 일본을 오가며 페트병을 생산하는 기존의 ISBM에 헤비 블로우를 생산할 수 있는 자체 기술을 접목시킬 방법을 고안했다. DBM의 단점을 보완하고 ISBM의 장점을 살린 헤비 블로우 제조에 최적화된 기계를 만들기 위해 아오키 사의 연구자들과 더불어 고민하고 노력했다. 마지막 기계가 나오기 전 아오키 연구소장이 금형을 자기가 만들어서 당신들이 원하는 헤비 블로우가 나오는지 한번 시험해 보자고 했다. 했더니, 되었다! 내가 그리던 모양 그대로 기가 막히게 나왔다.

계약서상으로 처음 받은 ISBM 3대는 1년 동안 분할해서 갚기로 했는데 나는 2012년 하반기에 기계가 들어온 후 연말에 매출과 유보금을 동원해 3대의 값 전부를 선납해 버렸다. 모험적인 투기가 아니라 치밀한 투자였다. 내게는 ISBM으로 제작한 헤비 블로우 용기가 국내만이 아니라 세계적으로 엄청난 반향을 불러일으킬 것이라는 확신이 있었다. 2012년 말 테스트도 한 번 하지 않은 상태에서 다시 일본에 건너가 기계 2대를 추가 주문했다. 그래서 결국 5대가 거의 동시에 들어와 버렸다. 2013년은 ISBM를 도입해서 각종 테스트를 하고 하나하나 단계를 밟아 가다 보니 2013년 말에는 헤비 블로우 성형에 관한 특허를 모두 18가지나 획득하게 되었다.

"길을 알면 앞서 가라."는 속담이 있던가? 어떤 일에 자신이 있으면 서슴지 말고 하라는 말을 온몸으로 행했던 시절이었다.

'흙수저 공돌이'의 참 아름다운 성공

2021 존경받는 기업인상(중소벤처기업부)

헤비 블로우, 매출의 신화

늘어난 기계만큼 공간이 필요했다. 2012년 상반기에 경기 김포시 통진읍 고정로 305-2번지, 지금의 사옥 자리를 공장 부지로 확정하고 신규 공장 건축을 시작했다. 물론 이 부지도 작은 매형 (우성측량 이상호 대표)의 도움으로 부지 선정과 공장 건축 등을 할 수 있었다. 애초에 매입한 땅은 조그만 야산에 묘지가 몇십 기 정도 흩어져 있었다. 그래도 내 것이 되려고 해서였는지 남향에 아늑한 자리가 좋아 보였다. 시흥 축사에서 나와 엉겁결에 매형이 소개해 준 누산리로 들어갔던 때와 달리 이곳은 내가 시간적 여유를 가지고 몇 번씩 답사를 하고 결정했기에 더욱 애정이 있었다.

아래쪽 2,400평을 먼저 매입해서 2013년도 초부터 토목 공사를 시작했다. 그런데 호사다마인지 첫 삽을 뜬 지 두 달 만에 공사 업체에게 사기를 당했다. 동향 사람인 건설업자를 믿고 계약

'흙수저 공돌이'의 참 아름다운 성공

금을 5억 원이나 줘서 맡겼더니 어디서 돈을 다 털어먹고 정작 토목 공사를 하는 인부들에게 임금을 한 푼도 주지 않은 것이었다. 하청 대금을 주지 않으니 인부들이 포클레인으로 공사장 입구를 막고 태업을 하기 시작했다. 사기꾼은 진즉에 도망을 가고 없으니 하는 수 없이 임금을 물어 주고 다시 공사를 시작했다.

2012년 말부터 ISBM 5대를 들여와 테스트를 하면서 자신감이 붙어서 2013년에 다시 아오키 사에 5대를 발주했다. 2014년 1월이면 기계가 총 10대가 되는데 사기를 당해 공사가 늦어지니 바로 공장에 넣지 못하고 관세청 창고에 보관료를 주고 묵혔다. 그나마 다행으로 토목 공사가 끝난 후 김포에서 만난 젊은 건설업자인 에스코건설의 권선오 대표가 많이 도와줘서 무사히 본 공사를 진행할 수 있었다. 당장 들어와야 할 기계가 관세청 창고에서 잠자고 있으니 마음이 급하고 애가 탔다. 어쨌거나 공장을 짓는 게 최우선이라 기계를 볼 겨를도 없이 내가 직접 워커를 신고 작업모를 쓰고 쌍욕을 하면서 현장을 누볐다.

큰아들 근영이는 그때 사무실에서 품질 관리를 맡고 있었는데, 영업을 해야 할 내가 공사판을 지키고 있으니 허남일 전무와 둘이서 LG생활건강을 비롯해 여기저기 영업을 하러 다녀야 했다. 호사다마이지만 전화위복이라, 그때 내 빈자리를 메우기 위해 뛰어들긴 했지만 직접 현장을 경험하면서 근영이의 경영 실력이며 기술이 부쩍 늘었다.

사기 사건으로 공사가 늦어지면서 본관 건물을 지을 즈음에는 기온이 영하로 내려갔다. 레미콘을 부으려면 기온이 너무 낮으면 안 되기에 궁여지책으로 포장을 치고 붓자고 제안했다. 그랬더니 현장 소장이 어이가 없는 듯 빈정댔다.

"네가 하세요."

나더러 하라니 할 수밖에. 인부들을 달래고 사정하여 커다란 건물에 진짜로 포장을 쳤다. 3층에 레미콘을 부어 놓고 장작과 경유를 사다가 불을 때고 2층에서 히터를 틀어서 굳지 않도록 기를 썼다. 하루에 기름값이 1백만 원도 나오고 2백만 원도 나왔지만 하는 수 없었다. 돈을 태우다시피 해서 기온을 높여 양성을 시켜서 겨우겨우 공장을 짓고 2014년도 2월 15일로 이사 날짜를 잡았다. 그런데 공문서를 모두 작성해 넣었는데도 차일피일 준공이 떨어지지 않았다. 다급한 마음에 시청으로 달려가서 항의했다. 내가 기계를 갖다가 화장품 용기를 만들어서 해외 수출을 해야 되는데 너희들이 이 지랄을 하면 나는 어떻게 하라는 말이냐고, 융통성도 기민함도 없는 행정을 향해 악다구니를 썼다.

준공도 떨어지지 않은 상태에서 공장 이사를 했다. 원래 있던 5대에 5대가 더 들어와서 기계는 모두 10대가 되었다. 기계도 기계지만 장비와 설비 등등이 이전하여 가동하려면 최소 열흘에서 보름은 걸리기 마련이다. 그런데 우리는 도비도 전기도 여러 팀을 불러서 웃돈을 주어 가며 한쪽에서 해체하고 다른 쪽에서 결선하는 식으로 거의 군사 작전을 하다시피 하여 이틀 만에 완전히 정상 가동을 했다. 기계를 결선한 첫날부터 직원들이 두 팀으로 출근해서 시운전을 끝내고 이틀 만에 기계를 돌리기 시작했는데 기계를 가동한 바로 그날 공장 준공이 떨어졌다.

2014년 2월에 입주하여 금형을 추가 발주하고 다음 단계를 준비하는 과정에서 5월쯤에 LG생활건강이 아오키 사 ISBM이 들어왔으니 헤비 블로우를 한 번 해보겠다고 나섰다. 최초로 만든 제품은 화장품 샘플 크기의 미니어처였다. 6월부터 ISBM 가동률이 50퍼센트가 되었고 2014년 연말이 되어서는 가동률이 70~80퍼센트에 달하게 되었다. 그럼에도 불구하고 2002년 월드컵에서 포르투갈 전 승리로 16강을 확정지으며 히딩크 감독이 한 말처럼, 나는 여전히 목이 말랐다.

기존 페트병을 생산하는 일반적인 ISBM에 헤비 블로우를 생산할 수 있는 자체 기술을 적용하는 데는 아무래도 한계가 있었다. 내 소망은 헤비 블로우 생산에 최적화된 맞춤형 ISBM을 직접 아오키 사에서 수입하고 싶은 것인데 개발 비용만 수억 엔이라 개발사에 부담이 되는 게 자명했다. 다시 아오키 회장에게 흉금을 터놓고 대화하며 약속했다. 우리의 조건을 들어준다면 2018년까지 추가로 10대 이상을 구매하겠노라고. 대당 5억만 쳐도 50억, 그러면 개발 비용에 대한 부담을 줄일 수 있을 터였다. 조건이 받아들여지고 매출이 오르면서 그 약속은 마침내 현실이 되었고 아오키 사 기계 추가 도입으로 2017년 말 ISBM 30대, DBM 16대, 2020년 말 ISBM 설비 41대, 2021년 말 ISBM 설비 총 43대를 보유하게 되었다.

DBM이 하나에 5~7톤 무게라면 ISBM은 10~15톤이라 덩치도 크고 작동 원리도 상당히 복잡했다. 아오키 사에서 아무리 잘 만들어 줘도 결국 기계를 작동하는 것은 우리 기술자들이었다. 국내에는 전무한 ISBM 전문가를 기르기 위해서도 투자가 필요했다. 우리 회사에서 DBM 엔지니어로는 허남일이 최고인데 그즈음 허남일은 영업 분야를 맡기 시작했기에 새로운 엔지니어 발굴이 필요했다. 큰누이의 아들로 외할머니인 우리 어머니 슬하에서 중학교까지 다닌, 2022년 필즈상을 수상한 수학자 허준이 박사와 동명이인인 허준이가 실업계고 졸업반 실습을 대성화학으로 나왔을 때부터 내 족적을 따르고 있었다. 삼촌과 조카 사이라는 혈연을 차치하고라도 현장에서 원료 배합부터 배운 성실함과 꾸준함을 보면 엔지니어로서의 자질이 충분했다.

2013년 허준이를 일본 아오키 사에 보내 기계 가동과 제어 방면의 연수를 시켰다. 이후 몇 차례 더 일본 연수를 진행함과 동시에 우리 공장에 처음 들어왔던 ISBM 5대를 내주었다.

"기술자가 기계를 두려워하면 안 된다. 그러니 이 기계들이 망가져도 좋으니까 네가 하고 싶은 것을 다 해 봐라. 뭐든 네가 하고 싶은 대로 다 해 보고 모르는 게 있으면 물어봐라."

허준이도 기계의 운용 구조는 알지만 금형과 기계를 접목하는 핵심 기술은 나를 따라잡지 못한 터였다. 그때부터 우리는 이론과 실제를 분담하여 분업하는 기술 파트너가 되었다. 예를 들어 내가 금형 프리폼 개발부터 냉각 가속 기술, 프리폼 1차 성형 기술 등의 아이디어를 내면 허준이가 실행해서 실용신안을 내는 식이었다. 지금 우리가 가진 실용신안의 특허 중 상당수가 그런 협업의 결과물이다. 2016년부터 아오키 회장님은 일 년에 한 번씩 한국을 방문하여 우리 공장을 견학하고 구내식당에서 같이 식사도 하는데, 이분이 허준이를 보고는 세계 최고의 기술 보유자라고 인정했다. 기술도 결국 투자의 산물이다.

2014년 하반기부터 생산한 헤비 블로우는 증정용 미니어처 수준이라 제대로 헤비 블로우의 특징과 장점을 보여줄 수 없었다. 헤비 블로우 제품이 시중에서 각광을 받기 시작한 것은 2014년 말 LG생활건강, 더페이스샵, 리엔케이, 네이처리퍼블릭, 코리아나 등등에서 내가 디자인한 금형으로 출시되면서부터였다. 최초로 만든 제품은 150밀리와 120밀리 동일 용량에 동일 금형으로 제조한 용기로 각 회사에서 컬러와 그래픽만 변형하여 출시되었다. 유리를 닮고 유리를 대체하는 헤비 블로우는 화장품 용기 시장을 강타했다. 2014년 하반기부터 2017년까지 대략 1천만 개가 팔리면서 우성플라테크의 매출은 급성장했다.

대성화학에서 의약품 용기 생산을 화장품 용기 생산으로 전환했을 때처럼 매출도 매출이지만 '재미'라는 측면에서 화장품 용기는 끝없이 영감을 자극했다. 현재 우성플라테크 전시실에는 프리몰드로 디자인해서 내가 직접 만들어 놓은 샘플이 약 500벌 전시되어 있다. 클라이언트가 방문하면 전시품 중에 마음에 드는 것을 골라서 컬러를 넣고 변형하는 식으로 주문한다. 그것들을 만들기 위해서는 똑같은 금형이라도 파이 수를 45파이에서부터 0.2파이씩 키우는 방식으로 모형을 만들어서 우리 회사 여성 직원들에게 주고 모니터링을 한다. 화장품 용기는 일상적으로 손으로 만지며 사용하는 것이기에 무엇보다 소비자의 의견이 중요하다. 0.1을 줄이거나 키우는 데 따라 소비자가 손에 잡았을 때의 느낌이 달라진다. 일차적으로 그 과정을 거친 후 화장품 회사의 디자이너들에게 보내어 회사가 원하는 모양을 결정한다. 우성플라테크 판매 제품의 50퍼센트는 LG생활건강을 비롯한 화장품 회사에서 디자인해서 우리에게 주문한 것이고 나머지 50퍼센트는 내가 디자인한 레디메이드 용기다.

헤비 블로우 기술이 시장에 안착하면서 우성플라테크의 매출은 크게 늘었다. 첫 번째 단계에서는 제품 1천만 개가 팔렸고, 두 번째 단계에서는 허근영이 영업하여 배우 공효진 씨가 광고했던 '클리오 킬커버 쿠션'의 리필 용기 생산을 맡게 되면서 일주일에 25만 개씩 2년 동안 몇천 만 개를 만들어 팔았다. 그 과정에서

2012년 80억이었던 매출이 2016년 260억, 2017년 270억, 2018년 290억, 2019년 360억으로 늘었다.

그리고 세 번째 마지막으로 매출이 급상승한 때가 2019년 코로나19 사태였다. 전대미문의 역병으로 전 세계가 바이러스에 대한 공포에 사로잡혀 있을 때 손 세정제에 대한 수요가 폭발하면서 세정제를 담을 용기도 부족해졌다. 손 세정제 용기는 헤비 블로우가 아닌 일반 페트 용기이지만 전 세계에서 용기 15~20만 개를 하루에 생산할 수 있는 회사는 우성플라테크밖에 없었다. 역병을 만난 것이야 우연이지만 기계 설비에 욕심껏 투자했던 결과라고 보면 필연이라고 할 수 있다. 아오키 사에서 기계를 주문할 때 옵션을 나눠 왔기에 사이즈별로 다양한 제품을 자유자재로 만들 수 있었던 것이다. 그리하여 2020년 손 세정제 특수로 150억 이상의 매출을 올리면서 2020년 드디어 중소기업에서 중견기업으로 초석을 다지는 500억 매출의 신화를 창조하게 되었다. 15년간의 직장 생활 끝에 창업하여 2001년 1월 1일 법인 전환한 지 20년 만에 (주)우성플라테크는 화장품 용기 생산 능력으로 국내는 물론 아시아 1위 기업이자 전 세계 3위 기업으로 성장하게 되었다. (아오키 연구소 추산)

내가 돈을 쌓아 놓고 사업한 사람도 아니고 회사가 그리 넉넉한 상황도 아니었다. 그렇지만 지나온 과정을 더듬어 보면 어려운 시기일수록 과감하게 투자한 것이 성공이라면 성공의 비결이었다. 역설적으로 어려울 때에 투자를 해야 다시 탄력을 받을 때 가장 먼저 솟구쳐 오를 수 있기 때문이다.

2013년 우성플라테크가 일본 아오키 사의 설비에 투자했다는 소문이 퍼지고 1년이 지나도 매출이 하나도 없으니 업계에서는 허남선이 겁도 없이 몇백 억을 투자해서 기계를 사고 이사해서 곧 망할 거라는 뒷말이 나돌았다고 한다. 하지만 나는 두렵지 않았다. 나의 모험은 미래에 대한 확신과 기술에 대한 자신감이 뒷받침되었기에 가능한 일이었다.

그때 당시 국내에는 아오키 설비가 대략 450여 대밖에 없었다. 국내에서 막걸리 병, 페트병, 샴푸 병, 바디 제품 병 등을 생산하는 업체의 수는 약 2~3백 개에 달한다. 그중 ISBM을 가장 많이 보유한 업체가 25대였고 단 한 대를 놓고 사업하는 곳도 있었다. 그런데 내가 한꺼번에 5대를 주문하고 나서 추가로 5대를 주문했고 그 10대를 들여놓고도 2014년 상반기까지 매출이 없으니 업계에 "저 새끼 미친놈이다."라는 소문이 돌기에 충분했던 것이다.

초반에 매출이 없었던 것은 품질 보장이 확실해지기 전까지 테스트에 전념했기 때문이다. 무작정 거래를 뚫고 오더를 받는 것은 중요하지 않았다. 2008년경 헤비 블로우를 하겠다고 나섰던 후발 주자 몇몇은 결국 안정성을 확보하지 못하여 지금은 문을 닫거나 유명무실해졌다. 그들의 시도가 실패했던 것은 첫 번째로 기술의 문제, 그리고 다음은 성형 방법인데 아오키 사 기계처럼 완벽하게 성형할 수 있는 설비가 없으니 무리해서 시도하다가 1만 개를 생산하면 9천 개를 골라내야 하는 난국에 빠진 것이다.

　돈만큼이나 중요한 것이 시간을 투자하는 일이다. 꼬박 1년 동안 안정성을 확보하기 위해 시간과 돈과 노력을 투자했다. 개구리가 멀리 뛰기 위해 잔뜩 움츠리는 것처럼 미래를 위해 오늘을 견디고 있었다. 그런 내용을 모르는 업계 내 타 기업 사람들은 허남선이 망했다, 우성플라테크가 어려워서 곧 망한다는 소리를 공공연히 하고 다녔다. 사람이나 회사나 어려울 때 그 진가가 드러난다. 헤비 블로우 신기술을 접목하기 위해 고군분투하고 있을 때 LG생활건강과 더불어 나를 도와준 회사가 있었다. 코스닥 상장사로서 세계적인 화장품 부자재 메이커인 (주)연우인데, 연우는 에어리스 펌프를 개발해서 로레알, 존스앤드존슨, P&G, 에스티로더, 랑콤 등에 공급하는 회사다. 연우의 기중현 대표는 나와 30년 지기로 2살 손위의 친구 같은 선배다. 기 대표나 나나 고졸 엔지니어 출신의 사업가라 기술 혁신의 필요성과 경영의 고충에 대한 공감이 컸다. 해외 지사가 있고 해외 영업 팀이 7~80명에 달할 정도로 해외 영업에 특화된 연우는 우성플라테크가 해외로 진출하는 데 큰 뒷받침이 되었고 지금도 우리 매출의

헤비 블로우, 매출의 신화

20퍼센트는 연우를 통해 수출한다. 매출의 크기도 크기지만 연우와 함께 일한다는 것만으로 세계적인 인지도와 '레벨'이 달라지기에, 현재 아시아는 물론 유럽에서도 우성플라테크를 모르는 화장품 제조사가 없을 정도로 성장한 데는 연우와의 파트너십이 큰 역할을 했다.

펌텍코리아㈜ 이도훈 대표와의 인연도 남다르게 작용하였는데, 나보다 연배가 조금 아래인 이도훈 대표는 2000년대 초 펌텍코리아를 창업할 때 잠깐 인연을 맺은 후 한동안 뜸하다가 2015년부터 본격적으로 협업을 시작했다. 현재 우성플라테크와 펌텍코리아는 협업을 통해 국내는 물론 해외 시장에 활발하게 진출하고 있으며, 향후 우성플라테크의 잠재적인 최고 파트너로 생각하고 있다.

기술력에 대한 자신감과 미래에 대한 확신이 있었기에 과감한 투자였지만 무모한 투자는 아니었다. 하지만 당장에 매출이 없으니 일시적으로 자금의 위기를 겪기도 했다. 2010년에는 은행 부채가 제로인 상태였지만 기계를 사들이다 보니 2014년 사옥을 이전할 무렵에는 부채만 120억 원이 넘어 버렸다. 당장 직원들에게 봉급을 줄 돈이 없어서 기업은행에 중소기업 긴급 운영 자금 20억 원을 요청했다. 그런데 본점에서 나온 여신 심사 팀장이라는 사람이 지금 우성플라테크 한도는 다 차서 더 이상 지원해 줄 수 있는 방법이 없다는 것이었다. 게다가 20억 원을 운영 자금으로 주되 금리를 좀 낮게 해 달라고 요청까지 했으니, 벌어서 이자 갚기도 바쁜 회사에 대출을 해 줄지 말지도 결정하기 어려운 상황에서 제정신이냐고 쏘아붙였다.

20억 원이 크다면 크지만 우리 회사의 재정과 금융 기관 거래 상태를 살펴보면 그렇게 면전에서 모욕을 줄 만큼 큰돈은 아니었다. 그간 기업은행의 지점장들이 바뀔 때마다 가입해 준 방카슈랑스 보험만 깨도 10억 원 이상은 즉시 조달할 터였다.

"딱 2년 후면 내가 재기해서 반듯하게 일어날 텐데, 그때 한번 두고 봅시다."

자리를 박차고 일어났더니 김포지점장이 자기가 직을 걸고 말하건대 이 회사는 반드시 회생할 회사니 운영 자금을 주자고 주장했다. 그렇게 기업은행에서 10억 원을 받고 중소기업진흥공단에서 10억 원을 지원받아 위기를 극복했다. 딱 2년이 지난 후, 기업은행의 신임 지점장이 회사로 찾아왔다. 전임 지점장으로부터 그동안의 히스토리를 전해 듣고 직접 회사를 방문해 은행이 잘못한 부분에 대해 사과하고 향후 우성플라테크의 은행 업무는 담당자가 직접 회사를 방문해 처리해 주겠다는 획기적인 제안을 했다. 이제 은행에서도 무시할 수 없는 명실상부 최우수 초우량 기업으로 성장한 것이다. 그 후 기업은행은 패밀리 기업 등 모든 혜택을 우성플라테크에 지원하고 있다.

돈은 중요하다. 돈이 전부는 아니지만 돈은 많은 것을 말한다.

자산 규모가 100억이 넘어가면서 외부 회계 감사를 받기 시작했다. 우리 회사에 감사를 나온 회계사들이 입 모아 하는 이야기는 그동안 숱한 기업체의 회계 감사를 했지만 이런 회사는 처음이라는 것이었다. 대부분 중소기업에서 사장들은 회삿돈을 자기 돈이라고 생각한다. 하지만 나는 법인에서 1원 한 푼도 가져다 쓰지 않는다는 원칙을 가지고 있었다. 2017~8년에 이르러 매출이 4~500억 원에 육박하면서 영업 이익으로 15~20퍼센트의 유보금이 쌓였을 때도 마찬가지다. 원칙에 따라 최소 금액으로 2번 정도 배당을 받은 이외에는 회삿돈에 절대 손을 대지 않았다.

2000년 동산C&G가 부도나면서 국민은행 이충복 지점장과 조설호 부지점장으로부터 500만 원짜리 가계 수표 19장을 받았던 것을 전술한 바 있다. 그들은 나와 우리 회사의 기술력, 그리고 신용을 믿고 선뜻 수표 19장을 내주었다. 매달 결제일이 될 때마다 가계 수표를 꺼내 보면서 쓸까 말까 한참을 망설였다. 해가 바뀌도록 가방에 넣어 가지고 다니며 망설이다가 덮기를 반복하다가 2년 반의 세월이 흘러 새로 바뀐 지점장에게 가계 수표 19장을 반납했다.

"제가 은행원 생활 30년에 지점장을 몇 번 하는 동안 당신 같은 사람은 처음 봤습니다."

단 한 장도 쓰지 않은 채 겉표지가 낡아 버린 수표책을 보며 지점장이 혀를 내둘렀다. 나는 태어나서 가계 수표나 당좌 어음을 한 장도 발행해 보지 않았다. 사업하는 사람이라면 알 것이다. 그것이 거의 불가능에 가까운 일이라는 사실을. 너무 어렵지 않게, 쉽게 가려면 쉽게 갈 수 있는 길이 몇 번은 있었다. 은행이 발행해 준 가계 수표를 끊어 쓰고 협력사에게 어음을 발행해 주면 자금 때문에 고생하는 일은 줄었을 것이다. 하지만 내게는 거래처 결제는 매월 말 마감하여 익월 15일 전액 현금 결제를 한다는 철칙이 있었다.

그 또한 내 경험에서 나온 것이다. 동산C&G 이후에도 크고 작은 중소기업의 부도를 많이 겪으면서 세운 원칙이다. 일도 거래도 사람이 한다. 사람과 관계를 맺을 때는 신중히 하지만 관계를 맺은 사람은 신뢰하고 배려해야 한다. 직장 생활을 할 때부터 관계를 맺은 부자재 업체 사장님들은 내가 어려울 때 3~6개월 동안 결제를 미루어 주던 분들이기에 그 인연을 소중히 여기며 지금도 거래를 지속하고 있다. 장갑과 방청제부터 포장에 필요한 OPP 테이프와 발포지까지 화장품 용기를 생산하는 데 필요한 부자재는 다양하다. 한 달에 1~2백만 원어치를 가져다 쓸 때부터 거래하여 지금은 월에 2~3천만 원어치 매출을 올려 준다. 우리가 성장한 만큼 그분들도 성장한 것이다.

OPP 테이프를 납품하시는 분은 연세가 75세인데 어머니 장례식이나 장인어른 장례식 때도 오실 정도로 관계가 돈독하다. 공장에서 급히 테이프가 필요하다고 하면 5만 원어치 10만 원어치

헤비 블로우, 매출의 신화

라도 저녁 일고여덟 시에 싣고 달려오시는 분이다. 그분은 입버릇처럼 사장님이 그만두는 때까지만 하고 본인도 은퇴하겠다고 하신다. 노후 준비는 이미 다 해 놓았지만 우리 때문에 일을 계속하고 있다는 것이다. 나의 진짜 재산은 그런 사람, 그런 인연이다.

취업 준비 중인 모교 후배들에게 진로 특강 및 장학 기금 전달식

2022년 말 집무실에서

베풀고 나눈다는 것

  그저 열심히 살았을 뿐이다. 먹고살기 위해서, 가족들을 먹여 살리기 위해서, 나를 믿어 준 사람들과의 약속을 지키기 위해, 내게 일거리가 있고 일할 힘이 있음을 감사하며 살았다. 우여곡절도 많았고 절망에 빠져 죽음의 문턱까지 갔지만 용케 견뎌 내어 고비를 넘었다. 열심히 일하다 보니 익숙해졌고, 익숙해지다 보니 재주가 되었다. 재주를 가볍게 여기지 않고 갈고 닦으니 남들이 보지 않는 내일로 가는 길이 열렸다. 내게 주어진 과분한 상들은 성공과 성취에 대한 찬사라기보다 포기하지 않고 열심히 잘 살았다는, 잘 견뎠다는 칭찬과 응원일 것이다.

  2008년 모범 성실 납세인으로 표창(서인천세무서)을 받은 이래, 2009년 김포시 중소기업 대상(생산성 향상 및 기술 혁신 분야)과 대한민국 경영 혁신 대상을 수상(서울신문 주관)했고, 2011년에도 모범 성실 납세인으로 표창(중부지방국세청장)을 받았다. 2016년에는 재차 김포시 중소기업 대상을 수상했고 2016~2019년 4년에 거쳐 우성 플라테크가 청년 친화 강소기업으로 선정(임금 부문)되었다. 2019년 납세자의 날에는 국무총리 표창을 2020년에는 성실 납세 자로 선정되어 경기도지사 표창을 받고, 2020년에는 사단 법인 부패방지국민운동총연합으로부터 청렴기업인상을 받았다.

2020년 하반기 어느 날 한국산업인력공단(HRDK)에서 연락이 왔다. 중소기업진흥공단에서 추천을 했으니 '기능한국인'에 지원 해 보라는 것이었다. 기능한국인은 기능계 고등학교를 졸업한 후 한 분야에서 10년 이상의 경력을 쌓고 사회적으로 인정받는 위치에 있는 성공한 기능인을 대상으로, 정부가 인증하고 수여 하는 훈장과 같은 기능인 최고의 예우이다. 하지만 추천을 받았 다고 해도 내가 내 손으로 서류를 넣기 쑥스러워 차일피일 미루 고 있었더니 나를 추천한 중소기업진흥공단에서 전화가 왔다.

"기능한국인은 돈을 떠나서 굉장히 명예로운 이름입니다. 허 남선 대표님은 고졸 기능인으로서 평생을 열심히 살아오셨는데 이 정도 명예는 가져야 하지 않겠습니까?"

기능인으로서의 명예,라는 말에 마음이 움직여서 뒤늦게 서류 를 작성해 제출했다. 청년 구직자들이 중소기업을 기피하는 현 실에서 사회적으로 성공한 우수 숙련 기술인을 발굴해 표창하고 홍보함으로써 숙련 기술인에 대한 인식을 제고하고 청소년들의 기능 분야 진출을 유도할 필요성에서 만들어졌다는 추진 배경에도 공감이 갔다. 금오공고 후배들을 비롯한 실업계 학생들에게 대학이 아니더라도 삶에는 이런 길이 있다는 것을 보여 주고 싶었다.

기능한국인은 1년에 12명을 뽑는데 3개월에 3명씩 심사를 한다. 서류 심사와 실적 심사를 거쳐 세종시 정부종합청사에 가서 국민 평가단 30퍼센트를 포함한 전문가 5~60명 앞에서 자기소개를 하는 것이 마지막 심사였다. 자기소개라지만 결국 자기 자랑을 하라는 것이었다. 나는 못 한다고, 내 자랑을 해서 상을 받는 건 의미가 없으니 안 가겠다고 뻗쳤다. 그랬더니 허병태가 2차 심사까지 통과해 놓고 왜 가지 않느냐고 사정사정하며 직접 운전을 해서 나를 세종시에 데려갔다. 미리 원고를 준비하라고 했지만 나는 원고 같은 건 없고 가서 딱 한 가지만 이야기하겠다고 다짐했다. 주어진 시간은 5분이었는데 다른 후보들은 대단하게 준비를 잘해 와서 시간을 넘겨 2~30분 동안 발표를 했다. 이윽고 내 차례가 왔다.

"저는 직장에 들어가서 정말 아무것도 없는 황무지에서 일을 시작했습니다. 그래도 내가 선택한 일이기 때문에 최소 3년을 버티자 다짐하고 3년을 버티고 나니까 내가 이 분야에서 숙련공이 되어 있었습니다. 오기가 생겨서 다시 3년을 버텨 보자 했더니 3년 지나니까 내가 화장품 용기를 만드는 분야에 기능인이 되어 있더군요. 이제 자신감을 얻어서 3년 동안 열심히 했더니 나 자신도 모르는 사이에 화장품 용기를 만드는 전문가가 되어서 창업을 할 수 있게 되었습니다."

이야기를 마치고 나니 딱 5분, 하고 싶은 이야기는 다 했다. 내 이야기를 듣고 심사위원들이 큰 감동을 받았다는 후일담이 들려왔고, 나는 2021년 1월 제167호 기능한국인으로 선정되었다.

내 일을 열심히 하고 살았을 뿐인데 상을 받으니 좋으면서도 쑥스럽지만, 2020년 9월 중소벤처기업진흥공단이 선정한 '중소기업 롤 모델 존경받는 기업인'이 되었을 때는 남들이 뭐라던 내 고집대로 살았던 것이 잘못되지 않았다는 확인 같아서 다행스럽고 감사했다. '중소기업 롤 모델 존경받는 기업인'은 단순히 회사 경영을 잘해서 돈을 많이 번 중소기업 사장을 뽑지 않는다. 중소기업을 하는 창업자 중에 열심히 일해 회사를 발전시킨 것을 기본으로 첫 번째 직원들 복지, 그리고 두 번째로 기업의 사회 기여도를 따진다.

내가 월급 23만 원을 받고 직장 생활을 시작했을 때부터 간절히 품었던 바람은 3:3:3:1의 원칙으로 회사 정관에 또렷이 새겨져 있다. 직원들에 대한 복지를 기본으로 두고 회사의 매출이 점차 상승하면서 적극적으로 기부를 시작했다. 제일 먼저 눈이 닿고 마음이 기운 것은 역시 교육 분야였다. 나는 집안 형편 때문에 대학을 나오지 못했다. 그래서 어렵게 공부하는 학생들이 최소한

베풀고 나눈다는 것

학비 걱정을 하지 않고 학교에 다니도록 하고 싶었다. 강원도 출신 기업인들이 모여서 만든 태백산맥 장학회에서 15년째 활동하며 지금은 회장을 맡고 있다. 매월 10만 원씩 1년에 120만 원으로 회비를 책정해서 강원도 출신이나 강원도 출신 부모를 둔 자녀들에게 초등학생부터 대학생까지 분기별로 장학금을 준다. 회사가 자리한 김포는 제2의 고향이나 진배없다. 10년 전부터 매년 김포대학 학생 2명을 추천받아 전액 장학금을 주고 있다.

나의 라훌라, 우리 갑영이와 같은 장애인들을 위한 단체 후원은 일상적인 일이다. 또 우연치 않게 김포경찰서에 집시 자문 위원으로 위촉되어 활동하기 시작하면서 지금은 자문 위원장을 맡고 있다. 집회와 시위에 대한 자문 위원회는 법률로 보장돼 있는 경찰 발전 기관 중에서 유일하게 법무부에 등록이 되어 있는 단체이다. 위원장은 원래 임기가 2년인데 코로나 사태 때문에 불가피하게 5년째 연임 중이다. 어쩌다 감투를 쓰고 경찰서를 드나들다 보니 격무와 박봉에도 불구하고 나라를 위해 헌신하는 경찰들이 눈에 밟혔다. 그래서 김포경찰서 경찰관 6백 명 중에 본인이나 가족이 암 투병을 하는 사람, 부모형제 중에 장애인이 있는 사람, 부모를 모시고 사는데 가정 형편이 어려운 사람을 상반기에 두 명, 하반기에 두 명 7~8년간 후원하게 되었다. 수차례 성실 납세자로 선정된 인연으로 김포세무서에서도 2백 명가량 되는 전체 직원 중에 가정 형편이 어려운 사람을 추천받아 2~3백만 원을 후원금으로 전달하고 있다.

어디에 얼마나 하는지 헤아리지도 않고 하던 후원과 기부가 '중소기업 롤 모델 존경받는 기업인' 선발 과정에서 전부 파헤쳐졌다. 존경받는 기업인으로 선정되면 우수 사례 전파를 위해 KBS 프로그램 〈사장님이 미(美)쳤어요〉에 출연해야 했기에 지난 인연들과 기억들까지 다 끌려 나왔다. 하루 종일 진행한 TV 녹화는 너무 힘들어서 젊은 한때 아주 잠깐이지만 배우가 되고 싶어서 MBC 탤런트 시험을 보러 갔을 때 꿈이 이루어지지 않아 다행이라고 생각했다. 큰아들 근영이 갓난아이 시절이라 무슨 바람이 들었냐며 탤런트를 하려면 이혼하고 가라고 아내가 으름장을 놓던 일도 생각나서 웃음이 났다. 뱃노래를 흥겹게 잘 부르시던 어머니의 끼를 내림하기는 했는지 나는 사업가의 삶을 살게 되었지만 조카 중 둘은 배우가 되어 활동했고 나도 이런저런 인연으로 KBS의 명감독 신창석 PD를 비롯해 태진아, 김용임, 유지나, 배도환 씨 등 연예인과 친하게 지내게 되었으니 인생은 참 재미있는 드라마라 할 만하다.

인연은 꼬리에 꼬리를 물고 이어진다. 좋은 인연도 그렇고 나쁜 인연도 그렇다. '선한 영향력'이라는 말도 있지만 좋은 인연을 맺으면 그것이 또 다시 좋은 영향을 미친다.

사무 및 회화용품을 제조하는 (주)바이마츠의 이용우 대표님은 김포상공회의소 회장을 하실 때 처음 만났다. 같은 지역이라 내가 김포대학 등 여기저기에 후원과 기부를 하는 것을 아시고 아주 좋게 봐 주셨다. 2015년 김포경찰서 집시 자문 위원을 맡고 있을 때 이용우 회장님의 추천으로 전국범죄피해자지원 중앙센터 운영 위원으로 위촉되었다. 전국범죄피해자지원센터는 "범죄 피해자는 범죄 피해 상황에서 빨리 벗어나 인간의 존엄성을 보장받을 권리가 있다."는 〈범죄피해자 보호법 제2조〉에 따라 전국에 60곳이 설치된 법무부가 공식 관리하는 조직이다. 이용우 회장님은 2008년부터 연합회 회장으로 꾸준히 활동하고 계셨는데 규모가 큰 기업의 대표님들이 주 구성원인 연합회에 중소기업 대표인 나를 적극 추천해 주셨다.

나 좋자고 하는 일이면 마다할 수 있으나 봉사를 하라니 거절할 수 없었다. 범죄 피해자는 '타인의 범죄 행위로 피해를 당한 사람과 그 배우자(사실상의 혼인 관계 포함)', '직계 친족 및 형제자매(범죄 피해자 보호법 제3조 제1항)', '범죄 피해 방지 및 범죄 피해자 구조 활동으로 피해를 당한 사람도 범죄 피해자(범죄 피해자 보호법 제3조 제2항)'로 정의된다. 한국에서는 1년에 살인, 강도, 폭행, 성폭력, 방화 등 강력 범죄만 30만 건 이상이 발생하는데, 가해자가 1명이라도 피해자와 피해자 가족 구성원 전체를 포함하면 엄청나게 많은 수의 피해자가 발생하는 것이다. 전국범죄피해자지원센터 운영 위원들은 1년 회비를 비롯한 지원금을 내고 범죄 피해자들에게 상담, 치료비, 긴급 생계비, 심리 치료비, 간병 및 부대 비용, 취업 지원 등 직접적인 지원을 한다. 그중에서 중앙센터는 서초동 서울중앙지검 내에 있어서 당시 중앙지검장이었던 윤석열 대통령과도 몇 차례 오찬을 하기도 했다.

전국범죄피해자지원 중앙센터 운영 위원회는 서울중앙지검 대회의실에서 운영 위원회를 한다. 오전 10시에서 12시까지 진행되는 회의에는 중앙지검 1·2·3부 차장들이 참석을 하고 부득이하게 빠지면 부장검사들이 대리 참석한다. 회의를 통해 최근의 주요 범죄 현황과 그 피해자가 어떻게 살고 있는지를 파악하고 법무부의 지원 외 민간 위촉 운영 위원들이 지원할 내용에 대한 의견을 주고받는다. 3~40명의 운영 위원이 1인당 적게는 3백만 원에서 1천만 원씩 지원금을 내고 병원장이나 의사 등은 무상으로 치료를 제공한다.

내가 선영이를 처음 만난 것은 회의를 하러 갔다가 범죄피해자지원센터 사무실에 들렀을 때였다. 회의 후 점심 식사가 끝나면 이용우 회장님 사무실에서 차를 한 잔 얻어먹고 박봉의 계약직 직원들에게 찻값 명목으로 회식비 50만 원을 주고 오는 것이 정해진 동선이었는데 그날은 처음 보는 직원이 차를 내주었다. 이용우 회장님께 누구냐고 물으니 2009년 6월 8일 발생한 천인공노할 범죄인 '황산 테러'의 피해자라는 것이었다.

채무 관계로 소송을 제기한 전직 여사원에게 앙심을 품고 황산을 뿌린 회사 대표와 직원 등 4명이 범행 한 달여 만에 경찰에 붙잡혔다. 경기도 성남 중원경찰서는 전자장비 제조 업체 대표 이 모(28) 씨에 대해 살인미수 혐의로 사전 구속영장을 신청했다. 또 이 씨의 지시를 받고 황산을 뿌린 혐의 등으로 이 회사 직원 이 모(28) 씨 등 2명에 대해 구속영장을 신청하고 이들의 알리바이 조작을 도운 혐의(살인 방조)로 직원 남 모(23) 씨를 불구속 입건했다. 경찰에 따르면 직원 이 씨 등은 회사 대표 이 씨의 지시로 지난달 8일 오전 6시 10분께 성남시 중원구 상대원동 주택가 골목에서 출근하는 박 모(27. 여) 씨를 뒤따라가 얼굴에 황산을 뿌린 혐의다. 대표 이 씨는 경찰에서 함께 일했던 박 씨가 2007년 7월 퇴사한 뒤 "투자금과 임금을 달라"며 소송을 내는 바람에 4천만 원 배상 판결을 받은 것에 앙심을 품고 범행했다고 말했다. (2009년 7월 8일 연합 뉴스 기사 중에서)

사건이 발생한 지 한 달 만에 범인들은 잡혔다. 하지만 범죄 피해자는 전신에 3도 화상을 입고 수차례의 대수술을 거치며 생사의 고비를 넘나들어야 했다. 그 흔적이 황산에 녹아 버렸던 오른쪽 얼굴과 어깨에 여전히 남아 있었다. 그래도 너무나 용했다. 그는 살아남았다. 살아남았을뿐더러 자기 같은 피해자들을 돕고 싶다며 센터의 계약직 직원 채용에 신분을 밝히지 않고 응시해 당당히 실력으로 합격한 것이다. 그 자리에서 선영을 다시 불렀다. 지갑을 털어 가진 현금을 모두 주었다. 용돈이라기에는 너무 많다고 그는 손사래 쳤지만 나는 동정이나 위로로 돈을 준 게 아니었다. 고마웠다. 살아남아 줘서, 꺾이지 않아 줘서 고마웠다.

상상할 수 없이 극심한 고통을 겪었으면서도 밝고 당당한 선영이의 인상은 김포로 돌아와서도 지워지지 않았다. 평생 결혼을 하지 않고 범죄 피해자들을 위해 봉사하며 살고 싶다는 바람, 심리학으로 전공을 바꿔 대학에 다시 진학하여 1학년 1학기인데 계약직 월급에 서울에 월세를 얻을 형편이 아니라서 건강치 못한 몸으로 부모님 댁에서 통학하느라 힘이 부친다는 말이 자꾸만 귀에 맴돌았다. 이렇게 개별적인 상황은 센터에서 지원해 줄 방법이 없었다. 고심 끝에 이용우 회장님께 전화를 드려서, 선영 씨의 대학 4년 등록금을 내가 개인적으로 지원하고 싶다고 의사를 밝혔다. 그랬더니 한 학기 대학 등록금이 5백만 원 정도라 1년이면 1천만 원이니 한 사람이 모두 부담하기에는 너무 크다, 내가 범죄피해자센터에 지정 기탁하면 센터가 지급하는 방식으로 부담을 덜자고 제안하셨다.

선영은 강한 사람일뿐더러 좋은 학생이었다. 4년 동안 열심히 공부해서 우수한 성적으로 대학을 졸업하기에 이르렀다. 그 사연을 당시 윤석열 중앙지검장이 보고를 받고 기억하고 있다가 검찰총장으로 가던 해 4월 25일 법의 날 법무부장관상을 주어 나와 선영이 함께 코엑스에서 표창을 받았다. 그때 대학을 졸업한 후에는 무엇을 하고 싶으냐고 물으니 대학원에 진학해 범죄 심리학 공부를 더 해서 끝까지 범죄 피해자를 위한 일을 하고 싶다는 것이었다. 그 자리에서 대학원 3년 등록금 전액을 학자금으로 줄 테니 졸업과 동시에 바로 공부를 시작하라고 했다. 공부도 때가 있고 선영은 늦게 공부를 다시 시작한 만큼 머뭇거릴 여유가 없었다. 잠자코 내 말을 듣던 선영이 펑펑 울기 시작했다. 나도 뜨거운 눈물을 속으로 삼키며 선영의 새 출발을 진심으로 축복했다.

석사와 박사 과정을 밟는 와중에도 선영은 범죄피해자지원센터 일을 병행했다. 하지만 마지막 논문을 준비하는 1년 반 동안은 직장 생활과 학업을 병행하기 힘들어서 센터에서 퇴사를 하게 되었다. 박사 논문이면 더 집중해서 연구해야 하니 물적 심적 뒷받침이 필요할 거라 생각하고 학비에다 생활비를 더하여 3천 6백만 원을 일시에 증여했다. 그동안 선영은 우리 집에도 자주 놀러오고 가족들과 어울리며 나를 아버지라 부르니 수양딸이나 매한가지다. 세상에서 상처 입은 딸에게 아버지가 원하는 것은 그저 평범한 삶을 회복하는 것일 테다. 내가 선영에게 바라는 것도 오직 그뿐이다.

'남에게 보시하는 것은 결국 자신에게 보시하는 것'이라는 말

'흙수저 공돌이'의 참 아름다운 성공

이 있다. 누군가는 나에게 왜 그리 베풀고 다니느냐고, 돈이 있다고 모두가 베풀지 않을뿐더러 오히려 인색하고 강퍅한 경우도 있는데 당신은 무슨 이유로 아낌없이 나누느냐고 묻는다.

나는 이용우 회장님이나 이경수 회장님처럼 나보다 더 많이 베풀고 더 품이 넓은 분들을 많이 알고 있다. 그래서 내가 대단히 많이 베풀고 특별한 선행을 한다고 생각하지 않는다. 내가 베푸는 것은 나와 내 가족이 겪었던 일과 유사한 일을 겪고 있는 주변 사람들에게 동병상련과 응원의 마음을 건네는 것뿐이다. 그러니까 지금 힘든 이들에게 보시하는 것은 그때 힘들었던 나에게 보시하는 것이나 진배없다.

젊은 한때는 친구에게 돈독이 올랐냐는 소리를 듣고 돈 때문에 친구들과의 만남을 피하기도 했다. 그럼에도 불구하고 모욕감을 참으며 죽어라 일을 하고 돈을 벌었던 가장 큰 동력은 가족이었다. 그리고 이제 내가 살아 숨 쉬고 있다는 또 하나의 징표는 내 통장에서 매달 여기저기로 빠져나가는 후원금들이다. 내가 먹고살 만큼 남겨 놓고도 누군가에게 도움을 줄 수 있다는 사실만큼 나를 행복하게 하는 일이 없다.

삶이라는 게 그리 대단한 것이 아니다. 죽음은 삶의 유한함과 허무를 일깨운다. 어머니가 돌아가셨을 때 다시 한번 절실하게 느꼈다. 아버지는 미리 준비를 하지 못하고 매장을 해 드렸지만 어머니는 살아 계시는 동안에 회사 인근 양지 바른 동산에 땅을

베풀고 나눈다는 것

사고 후일 어머니가 쉬실 자리를 마련했다. 어머니께 매장이든 화장이든 원하시는 대로 모시겠다고 이야기하니 어머니는 처음에 화장이 무섭다고 매장을 해 달라고 하셨다. 그런데 돌아가시기 1년 전쯤에는 화장을 하면 자리를 조금만 차지할 수 있으니 대대손손 쓸 수 있지 않겠느냐고 의향을 밝히셨다.

어머니가 돌아가신 후 유훈대로 화장을 했다. 화장장 직원들은 화장로에 들어갔다 온 시신의 뼈를 추리더니 자석을 들이대어 금붙이를 모두 골라내고 가루만 우리에게 인도해 주었다. 매장할 때는 노잣돈이라고 돈을 같이 묻어 주는 경우라도 있었지만 화장은 금니 하나도 가져갈 수가 없었다. 완전한 빈손, 그렇게 떠나는 것이었다.

이제 어머니도, 박 스님도 극락으로 떠나셨지만 살아생전 어머니를 모시고 청룡사에 가면 따끈한 차를 대접받으며 박 스님과 서너 시간 동안 차담을 했다. 나는 독실한 불교 신자는 아니지만 대웅전에 절을 바치고 스님과 이야기를 나누면 마음이 고요하고 평안해졌다. 그때 박 스님이 내게 건네셨던 말씀이 어쩌면 내가 지금 왜 이렇게 사는지에 대한 답이 되지 않을까 한다.

"자네는 어려서부터 참 고생도 많이 했고 큰 수술을 받으면서 죽을 고비도 넘겼지. 그래도 지금 고생 끝에 낙으로 어느 정도 원하는 것을 이루었으니 앞으로는 자신의 건강과 가족을 챙기는 한편 나눔을 실천하고 살아가게. 사람은 이 세상에 태어났다가

'흙수저 공돌이'의 참 아름다운 성공

한 줌 흙으로 돌아갈 때 아무것도 가져갈 수 없지. 본디 빈손으로 왔다가 빈손으로 돌아가는 법, 모두가 아는 듯하지만 잊고 사는 그 이치를 꼭 기억하게."

병원에 입원하신 어머님의 병문안을 온 가수 태진아 씨

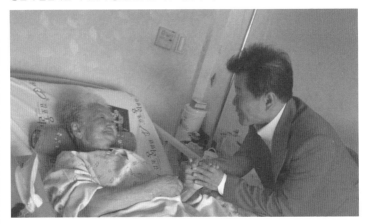

2017년 딸들과 며느리들이 어머님을 모시고
동해안을 여행할 때 호텔 로비에서

내가 사랑하는 사람들
— 은사님과 동문들, 직원들, 그리고 가족들

은사님과 동문들

살아온 흔적을 뒤돌아볼 때 그래도 내가 한 일 중에 제일 보람되고 잘한 일은 모교인 금오공고를 위한 평산장학재단을 만들어 금오평산장학회를 운영하게 된 것이다. '평산(平山)'은 절친한 동기인 이건완 장군이 내게 붙여준 호(號)이다. 2021년 12월 첫 장학금 기탁식을 통해 향후 10년간 10억 원의 장학금을 기탁하기로 약정했고 2022년 기탁금 6천만 원으로 재학생과 신입생에게 장학금을 지급했다. 긴급 지원·화랑 학생회·일반 장학금 부문에 해당하는 재학생에게 2천4백만 원을 수여하고, 성적 우수·기회균등 부문에 해당하는 신입생 입학생에게 3천6백만 원의 장학금을 수여한다. 금오평산장학회가 기타 장학회와 다른 점이라면 재학생의 복지와 더불어 졸업생과 교직원에게도 4천만 원을 기탁하고 있다는 것이다. 훌륭한 스승 아래 훌륭한 제자가 자란다. 학생만큼이나 교직원의 복지와 행복도 중요하다는 생각에 특별히 더한 항목이다.

평산장학재단을 만든 후 오랫동안 마음으로만 품었던 소망 하나를 실현할 수 있게 되었다. 지금의 나를 있게 해 주신 학창 시절의 은사님들을 초청해서 사은회를 여는 것이었다. 2022년 스승의 날 사흘 전인 5월 12일 은사님들을 모셔 잔치를 하려고 준비하던 중 금오공고에서 지난해 하지 못한 평산장학재단 출범식을 사은회 직전에 열어 주고 싶다고 했다. 그날은 정말 죽는 순간까지 잊지 못할 감격스러운 하루였다. 우리 가족과 회사 직원들과 함께 금오공고 정문을 통과할 때부터 교직원들의 영접을 받았고 출범식이 열리는 체육관에 가니 학창 시절 내가 속했던 '악대부'가 90인조 브라스밴드로 행진곡을 연주해 주었다. 전교생 750여 명과 교직원 130여 명이 양쪽으로 도열해서 박수와 환호를 울리는 가운데 교장 선생님이 평산장학재단 출범을 선포하고 내가 장학재단 이사장으로서 축사를 했다.

나처럼 가정 형편이 어려워서 고통받는 일이 없기를 바라며 재학생 3명에게 장학금을 전달하고 교직원 3인에게는 공로패와 격려금을 전달했다. 출범식 후 박정희 기념관을 둘러보고 저녁 5시에 맞추어 사은회 행사가 열리는 금오산 관광호텔 대연회장에 가니 민선 1기 경상북도 교육감을 지내신 조병인 선생님을 비롯한 50여 명의 은사님들과 사은회 소식을 들은 친구들이 속속 도착했다.

세월이 원망스럽기도 하였다. 파릇파릇했던 고등학생이었던 친구들은 얼굴에 주름이 진 중장년이 되었고 열렬했던 젊은 교사였던 스승님들은 백발에 허리가 굽은 노년이 되어 있었다. 그렇지만 이렇게라도 만날 수 있어서, 너무 늦지 않아서 다행이었다. 1부 식순을 마치고 2부는 만찬을 한 후 3부는 나와 개인적으로 친분이 있는 가수 김용림·유지나·강민주·안다미·배도환 씨가 축하 공연을 했다. 다들 맛있는 음식을 배불리 먹고 신나는 노래에 덩실덩실 춤도 추었다. 사은회가 끝나고 귀가하시는 은사님들과 금오공고 현직 교사들께는 내가 만든 LG생활건강 화장품 세트와 부부 동반으로 여행을 다녀오시라고 일인당 1백만 원씩의 용돈을 드렸다.

은퇴한 지 오래 되어 적적한 나날을 보내시던 은사님들은 제자의 극진한 환대에 감격의 눈물을 흘리셨다. 그 눈물을 보면서 나도 친구들도 울었다. 금오공고는 특정한 시기에 만들어진 특수한 학교였다. 그래서 초창기 금오공고를 다닌 사람들에게는 어떤 양가감정(兩價感情) 같은 것이 있다. 원하는 대로 살지 못할 때 실패를 견디지 못하고 포기하여 폐인처럼 지내는 이도 있었다. 그들에게 금오공고 시절은 시대의 희생양으로 소모된 시간이었을 것이다. 그런가 하면 다른 한편으로는 금오공고 3기로 제주대에 재직 중인 이용석 교수의 말씀처럼 금오공고 출신이라면 성공해서 국가와 학교에 신세를 갚아야 될 것 같은 막연히 빚진 감정을 가진 이들이 있다. 황감하게도 이용석 선배님은 그 빚을 내가 덜어 주어 동문들의 마음이 한결 가벼워졌다고 칭찬하셨다. 장학 재단의 기금이 아닌 순전히 내 개인 돈으로 사은회를 치르면서 단 한 조각도 아까운 감정이 깃들지 않는 것은 흙수저 중의 흙수저였던 금속과 허남선이 감히 동문들을 대신해 조금이나마 나라와 학교에 빚을 갚았기 때문일 것이다.

조병인 선생님은 그날 축사에서 나를 "금오공고 탄생부터 지금까지 보았던 졸업생 중에 역사상 가장 아름답게 성공한 인물"이라고 부르셨다. 나를 감격시킨 것은 '성공'이라는 말이 아니었다. 그 앞에 붙은 '아름다운'이라는 형용사였다. 선생님의 황감한 칭찬에 답하는 인사말을 읽노라니 뜨거운 눈물이 저절로 내 뺨을 적셨다.

'흙수저 공돌이'의 참 아름다운 성공

존경하고 사랑하는 은사님들 안녕하십니까? 금속과 5기생 평산장학회 회장 허남선입니다.

모교 금오공고가 개교한 지 올해로 50주년입니다. 제가 5기생이니까 금오공고에 입학하기 위해 강원도 두메산골에서 혈혈단신으로 구미시 공단동 111번지를 찾은 후로 45년의 세월이 빠르게 흘렀습니다.

저는 금오공고를 졸업하고 해군 부사관으로 5년 만기 전역한 후 대학 진학과 취업의 갈림길에서 어려운 집안 형편 때문에 중소기업에 취업했고, 누구나 겪는 일이었지만 열악한 중소기업의 환경 속에서 많은 고민과 번뇌를 하게 되었습니다. 그러나 그때마다 어머님과 은사님들의 들려주신, 본인이 선택하고 결정한 일에 최선을 다하라는 말씀이 생각났습니다. 모든 것을 내려놓고 최선을 다하기로 마음먹자 3년이 지나고 나니 플라스틱 용기 제조 숙련공이 되어 있었고, 오기로 3년을 더 노력하다 보니 기능공이 되어 있었으며, 또다시 3년간 최선을 다한 후에는 화장품 용기를 만드는 전문가로 성장하여 우연한 기회에 1999년 7월 1일 창업을 하게 되었습니다. 퇴직금과 전세 자금을 모두 털어 오천만 원으로 시작한 사업은 갖은 난관에 부딪혔고, 포기해야겠다는 생각

내가 사랑하는 사람들

에 잠 못 이룬 밤이 수없이 많았습니다. 하지만 그때 금오공고 3년의 학창시절이 제게 큰 버팀목이 되어 주었습니다.

2020년 창업 20년 만에 연 매출 500억, 영업 이익 100억이라는 화장품 산업의 신화 창조의 주인공이 되었습니다. 생사고락을 함께했던 저희 우성플라테크 직원들이 있었기에 가능한 일이었습니다. 우성플라테크가 중견기업으로 성장하는 마당에 문득 사회에 나눔을 실천해야 한다는 생각을 하게 되었고, 제일 먼저 23년 동안 함께 고생한 직원들에게 제가 이룬 것의 일정 부분을 나누었습니다. 또 사업 초기부터 해 온 바대로 사회적 도움을 필요로 하는 단체에도 나눔을 실천하게 되었습니다.

2021년 국가에서 기능인에게 주는 최고의 영예인 '기능한국인'과 '중소기업 롤 모델 존경받는 기업인'에 선정된 것을 계기로 지난해 12월 23일 모교 재학생을 상대로 취업 준비생들을 위한 특강을 진행했습니다. 이전부터 품어 온 생각이지만 그때를 기점으로 사회적 나눔의 실천을 해야겠다고 마음먹고 후배들과 교직원들을 위한 장학 기금을 후원하기로 결정하여, 올해부터 김재천 교장 선생님과 협의하여 장학생 선발과 장학금 지급을 진행하고 있습니다.

'흙수저 공돌이'의 참 아름다운 성공

45년의 세월이 흐른 지금 학창 시절을 돌이켜 보니, 고2 때 잠시 학교를 이탈하고 싶어 방황하던 시기가 있었습니다. 그때 솔직히 말씀드리지 못했으나 제 마음을 헤아려 주시고 방학 일주일 전 집에 보내 주셨던 정완섭 선생님이 몹시 그립고 뵙고 싶었습니다. 또한 때때로 엄하셨지만 어린 나이에 군사 교육을 받는 저희들에게 부모님과 같았던 은사님들을 다시 뵙고 싶었습니다. 비록 대단한 위치는 아닐지나 저를 지금 이 자리에 설 수 있도록 만들어 주신 부모님 같은 우리 은사님들을 이렇게 뵙게 되어 눈물이 앞을 가립니다.

　　내일모레 5월 16일이면 제 인생의 훌륭한 멘토이자 가장 존경하고 사랑하는 분인 어머님을 보내 드린 지 49일째가 됩니다. 아들이 금오인이라는 것을 늘 자랑스럽게 생각하셨던 어머님께서 생존해 계셨다면 이 자리에 함께하셨을 텐데 많이 아쉽습니다. 또한 진즉에 이런 자리를 만들었으면 더 많은 은사님들을 모실 수 있었을 텐데 지난 45년 동안 유명을 달리하신 은사님들의 명복을 빌며 이 또한 제 가슴속에 아쉬움으로 남습니다.

　　존경하고 사랑하는 은사님들! 우리 은사님들께서 가르친 제자들이 이 자리에 함께했습니다. 오늘 하루는 저의 동기인

내가 사랑하는 사람들

이건완 전(前) 공군작전사령관을 비롯해 각자의 위치에서 최고의 길을 가는 1만6천여 명의 훌륭한 제자들을 배출하신 우리 은사님들의 날입니다. 오랜만에 만난 제자들, 그리고 자주 뵙지 못하셨던 은사님들끼리 편안한 시간, 행복한 추억 많이 만드셔서 오래오래 추억으로 간직하시기를 간절히 소망합니다.

은사님들! 감사합니다! 고맙습니다! 사랑합니다! 그리고 존경합니다.

2022.5.12. 금오평산장학회 회장 허남선

'흙수저 공돌이'의 참 아름다운 성공

직원들

대표는 외롭다. 어렵게 시작한 사업은 너무도 힘들었다. 아무 것도 없는 상태에서 모든 것을 나 혼자 결정하고 뛰어다니며 해결해야 했다. 그 길고 고단한 여정을 함께해 준 임직원들이야말로 인생의 동행이자 소중한 재산이 아닐 수 없다. 그들은 내가 창업한 회사에 입사해 20여 년을 변함없이 나를 신뢰하며 최선을 다하고 있다. 표면적으로야 사장과 직원이지만 나는 말로만이 아니라 실제로 직원들을 가족의 일부로 생각하고 있다.

인연은 뜻밖의 곳에서 뜻밖의 계기로 시작되기도 했다. 시흥의 축사 공장에서 김포 누산리로 어렵게 이사를 하고 나서 1년쯤 지났던 2003년경, 일주일에 닷새를 청주 LG생활건강을 오가며 살았던 내게는 카니발 자동차가 움직이는 사무실이었다. 김포에서 청주로 내려갈 때나 청주에서 김포로 올라올 때 김포 시내 입구에 단골로 기름을 넣는 주유소가 있었다. 그곳에서 주유와 세차를 도와주시던 분이 남다르게 성실해 보여서 한두 달 만에 안면을 트게 되었다. 그는 나와 비슷한 또래인데 다니던 회사가 어려워져 문을 닫게 되자 자진해서 퇴사하고 직장을 구할 때까지 밤낮으로 아르바이트를 하고 있다고 했다. 직장을 구한다는 이야기에 내 명함을 주고 시간될 때 회사로 한번 찾아오라고 했다. 일주일쯤 지나 그가 회사로 찾아와서 인터뷰를 하고 우성플라테

내가 사랑하는 사람들

크의 식구가 되었다.

그의 이름은 김석호. 길에서 스쳐가며 만났지만 내 눈이 틀리지 않아서 워낙에 성실하고 꾸준한 이였다. 그는 영업 물류 팀 소속으로 대리와 과장을 거쳐 입사 10년이 채 되기 전에 부장으로 승진했다. 그런데 2014년경 목이 아파서 병원에 갔다가 검사를 받아 보니 후두 쪽에 이상이 있다고 했다. 성가병원으로 옮겨서 정밀 검사를 한 결과 후두암이라는 청천벽력 같은 판정을 받았고 이미 상당 부분 진행되어 국립 암 센터로 옮겨 치료하던 중 세상을 떠나고 말았다. 김 부장을 직원이기 이전에 벗처럼 생각했던 나는 하늘이 무너지는 마음이었다. 전 직원이 장례식장을 찾아 가족들과 한마음으로 장례를 치렀고 그 후로도 가족들과 명절 때면 왕래하고 안부를 물으며 지냈다.

김 부장을 잃고 나니 직원들 건강 검진에 좀 더 신경을 썼다면 암을 미리 발견할 수 있지 않았을까 하는 아쉬움이 컸다. 우선 임원 및 보직자 몇몇을 일산 백병원에 보내어 정기적으로 받는 건강 검진 외에 종합 건강 검진을 받도록 했다. 그때 회계 책임자인 박미자 상무가 편도를 정밀 검사해야 된다는 소견을 받았는데 그 사실은 본인은 물론 경영자인 내게도 큰 충격이 아닐 수 없었다. 2003년 김포로 이전한 바로 다음해 회계 담당자에게 불미스러운 일이 생겨 급하게 소개받은 박미자 상무는 결혼 후 전업주부로 생활하다가 41세에 우성플라테크에 재취업했다. 박미자 상무는 어찌 보면 나를 보는 것도 같았다. 매사에 최선을 다할뿐더러 깐깐하고 꼼꼼한 성격이 만만치 않았다. 나는 그 성격을 그의 장점으로 보았고 회계 책임자로서 10년 이상 회사의 살림을 믿고 맡겨 왔던 것이었다. 재검 결과가 나오면 곧바로 전화해 달라고 했는데 한 시간이 지나도 연락이 없었다. 불안한 마음으로 내가 전화를 거니 떨리는 목소리로 갑상선암 3기로 판정이 나서 입원 수속 밟고 있다고 했다. 가족들과 회사 임직원들 모두가 걱정하며 기도하는 가운데 박미자 상무는 무사히 수술을 마치고 항암 치료까지 잘 끝냈다. 지금은 수술한 지 8년 정도가 지났는데 이상 없이 건강하게 근무하고 있으니 박미자 상무 본인은 물론 내게도 큰 기쁨이자 축복이다.

그밖에도 하루도 빠짐없이 아침 6시에 출근하고 밤늦게 퇴근하며 창업과 동시에 내 곁에서 고락을 함께해 준 허남일 전무, 큰누이의 아들로 조카인 동시에 기술 개발 파트너인 허준이 상무, 막내 허병태 상무, 물류 팀 이윤 팀장, 생산 팀 김종관·박종식·조진호 부장, 고향 친구로 지금까지 함께하는 신광철 실장, 금오공고 1년 후배인 인사총무부문 강신근 상무, 이시아 인사팀장, 허은란 기획팀장, 그 외 10년 이상 우성플라테크를 지킨 모든 직원이 나의 가족이나 매한가지다. 그들이 있었기에 지금의 우성플라테크가 존재할 수 있었다.

부모의 입장에서 보살피려 여건이 되는 한 최대로 직원들의 복지에 신경 쓰고 있지만 여전히 아쉬운 부분도 많다. 공손하고, 너그럽고, 신실하고, 민첩하고, 또 은혜롭게 베푸는 삶. 하루하루 인(仁)을 기억하고 되새기며 직원으로서 내가 꿈꾸었던 그 회사를 경영자로서 실현하고자 노력할 뿐이다.

자장子張이 공자孔子에게 인仁을 묻자 공자께서 말씀하셨다. "다섯 가지를 능히 천하에 행한다면 인仁을 행하는 것이다." 하셨다. 자장이 그 내용을 묻자 다음과 같이 말씀하셨다. "공손함〔恭〕과 너그러움〔寬〕과 신실함〔信〕과 민첩함〔敏〕과 은혜로움〔惠〕이니, 공손하면 업신여기지 않고 너그러우면 뭇사람들을 얻게 되고 신실하면 남들이 의지하고 민첩하면 공이 있고 은혜로우면 충분히 사람을 부릴 수 있다."(논어 양화편 6장)

'흙수저 공돌이'의 참 아름다운 성공

가족들

스무 살 어린 나이에 결혼해서 스물여덟 살까지 아이 둘을 낳고 아무런 희망도 없이 단칸방에 쭈그리고 앉아서 남편이 갖다 준 플라스틱 칼로 '시아게(일의 마지막 손질)'를 하며 부업했던 아내. 마음이 천사 같은 아내에게는 고마움과 미안함이 있을 뿐 원망이라고는 일절 없다. 지금까지 그랬듯 영원한 동반자로 남아 있는 날들을 함께하기를 소망한다.

장애인 동생에게 많은 것을 양보하고 홀로 외로웠을 큰아들 근영에게 늘 미안한 마음이었다. 스스로 자라 어른이 되어 아버지에게 먼저 손을 내밀어 주었을 때는 미안함에 고마움이 더해졌다. 아버지를 뒤이어 화장품 부자재 솔루션 개발 판매 사업을 하며 사명(社名)을 '엔돌핀코스메틱'에서 할머니의 함자를 딴 '옥순코스메틱'으로 바꾸겠다고 선언했을 때는 놀라운 한편 기쁘기 그지없었다. 앞으로도 건실한 경영자이자 언젠가 내가 떠난 후 집안의 가장으로 든든하게 자리하길 바란다.

나의 라훌라, 우리 갑영이. 장애를 가진 우리 둘째가 내가 없는 세상에서도 주변의 도움을 조금씩 받으며 행복하게 살 수 있기를, 그런 세상이 오기를 간절히 소망한다.

예전에 가족은 땔나무를 잔뜩 실은 짐지게 같았다. 내가 없으면 집안이 그냥 폭삭 주저앉아 버릴 것만 같은 공포에 나는 아파도 마음껏 아플 수 없었다. 그래도 세월이 흘러 형편이 펴고 옛말을 할 수 있게 되었으니 감사하고 또 감사할 뿐이다.

젊은 한때 더부살이하던 집과 똑같은 2층 단독주택에서 사는 게 꿈인 작은누이, 어린 나이에 갖은 고생을 하며 가족을 위해 희생하며 베풀었던 마음은 죽을 때까지 잊지 못할 것이다. 누이의 젊음까지는 보상하지 못해도 누이를 위해 땅을 사고 2층 집을 꼭 지으라고 건축비를 댈 수 있어서 남동생은 행복하다는 말씀을 전한다. 나를 믿고 응원해 주는 큰누이와 동생들에게도 마지막 순간까지 바람막이이자 뒷배인 장남으로 남고 싶다.

그리고 어머니, 그리운 어머니.

어머니는 내가 인생길을 결정하는 데 중요한 가이드였다. 인생에서 크고 중요한 요소는 모두 어머니로부터 배우고 물려받았다. 그중 가장 큰 가르침은 절대로 남을 속이지 말고 바르게 살아야 된다는 것이었다.

아버지가 떠난 집에서 다섯 아이를 홀로 기른 어머니는 가난 속에서 생존을 위해 몸부림쳐야 했다. 너무도 힘들고 고단했기에 어린 날 내가 기억하는 어머니의 표정은 늘 어둡고 지쳐 있었다. 흔히 어머니의 삶이 고단하면 맏이나 자식 누군가가 감정의 쓰레기통이 될 수도 있다지만, 어머니는 특별한 잘못을 저질렀을 때를 제외하고는 엄청난 자제력으로 자식들에게 자신의 감정을 전가하지 않으셨다. 어머니가 내 종아리에 내리친 매는 절대 남을 속이지 말아야 한다, 정직에 대한 가르침이었다.

언젠가 밖에서 구슬치기를 하면서 놀다가 친구로부터 몇 개 빌린 구슬로 구슬을 많이 따서 밑천을 돌려주고 나머지를 집에 가져온 적이 있었다. 나에게 구슬을 살 돈이 없다는 걸 뻔히 아는 어머니는 그 구슬들이 어디서 났느냐, 누구에게서 받아 왔느냐고 밤새 추궁하시는 것이었다. 친구에게 빌려 구슬을 딴 자초지종을 설명하니 어머니의 말씀인즉슨, 네가 친구에게 빌려서 구슬을 땄으면 모조리 그 친구에게 주고 와야지 왜 남의 것에 손을 대느냐는 것이었다. 나는 좀 억울했다. 친구에게 밑천을 빌렸지만 내 실력으로 구슬을 땄으니 밑천만 돌려줘도 괜찮다고 생각했다. 그래서 돌려줬다고 거짓말을 하고 밖에다 숨겨 놓고 들어갔다가 나를 꿰뚫어 보는 어머니에게 딱 걸려서 종아리를 맞았다. 한 해 동안 애써 번 품삯을 한방에 도박으로 날리곤 하던 아버지 때문이었을까? 어머니는 거의 강박에 가까우리만큼 정직을 강조하셨고 사행성 놀이나 한탕주의를 혐오하셨다.

또 다른 가르침은 어머니의 인생 자체가 보여 주는 포기하지 않는 근성이었다. 어머니는 넘어질 듯하다가 일어나고 넘어질 듯하다가 다시 일어나는 오뚝이 인생을 살았다. 나는 어려서부터 어머니가 살아오는 과정을 지켜보면서 인생에는 지름길 같은 것은 없다, 아무리 어렵고 힘들어도 부단히 열심히 노력하는 방법 외에는 세상에 성공할 수 있는 방법이 없다는 것을 배웠다.

작고 마른 몸피에 악착같았던 어머니는 그럭저럭 건강을 잘 유지하다가 65세와 78세에 한 번씩 고비를 넘기셨다. 시골에 혼자 계신 것이 걱정스러워서 김포에 아파트를 따로 장만해 모셨지만 아파트 생활은 아무래도 답답하다며 다시 홍천에 내려가셨다. 아직도 어머니가 사시던 홍천 집에는 내가 달아 놓은 CCTV가 그대로 어머니가 머물렀던 집 안팎의 풍경들을 찍고 있다. 달라진 것이라곤 이제 그 풍경에 어머니가 계시지 않는다는 부정할 수 없는 아픈 사실뿐이다.

연로하시어 병원을 자주 드나들며 시시때때로 흐려지는 정신 속에서 병실에 어머니와 나 둘이 남았을 때, 어머니가 내 손을 잡고 말씀하셨다.

"자네한테 고맙네, 없는 집에서 맏아들로 태어나 가지고 고생고생하면서도 누이들 동생들 다 거둬 줘서……."

"어머니, 아무 걱정하지 마세요. 형제들이 힘들면 제가 다 도와줄 테니까, 아무 걱정하지 마시고 편안하게 생각하세요."

거칠고 주름진 어머니의 손을 잡고 나는 거듭해서 다짐하고 약속했다.

"자네는 내 아들이 아니라 친구였고 의지였네. 어린 나이에 짐을 너무 많이 지워 준 게 한이 되지만, 내 아들로 태어나 줘서 고맙고 미안하네."

지난 세월이 파노라마처럼 어머니와 나를 휘감았다. 품팔이를 하고, 농사를 짓고, 엿을 고고, 찐빵을 찌고, 물지게를 지고, 자갈을 줍고, 돼지를 치면서 언제나 등이 휘어라 일하던 어머니, 그런 어머니를 가장 가까이에서 지켜보며 작은 힘이라도 되고파 속을 앓았던 어린 나. 그 시절을 돌이키니 새삼 가슴이 뼈개지듯 아팠다. 삶은 가혹하고 모질었지만 우리는 살아남았다. 내가 어머니께 그러했듯 내게도 어머니는 친구이자 의지였고, 험난한 생계와 생존의 사선을 함께 넘은 동지이자 전우였다. 하지만 열다섯 살의 그때처럼 밤새 어머니를 껴안고 옴짝달싹 못하게 한다 해도 어머니가 영영 우리 곁을 떠나지 않게 할 수는 없었다. 2022년 3월 29일, 나의 어머니 장옥순(1934~2022) 여사가 향년 90세로 세상을 떠나셨다.

나 하늘로 돌아가리라
새벽빛 와 닿으면 스러지는
이슬 더불어 손에 손을 잡고,

나 하늘로 돌아가리라
노을빛 함께 단 둘이서

기슭에서 놀다가 구름 손짓하면은,

나 하늘로 돌아가리라
아름다운 이 세상 소풍 끝내는 날,
가서 아름다웠더라고 말하리라……

천상병 시, 「귀천(歸天)」

　아직까지도 때때로 그 사실이 믿기지 않는다. 어머니는 이 세상에 계시지 않지만 마지막 순간 내 손을 꼭 잡고 몇 번이고 고맙고 미안하다던 말씀, 함께 부둥켜안고 울며 나눴던 따뜻했던 온기는 아직도 내 마음에 고스란하다. 지금 내가 가진 모든 것은 어머니의 사랑과 신뢰, 그리고 정성과 기도 덕분이다. 그리하여 지금 펴내는 이 책은 어머니에 대한 긴 사모곡(思母曲)이라 해도 좋을 것이다.

2022년 12월 30일 퇴임식에서 케익 커팅

퇴임식 후 직원들과 마지막 인사를 나누며

퇴임식 날 직원들과 단체 사진

신임 대표이사와 임직원들이
퇴임식 기념으로 제작해
같은 날 제막식을 거행한
창업주 흉상

2023년 1월 다시 찾은 모교의
금오탑 앞에서

2023년 1월 금오공고 총동문회
2022 자랑스런 금오인상 시상식에서

퇴임 후 정원에서 소나무 다듬기 작업 중

지인 인터뷰

선배에게 자극을, 동기에게 자부심을,
후배에게 꿈을 주는 동문 허남선

— 장완희(금오공고 5기, 금오공고 총동문회장)

Q 금오공고 졸업생으로 성공한 동문도 많은데, 5기 허남선 동문이 남다른 점은?

A 금오공고 동문들은 성실하여 졸업 후 어떤 일을 하더라도 나름의 성공을 거둔 사람들이 많습니다. 이른바 자수성가를 하면 자기보다 약하고 없는 사람들을 도와주는 사람이 있는 반면 남들에게 더 인색해지는 사람도 있습니다. 10억

을 모교에 장학금으로 내놓은 허남선 동문은 돈도 돈이지만 동기와 동문, 후배들에게 정이 많은 사람입니다. 동문회장으로서 적극적으로 홍보를 해야겠다 싶어서 공식적으로 동기회와 동문회에 알리기 시작했습니다. 주고 싶어도 없어서 못 주기는 하지만, 있다고 모두 줄 수 있는 게 아닙니다. 실제로 허남선 동문보다 더 많이 벌고 가진 사람도 있지만 우리가 알다시피 그들이 모두 너그럽게 베푸는 것도 아니고 누가 도와 달라고 할까 봐 잘 나타나지 않는 사람도 많습니다. 그런데 허남선 동문은 옛날의 어려움을 잊지 않고 역대 어느 동문도 하지 못한 일을 하고 있으니 참 멋지다, 인생의 후반전에 마무리를 참 잘하는 것 같다는 생각이 듭니다.

Q 허남선 회장의 평산장학회가 금오공고 동문들에게 주는 영향은?

A 평산장학회 활동에 대해 모교 재학 중인 후배들이 홈페이지에 쓴 댓글을 전부 갈무리해서 허남선 회장에게 보내 준 적이 있습니다. 정말 존경스럽다는 표현과 함께 자기들도 언젠가는 그렇게 돌려줄 수 있는 사람이 되겠다는 것입니다. 선배들은 그동안 해 온 게 너무 부끄럽다, 앞으로는 우

리도 그 이상으로 할 수 있도록 해 보겠다는 이야기가 많았습니다. 말하자면 허남선 회장이 만든 평산장학회는 선배들에게는 약간의 부끄러움과 자극을, 동기들에게는 자부심과 우정에 대한 확인을, 그리고 후배들한테는 미래에 대한 귀감을 줍니다. 또한 모교의 선생님들도 진짜 감동을 많이 하시고 교육자로서 보람을 크게 느낀다고 하셨습니다.

Q 금오공고 동문들의 우정이 특별한 까닭은?

A 우리가 입학할 당시 금오공고는 아시아 최고 시설을 자랑하는 학교로 기숙사와 군 생활을 합쳐 길게는 8년 동안 단체 생활을 했습니다. 그러다 보니 미우나 고우나 서로 정도 들었고 입학할 때 나름대로 자부심이 있었기 때문에 남들에게 보여 줄 때는 확실하게 보여 주자는 공감대가 있습니다. 군에서나 사회에서나 필요한 사람, 인정받는 사람, 산업 발전과 국방력 강화에 도움이 되는 사람이 되고자 했습니다. 학교 3년 군대 5년 좋을 때보다 어려운 가운데 같이 지냈기 때문에 서로를 생각하는 마음이 남다른 것이 사실입니다. 총동문회에서는 2년에 한 번씩 홈커밍 데이를 주최해 오전에 가족들과 금오산 산행을 하고 오후에 학교에 가고, 또 1년에 한 번씩 체육대회를 합니다. 그러니 거의

매년 제주도부터 전국 각지에서 동문들이 모여들어 모교를 방문하는 셈입니다. 1기에서 21기까지는 개교 초기의 기풍을 기억하는 편이지만 국립에서 공립으로 바뀌고 현재는 마이스터고로 변모한 만큼 기수별로 모교에 대한 경험이나 감정이 다르기는 합니다. 총동문회장으로서 1972년 개교하여 개교 50주년을 맞은 2022년을 기점으로 전체 동문들의 우정과 결속이 더욱 강화되기를 바랍니다.

누구보다 특별한 작은 거인, 친구 허남선과의 추억

— **이건완**(금오공고 5기, 청주대 항공운항학과 교수,
전 공군 참모 차장, 공군 중장 예편)

Q 1977년 금오공고에서 만난 친구 허남선에 대한 기억은?

A 남선이는 금속과, 저는 전자과인데 인원이 넘쳐서 기숙사 건넌방에서 생활했습니다. 처음 만났을 때의 인상은 눈매가 초롱초롱하고 똘똘한 친구라는 것이었습니다. 또 의협심이 상당히 강해서, 금오공고에도 요즘 일진 비슷하게 몰려다니며 친구들을 괴롭히는 애들이 있었는데 남선이가 후과를 두려워하지 않고 일갈하는 모습을 본 적이 있습니다. 같은 반이 아니니 당시 깊이 있는 대화는 해 보지 못했지만 다시 만났을 때 예전의 모습과 지금의 모습이 겹치면서 이 친구가 참 심지가 깊구나, 내면이 강하게 성장이 된 친구라는 것을 느낄 수 있었습니다. 남선이가 유포니엄을 불던 악대부에서 연주했던 〈인디언 레저베이션(Indian Reservation)〉을 들었을 때의 황홀했던 기억은 내 청춘의 가장 아름다운 한 장면이기도 합니다.

Q 사회에서 다시 만나 절친한 사이가 된 계기는?

A 졸업 후 나는 군이라는 단절된 사회에 몸담고 있어서 금오 공고 친구들과의 교류가 끊어지다시피 한 상태였습니다. 금오공고 출신이라는 이름이 한편으로 무거웠지만 공군사 관학교 창설 이래 처음이자 마지막으로 공고 출신 수석이 탄생하는 원동력이 되기도 했습니다. 그러다 보니 20여 년 전 1학년 같은 방 옆자리에서 생활했던 친구 김현수와 남 선이가 나를 찾아와 주었을 때 감동과 감격이 더했던 것 같 습니다. 군 생활이 힘들 텐데 뭘 도와줄까 묻기에 필요한 게 없다고 했는데도 친구들은 각출해서 진행하던 연말 회 식에 돼지값을 보내 주어 대대원들 앞에서 대대장의 체면 을 세워 주었습니다. 그 후로 지속적으로 연락을 주고받게 된 남선이는 내가 잘되기를 간절히 바라는 친구였습니다. 지금도 잊히지 않는 것은 2012년 대구 비행단장을 할 때 남 선이가 참모들을 위해 고급술과 화장품 세트 등등을 잔뜩 가져와서 모두에게 한 잔씩 따라 주고 소고기 파티를 했던 기억입니다. 다들 그런 친구를 둔 나를 진심으로 부러워하 며 감사의 마음으로 남선이를 헹가래 쳤고, 나는 나를 믿고 응원하는 친구를 실망시키지 않기 위해서라도 더 열심히 해야겠다고 다짐하는 계기가 되었습니다.

Q 친구가 바라본 허남선은 어떤 사람?

A 남선이는 인간적으로 참 따뜻한 사람입니다. 어려운 환경을 극복한 내공이 묻어나는 것이죠. 어려운 지경에 처한 사람들을 보면 그냥 지나치지 못하고 어떻게든 도와주려 합니다. 친구의 둘째가 장애를 가지고 있으니 특별히 더 그런 것 같습니다. 서산 비행단에서의 일은 나도 생생히 기억하고 있는데, 밤새 눈길을 달려온 친구와 그 아들에게 내가 해 줄 수 있는 선물이 추억밖에 없었습니다. 무엇보다 남선이는 식당에서 일하는 분이나 지위가 없는 분들을 만날 때 대하는 태도가 늘 겸손하고 변화가 없습니다. 후배들은 남선이를 '작은 거인'이라고 부르는데, 자그마한 체구에 베푸는 스케일이 아주 큽니다. 나도 사회생활을 하며 대기업의 회장이나 CEO 등 여러 사람들을 만나 보았지만 허남선 같은 사람은 본 적이 없습니다. 아무리 돈이 많아도 인색하고 강팍한 경우도 많은데 남선이는 살면서 겪은 어려운 과정과 그 시절을 잊지 않고 교훈으로 삼는다는 점에서 특별하고 멋있습니다. 인간적인 면 외에도 내가 여러 차례 공장을 방문해 보았지만, 남선이는 탄탄한 기술력을 기반으로 시장의 판세와 미래를 볼 줄 아는 기능인이자 경영인이기에 그의 성공은 결코 우연이 아니라 필연이라고 생각합니다.

Q 금오공고 동기들의 특별한 우정과 잊지 못할 추억은?

A 지금으로부터 10년 전쯤 동기 하나가 간질환을 앓으며 어려운 처지에 놓였습니다. 그때 남선이가 보이지 않게 물질적인 부분을 후원하고 나는 동기 밴드에 글을 올려서 우리가 한번 마음을 내어 보자고 분위기를 일으켰습니다. 남선이와 동기회가 수술비부터 치료비 전액을 부담하고 응원하면서 결국 친구 하나를 살렸습니다. 동기회가 운영에 어려움을 겪었을 때도 남선이가 또 나서서 운영 기금을 지원했는데, 이제 평산장학회를 통해 공식적으로 모교와 동문들을 후원하게 되었다니 기쁘기 그지없습니다.

'아부지', 내 새로운 삶의 응원군

— 박선영(경기대학교 일반대학원 범죄학 박사 수료)

Q 허남선 회장과 만나게 된 계기는?

A 범죄피해자지원센터에서 일하던 중에 센터 운영 위원인 허남선 회장님을 만났습니다. 저 자신이 범죄 피해자였기에 제 경험이 다른 사람들에게 도움이 됐으면 좋겠다는 생각으로 시작한 일이었습니다. 당시 학업을 병행하고 있었는데, '아부지'께서는 제가 피해를 이겨 낸 것도 대단하고 일하는 것도 대단한데 공부까지 한다니까 도와주고 싶은 생각이 더 커지셨던 것 같습니다. 심리학 석사를 마친 후 다른 전공으로 대학원을 입학하였는데 너무도 기뻐하시며 석사 과정도 지원하고 싶다고 하셔서 2017년부터 꾸준히 학자금을 지원받기 시작했습니다. '아부지' 덕분에 마음 편하게 공부할 수 있었고 제가 보답할 수 있는 방법이 공부를 열심히 하는 것뿐이라서 학업에 더욱 전념할 수 있었습니다. 2019년 말에는 아부지와 제가 범죄 피해자 지원 활동으로 법무부 장관상도 같이 받게 되었습니다. 그때 저에게 박사 과정도 지원해 주고 싶은데 계속 공부해 볼 생각 없냐며 오히려 제안을 해 주셨고, 물적인 후원자만이 아닌 심적

으로도 완전한 응원군이 되어 주셨습니다. 친부모님을 비롯한 모두가 감사하며 은인으로 여기는 가운데 저는 회장님을 '아부지'라고 부르며 수양딸처럼 가족처럼 의지하고 왕래하고 있습니다.

Q 하고 있는 공부는 어떤 것?

A 2009년 발생했던 범죄 피해 사건을 기점으로 10여 차례 이상 대수술을 받으면서 몸은 물론 마음에도 많은 변화가 있었습니다. 내가 뭘 할 수 있을까, 내가 원래 원하던 게 뭐였을까 고민하면서 어렸을 때부터 가졌던 경찰이라는 꿈을 다시 떠올리게 되었습니다. 흉터 때문에 경찰이 되기는 어렵겠지만 경찰은 가해자를 잡아들이는 일 외에도 피해자를 돕는 일도 하니 그쪽으로 기여할 수 있겠다 싶었습니다. 제 가장 큰 약점을 가장 큰 강점으로 승화하는 것이지요. 사고 후 PTSD(외상 후 스트레스 장애)에 시달리면서 시작한 공부가 심리학이었고, 학부로 편입하여 석사 과정까지 마친 후 동국대학교 경찰사법대학원 과학수사학과에 들어갔을 때 아부지와 연결이 되었습니다. 이후 박사 과정을 공부하기에는 나이도 있고 나에게 연구자로서의 자질이 있나 고민도 되었지만 아부지께서 공부를 시작했으면 마침표를 찍

'흙수저 공돌이'의 참 아름다운 성공

어야지 않겠냐고 독려하셔서 경기대학교 일반대학원에서 범죄학을 전공하게 되었습니다. 이후 진로는 아직 결정되지 않았지만 피해자를 돕는 분야에 기여하고 싶다는 생각은 분명합니다. 조금 추상적이기는 하지만 제가 궁극적으로 하고 싶은 일은 회복적 사법의 일환으로 가해자와 피해자가 범죄로 손상된 관계 회복을 위한 합의에 이르게 하는 것입니다. 형사 절차의 어느 단계에서든 가해자가 자신의 잘못을 인정하고 피해자에게 진심 어린 사과를 할 수 있는 기회의 장을 만들어 주고 싶습니다. 사건이 종료되고 피해가 회복된 후에도 피해자들에게 남는 것은 가해자로부터 진심 어린 사과를 받지 못했다는 분노와, 잘못을 인정하지 않은 가해자가 출소 후에 벌일지도 모를 보복에 대한 막연한 두려움입니다. 진정한 사과가 없으면 용서할 수도 없습니다. 지금 우리 사법 체계에서 피해자는 사건 당사자임에도 여전히 잊힌 존재이고, 가해자 측의 경우 대부분 변호사가 대변을 하기 때문에 가해자와 피해자가 만나기 어려운 구조라 할 수 있습니다. 가해자가 반성문을 제출하는 대상도 피해자가 아닌 판사입니다. 또 벌금을 내도 피해자에게 가는 것이 아니라 국가에 귀속되지요. 저는 피해자가 제대로 회복하기 위해서는 피해에 대한 지원 외에도 가해자와 피해자가 사과하고 용서하는 과정이 꼭 필요하고 중요하

Q **'아부지'에게 어떤 딸이 되고 싶고, 무엇을 바라는지?**

A 석사 과정을 수석으로 졸업한다는 소식을 알렸을 때, 평소에 말씀이 많은 편이 아닌 아부지로부터 장문의 메시지가왔습니다. 여기 저기 장학금 지원을 수년간 해 왔음에도 불구하고 이렇게 감동을 받아 보긴 처음이라며, 너무나 기뻐하시는 마음이 느껴지는 글이었습니다. 박사 과정에 들어가 생업과 학업을 병행하며 통학과 과제가 힘겨워 휴학을고민하는 것을 알고 부르서서는 학비와 생활비 일체를 지원할 테니 걱정 말고 공부하라 하셨습니다. 그 말씀을 들었을 때 순간 멍했습니다. 나에게 왜 이렇게 해 주시는 걸까?냉정하게 말하면 남일 뿐인데, 어떻게 남에게 대가 없는 은혜를 베푸시는 걸까? 지금까지 베풀어 주신 것만 해도 엄청난데 이걸 내가 또 받아도 되는 걸까 싶기도 했습니다.그런데 아부지께서는 제가 좋은 성적표를 보여 드리면 동네방네 딸 자랑을 하시고 일주일 이상은 공중에 붕붕 떠 있는 기분이 드신다고, 주는 것 이상으로 많은 것을 받는다며걱정 말고 공부에 전념하라 하셨습니다. 아부지께서는 단순히 장학금을 준 후원자가 아니라 제 인생에 큰 영향을 미

치셨고 제가 나아갈 길의 다양한 선택지를 만들어 주신 분입니다. 이제는 그 마음을 헤아려 새로운 기회, 또 다른 삶에 도전하려 합니다. 아부지께서 기뻐하실 수 있도록 더 잘하고 싶습니다. 더 열심히, 더 행복하게, 더 의미 있게 살고 싶습니다.

〈조약돌〉을 불러 주던 예쁜 오빠,
그때처럼 우리 다정하게 살아요!

– 이명옥(허남선 회장 부인)

Q 82년 12월 눈 오던 날의 기억은?

A 아무것도 모르는 천진난만한 시절이라, 사실 뭘 알았겠어
요? 그냥 하얀 눈이 좋고 옆에 누군가가 있으니 그냥 하염
없이 걸었지요. 아기 아빠의 첫인상은 눈부시게 하얀 해군
복이 잘 어울리는 피부가 희고 눈썹이 긴 예쁜 오빠였어요.
네 살 연상이었는데도 나이 차나 그런 건 느끼지 못하고 그
냥 너무 예쁜 오빠라고 생각했습니다. 밤새 눈을 맞으며 걸
으면서 나눴던 이야기는 별다른 것 없이 학교 잘 다니냐,
뭐가 힘드냐 이런 소소한 이야기뿐이었지요. 영화를 본 것
도 누구네 집에 갔는지도 기억나지 않지만 그날 밤은 그냥
펑펑 내리던 하얀 눈과 눈보다 하얀 해군복을 입은 예쁜 오
빠만 기억납니다.

Q '남편' 허남선은 어떤 사람인가?

A 사실 친한 오빠 동생으로 지내다가 어린 나이에 결혼까지

하게 된 것은, 남편이 웃기도 잘하고 노래도 잘 부르고 기타도 잘 치는 낭만적인 사람이었기 때문입니다. 하나부터 열까지 챙겨 주는 꼼꼼하고 다정한 성격도 좋았지요. 친정 아버지가 워낙에 호랑이 같으셨기에 아버지와 정반대인 모습에 반해서 결혼했고, 남편은 젊은 날 가난 때문에 저를 너무 많이 고생시켰다고 하지만 저는 그걸 고생이라고 생각하지 않고 살았습니다. 방 한 칸 부엌 한 칸짜리 셋집에 시동생들까지 데리고 살아도, 만삭의 몸으로 나리스타 비염 약에 파킹을 만드는 부업을 하면서도, 그때는 거의 다 못살기도 했고 제가 철이 없어서였는지 어렵다는 생각조차 하지 못했습니다. 남편은 제가 이 세상에서 제일 존경하고 제일 믿는 사람인 동시에 솔직히 제일 무서운 사람이기도 합니다. 또 세상에서 제일 좋아하는 사람이고 남편이 없으면 할 수 있는 게 아무것도 없을 정도로 저는 남편에게 의지해 살아왔습니다. 우리 갑영이를 키우며 처음에는 고쳐서 정상이 될 줄만 알고 무속인을 찾아가 지인에게 빌린 돈으로 굿을 하고 정성도 드렸는데 남편은 그조차 아무 말 없이 다 처리해 주었습니다. 그렇게 어리석은 짓을 했는데도 아무 말도 하지 않으니 그때부터 고마운 한편 무섭다는 생각을 하게 된 것 같아요. 피나는 노력 끝에 지금은 갑영이 상태가 많이 좋아졌고 갑영이 덕분에 행복합니다. 갑영이는 제가 전담해서 돌보았지만 남편이 경제적인 부분을 전적으로 책임지고 지원하지 않았다면 지금 우리가 이렇게 웃을 수 없었겠지요.

Q 남편에게 하고 싶은 말과 앞으로의 꿈이 있다면?

A 제가 제일 바라는 건 이제 남편이 제 친구가 되었으면 좋겠다는 것이에요. 남편이 사업을 하다 보니 너무 바쁘기도 했고, 바깥에서 다른 사람들에게 존경을 받으면서 저는 오히려 남편에게 말도 조심해야 하고 쉽게 대하기 어렵게 되었어요. 여전히 남편은 제가 제일 좋아하는 사람이고 엄청난 책임감을 가지고 있는 존경할 만한 사람입니다. 지금도 그렇지만 저는 바깥일을 하는 남편에게 잔소리를 일절 하지 않았고 남편도 제가 하고자 하는 일은 다 도와주었습니다. 사업을 하면서 성격이 달라지기는 했지만, 앞으로 남아 있는 날들은 남편과 예전처럼 다정하게 봄, 여름, 가을, 겨울을 같이 보냈으면 좋겠습니다. 제 소원은 옛날부터 그랬어요. 많은 것을 바라지 않아요. 이웃집 부부처럼 뒷동산이라도 같이 손잡고 오르고 나들이 가고 꽃구경도 함께하는 것입니다. 여느 집에서는 남편이 은퇴하면 삼시 세끼를 다 차려야 하기에 '삼식이 세(새)끼'라고 부른다는 농담도 있지

만, 우리 남편은 밥도 잘하고 설거지도 잘하니 빨리 시간이 많이 남았으면 좋겠습니다. 또 시간이 생기면 예전처럼 음악도 하고 집에서 좀 여유로운 생활도 했으면 좋겠어요. '예쁜 오빠'였던 남편이 기타를 치면서 박상규 씨의 〈조약돌〉과 제가 좋아하는 신형원 씨의 〈개똥벌레〉를 불러 주었던 기억이 지금도 생생합니다. 앞으로 함께 운동하면서 건강을 지키고, 우리 그때처럼 다정하게 살아요!

아낌없이 주는 나무, 나의 아버지 허남선

—**허근영**(허남선 대표 첫째 아들, 옥순코스메틱 대표)

Q **'아버지' 허남선은 어떤 사람인가?**

A 아버지를 한마디로 표현하자면 '아낌없이 주는 나무'라고 하겠습니다. 부모님이라 조건 없이 베푸는 게 당연하다 할 수 있을지 몰라도, 저에게는 어려서 못해 준 부분이 있어서 그런지 몰라도 좀 더 특별하게 많이 베푸셨습니다. 그래서 때로는 동생 갑영이에게 굉장히 미안했어요. 동생도 다 누릴 수 있는 부분인데 장애가 있어서 받지 못하고 저만 이렇게 받는다는 생각이 들었기 때문입니다. 어렸을 때 아버지는 너무 바쁘게 일해서서 얼굴을 보기조차 힘들었고 오히려 함께 일하면서부터 가까이에서 자주 뵙게 되었습니다. 제대할 무렵 아버지와 술을 한 잔 하면서 어렸을 때 힘들었던 점을 솔직하게 말씀드렸죠. 저는 아버지가 멍에처럼 짊어진 장남이라는 타이틀이 참 싫었어요. 모든 것을 혼자 감당해야 하고 우리는 가족 여행 한 번 가 보지 못했거든요. 다른 집도 다 우리처럼 사는 줄 알다가 군대에 가서 부모님과 친구처럼 지내는 사람들을 보고 아쉬움이 더 커졌습니다. 아버지와 독대한 자리에서 그냥 되게 외로웠다고 털어

놓았습니다. 어머니는 갑영이를 전담하고 아버지는 너무 바쁘시니 저는 진학이며 진로며 일체 도움을 받을 수 없었거든요. 그런데 제가 결혼을 하고 아빠가 되어 보니 아버지와 똑같더라고요. 굉장히 노력이 필요한 부분이라는 것을 알게 되고 아버지를 더 많이 이해하게 되었습니다. 쑥스러워서 아버지께 직접 말씀드리지는 못하지만, 친한 친구들과 술 한 잔 나눌 때면 종종 이야기합니다. 이 세상에서 내가 가장 존경하는 사람이 아버지라고.

Q **'기능인'이자 '기업가'인 허남선은 어떤 인물?**

A 기능인이자 기업가로서 바라본 아버지는 진짜 대단한 분입니다. 굉장히 디테일하시고 정말 하루 24시간을 오로지 회사 일만 생각하실 정도로 열정 넘치십니다. 저는 따라할 수도 없을 정도로 모든 에너지를 회사와 일에 집중하시는 겁니다. 지금이야 여유가 생겨서 가끔 만나시지만 이전에는 다른 친구분들을 만나는 일조차 거의 없었어요. 명절이 5일이라면 3일 정도 제사나 집안일을 돌보고 앞뒤로 회사에 출근해서 일하실 정도였습니다. 기술자 혹은 기능인으로서 평가하자면 아버지는 예측과 선택, 그리고 결정이 굉장히 빠른 분입니다. 헤비 블로우도 국내 다른 업체들보다

2~3년 빠르게 결정해서 도입하셨고, 고객사에서 1~2년 후쯤 이런 방식의 어떤 부분을 원하겠다라는 것을 정확히 캐치하셔서 그쪽에서 요구하기 전에 선진행을 해 버리신 겁니다. 기업가 혹은 경영자로서 특별한 점이라면 제가 다른 회사에도 많이 가 봤는데 우리처럼 대표가 한 명 한 명을 다이렉트로 관리하는 곳은 없더군요. 아버지는 직원들 전원의 집안 사정도 다 아시고, 부모님을 모시고 사는 분이면 부모님이 어디가 편찮으시다는 수준까지 다 알고 계시기 때문에 거의 1대1 케어라고 보면 됩니다. 그래서 다른 회사들과 다르게 직원 이동이 많지 않고, 그것이 대기업이 아닌 중소기업에서는 매우 중요한 문제입니다. 저는 그런 경영 방식을 배우기는 하지만 아직까지 디테일하게 따라할 수 없습니다. 예전에는 아버지의 수준에 100퍼센트 다다라 보려고도 했지만 절반 정도도 따라 하기 힘들더군요. 그래도 저는 아버지와 성격이 다르고 세대가 달라서 직원들도 인간적인 케어보다는 일한 만큼 성과급으로 대우해 주려 하고, 아버지가 제게 베푸신 좋은 삶을 제 자식들에게도 물려주려면 저도 회사를 잘 지켜야 되겠다고 다짐합니다.

'흙수저 공돌이'의 참 아름다운 성공

Q 아버지에게 하고 싶은 이야기는?

A 어머니와 아버지는 계속 미안하다고 하시는데, 저는 괜찮습니다. 아버지는 거의 집에 안 계시고 어머니는 아픈 동생을 케어하느라 초등학교 1학년 때부터 혼자 씻고 혼자 집을 지키고 혼자 잠들기도 했지만, 옛날에는 보통 그렇게 살았으니까요. 그때도 잘사는 친구들이 있었지만 지금은 그 친구들이 제가 잘되었다고 오히려 어울리지 않으려는 것을 보면 어렸을 때 잘사는 건 그리 중요하지 않은 것 같기도 합니다. 아버지께 하고 싶은 이야기라면, 외부에서 봤을 때는 성공하고 부러울 게 없이 보일 수도 있지만 아들인 제 눈에는 불쌍한 분으로 보이기도 합니다. 아버지는 삶을 즐기는 방법이나 휴식을 전혀 모르시기 때문에 이제는 조금씩 그런 것들을 연습하셔야 하지 않나 싶습니다. 돈이 전부는 아니지만 비싼 옷도 좀 입어 보시고 가끔 혼자 여행도 다니시고 자기 자신을 위한 시간을 보내셨으면 좋겠어요. 이제 조금 내려놓으시고 마음의 여유를 찾으시면 좋지 않을까, 항상 이렇게 다급하게 쫓기지 마시고 편안히 사시라고 말씀드리고 싶습니다. 회사는 아버지가 쌓으신 노하우와 주변에 많이 배치해 놓으신 좋은 인력의 도움을 받아 잘 꾸려가 보겠습니다. 그러니 어머니가 간절히 원하시는 대

로 함께 여행 가서 좋은 호텔도 이용해 보시고 여유 있는 평안한 삶을 누리시길 바랍니다.

허남선 회장 연혁

1960년 10월 10일	강원도 홍천군 내촌면 답풍리에서 5남매 중 장남으로 출생 (부모님 소작농)
1968년 3월	내촌국민학교 입학
1971년	국민학교 3학년 때 부모님 별거 (아버님 작은부인과 별도 거주, 어머님 혼자 5남매 양육 시작)
1973년	국민학교 졸업 (중학교 진학 포기 후 어머님 도와서 소작농 일 시작)
1974년	1년 늦게 후배들과 내촌중학교 진학
1977년	내촌중학교 졸업 고교 진학을 할 수 없는 형편인데, 중학교 3학년 담임 선생님 도움으로 금오공고 국비 장학생 76년도 말 응시 후 합격
1977년 3월	금오공고 입학 설립자: 박정희 대통령 / 3년간 국비 장학생 1~3학년 군사학 병행 (301학군단) 1, 2학년 여름 방학 때는 안동36사단으로 2주간 신병 교육 입영하여 군사 훈련 3학년 여름 방학 때는 해군으로 편입, 3주간 해군종합기술학교 (통제부사령부,진해)
1980년 3월	금오공고 졸업과 동시에 해군 부사관 임용 진해 통제 사령부 배속되어 해군 부사관 생활 시작
1980년 5월	진해 국군 통합 병원 입원
1980년 6월	진해 국군 통합 병원 퇴원
1980년 7월	5해역사령부 (현 2함대사령부) 배속
1984년 11월 18일	결혼
1985년 3월	전역 (해군 부사관)
1985년 4월	S전자 공채 합격 (중소기업 아르바이트 2달 반 진행)
1985년 7월	S전자 입사 포기 후 중소기업 취업
1993년 3~4월	위십이지장 수술
1995년	중소기업 임원으로 승진
1997년	IMF

1999년 7월 1일	우성화학 창업
2000년 10월	동산 C&G 부도 (10억)
2001년 1월 1일	㈜우성플라테크 법인 전환
2002년	LG생활건강 필두로 화장품 용기를 플라스틱으로 전환 시작
2008년	매출 50억 달성
2008년 3월	모범 납세자 표창 (김포세무서장)
2009년	김포시 중소기업 대상 (생산성 향상 및 기술 혁신 분야) 수상
2011년 3월	모범 납세자 표창 (중부지방국세청장)
2012년 1월	ISBM 설비(일본 AOKI)를 이용한 헤비 블로우 용기 투자 결정
2013년	공장 부지 확정 및 신규 공장 건축 시작
	(ISBM 설비 5기 도입 후 신제품 개발 시작)
2014년 2월	신축 공장 완공 이전
	(ISBM 설비 5기 추가 도입 및 2013년 법인 결산 국산 성형
	기계로 매출 80억)
2014년 12월	매출 127억 달성
2015년 10월	서울중앙지검 한국범죄피해자지원 중앙센타 운영 위원 위촉
	감사장 (김포지방경찰청장)
2015년 12월	매출 207억 달성
	(ISBM 설비 7기 추가 도입)
2016년	김포시 중소기업 대상 (생산성 향상 및 기술 혁신 분야) 수상
2016년 10월	표창장 (서울 중앙지방검찰청 감사장)
2016년~2019년	청년 친화 강소 기업 선정 (임금 부문)
2016년~2020년	일본 Aoki 설비 ISBM 20기 추가 도입
2018년 4월	감사장 (경기도남부지방경찰청장)
2019년 3월	모범 납세자 표창 (국무총리)
2019년 11월	표창장 (법무부 장관 직무대행 차관)
2020년 3월	성실 납세자 선정 (경기도지사)
2020년 12월	매출 500억 달성
	청렴기업인상 (사단 법인 부패방지국민운동총연합)
2021년 1월	국가명장, 기능한국인 선정 (고용노동부)
2021년 9월	중소기업 롤모델 존경받는 기업인 선정 (중소벤처기업진흥공단)
2022년 12월	㈜우성플라테크 대표이사 퇴임식 (명예회장 추대)
2023년 1월	금오공고 총동문회 2022 자랑스런 금오인상 수상
	(모교 및 동문회의 명예와 위상을 드높인 동문에게 시상)

특허/실용신안 등록

권리		등록번호	등록일자	명칭	고안자	권리
실용 신안	1	20-2004-0036960	2004.12.28	주름접합부를 갖는 튜브형 용기	허남선	(주)우성플라테크
	2	20-2005-0002560	2005.01.27	안전용기	허남선	(주)우성플라테크
	3	20-2004-0036960	2004.12.28	주름접합부를 갖는 튜브형 용기	허남선	(주)우성플라테크
	4	20-2005-0002560	2005.01.27	안전용기	허남선	(주)우성플라테크
	5	20-2002-0038050	2002.12.21	인쇄키홀이 형성된 용기	허남선	(주)우성플라테크
	6	20-2003-0000714	2003.01.09	용기의 인쇄키홀 성형장치	허남선	(주)우성플라테크
특허	1	10-1591447-00-00	2016.01.28	중공성형품의 사출 연신 중공성형 방법	허남선	(주)우성플라테크
	2	10-1682140-00-00	2016.11.28	투명유리 대용 페트 화장품용기의 제조방법	허남선	(주)우성플라테크
	3	10-1869969-00-00	2018.06.15	스텝사이즈의 제약이 없는 헤비블 로우용기 성형용 금형	허남선	(주)우성플라테크
	4	10-1882015-00-00	2018.07.19	유리병과 같은 훈육부를 갖는 중공 성형품의 사출 연신 중공성형방법 및 그 중공성형품	허남선	(주)우성플라테크
	5	10-2212046-00-00	2021.01.29	인젝션 블로우 성형기의 리크 검사 기능을 갖춘 이젝터 장치	허남선	(주)우성플라테크

연간 총매출액 집계표

년도	년간 총매출액
2000년	2,502,550,479
2001년	2,369,244,631
2002년	2,990,903,887
2003년	2,685,562,044
2004년	3,203,044,464
2005년	3,356,136,161
2006년	3,839,690,497
2007년	3,950,613,309
2008년	4,696,077,111
2009년	5,965,085,944
2010년	6,697,352,546
2011년	7,375,810,073
2012년	7,778,581,837
2013년	8,579,311,254
2014년	12,114,525,039
2015년	20,748,206,923
2016년	26,306,859,068
2017년	26,790,536,829
2018년	29,086,588,115
2019년	36,250,797,281
2020년	50,081,284,842

'흙수저 공돌이'의 참 아름다운 성공